乡村振兴与农业产业振兴实务丛书

现代农产品品牌建设与案例分析

主　编　张天柱

副主编　郝天民

参　编　刘鲁江　陈小文　张雪松　魏　平　刘晨霞
　　　　侯　倩　杜兰天　韩慧敏　李海宾　李　静
　　　　谢　磊　何小凡　贺红霞　亓德明　刘艳娇
　　　　米志强　张海珍

中国轻工业出版社

图书在版编目（CIP）数据

现代农产品品牌建设与案例分析 / 张天柱主编 . —北京：中国轻工业出版社，2021.8

（乡村振兴与农业产业振兴实务丛书）

ISBN 978-7-5184-3356-8

Ⅰ．①现… Ⅱ．①张… Ⅲ．①农产品 – 品牌战略 – 研究 – 中国 Ⅳ．① F326.5

中国版本图书馆 CIP 数据核字（2020）第 261968 号

责任编辑：伊双双　　责任终审：张乃东　　整体设计：锋尚设计
策划编辑：伊双双　　责任校对：吴大朋　　责任监印：张　可

出版发行：中国轻工业出版社（北京东长安街6号，邮编：100740）

印　　刷：三河市国英印务有限公司

经　　销：各地新华书店

版　　次：2021年8月第1版第1次印刷

开　　本：710×1000　1/16　印张：11

字　　数：240 千字

书　　号：ISBN 978-7-5184-3356-8　定价：56.00元

邮购电话：010-65241695

发行电话：010-85119835　传真：85113293

网　　址：http://www.chlip.com.cn

Email：club@chlip.com.cn

如发现图书残缺请与我社邮购联系调换

201213K1X101ZBW

前　言

2017年中央一号文件指出，推进区域农产品公用品牌建设，支持地方以优势企业和行业协会为依托打造区域特色品牌，引入现代要素改造提升传统名优品牌，支持新型农业经营主体申请"三品一标"认证，推进农产品商标注册便利化，强化品牌保护。

2018年中央一号文件指出，制定和实施国家质量兴农战略规划，建立健全质量兴农评价体系、政策体系、工作体系和考核体系。深入推进农业绿色化、优质化、特色化、品牌化，调整优化农业生产力布局，推动农业由增产导向转向提质导向。指出坚持抓产业必须抓质量，抓质量必须树品牌，坚定不移推进质量兴农、品牌强农，提高农业绿色化、优质化、特色化、品牌化水平。

2018年6月《农业农村部关于加快推进品牌强农的意见》中给农业品牌建设做了全方位布局，提出力争用3~5年使我国农业品牌化水平显著提高，品牌产品市场占有率、消费者信任度、溢价能力明显提升，中高端产品供给能力明显提高，品牌带动产业发展和效益提升作用明显增强；国家级、省级、地市级、县市级多层级协同发展、相互促进的农业品牌梯队全面建立，规模化生产、集约化经营、多元化营销的现代农业品牌发展格局初步形成。

2019年中央一号文件指出，发展壮大乡村产业，拓宽农民增收渠道，要加快发展乡村特色产业。因地制宜发展多样性特色农业，倡导"一村一品""一县一业"，支持建设一批特色农产品优势区。健全特色农产品质量标准体系，强化农产品地理标志和商标保护，创响一批"土字号""乡字号"特色产品品牌。

2019年农业农村部1号文件《国家质量兴农战略规划（2018—2022年）》进一步强调农业要"绿色化、优质化、特色化、品牌化"发展，要大力推进农产品区域公用品牌、企业品牌、农产品品牌建设，打造高品质、有口碑的农业"金字招牌"。

2020年中央一号文件指出，要继续调整优化农业结构，加强绿色食品、有机农产品、地理标志农产品认证和管理，打造地方知名农产品品牌，增加优质绿色农产品供给。

我国农产品品牌建设的实践证明，推进农产品品牌建设是发展现代农业的必由之路，是加快乡村经济振兴的重要措施，是转变农业发展方式、引领传统农业转型升级的主要方式，是从供给侧入手推动农业改革，实现农业增效、农民增收的重要途径，可以大力提高我国农产品的国际市场竞争力。

为了更好地落实党中央、国务院关于坚定不移推进质量兴农、品牌强农，提高农业绿色化、优质化、特色化、品牌化水平，加快发展乡村特色产业的指示精神，贯彻农业农村部有关文件，加快我国农产品品牌建设步伐，我们组织国内农产品品牌建设的专家学者编写了《现代农产品品牌建设与案例分析》。本书从农产品品牌建设的理论基础、农产品品牌建设的意义、创建步骤与方法、农产品地理标志的应用等方面进行了论述，对农产品品牌建设比较发达的国家做了简要介绍，对国内农产品品牌建设比较先进的地区、企业进行了简要分析，目的在于对全国各地农产品品牌建设有所帮助和启发。

由于编者水平有限，时间仓促，书中错误和不足之处在所难免，诚望广大读者批评指正。

编者
2021年5月

目 录

第一章
概述
第一节　品牌理论 2
第二节　农产品与农产品品牌 8
第三节　农产品品牌建设的意义 18

第二章
我国农产品品牌建设现状及创建方法
第一节　农产品品牌的建设现状 34
第二节　农产品品牌的市场定位及基本对策 37
第三节　农产品品牌创建的步骤与方法 46
第四节　农产品品牌保护 88

第三章
国外农产品经典品牌案例
第一节　日本农产品品牌建设 96
第二节　法国农产品品牌建设 105
第三节　美国农产品品牌建设 111
第四节　新西兰农产品品牌建设 117

第四章
国内农产品品牌经典案例分析
第一节　北京顺鑫农业品牌建设 126
第二节　北京绿富隆品牌建设 131
第三节　乳业品牌——光明乳业 134
第四节　粮食品牌——赤峰小米 138

第五节 水果品牌——阿克苏苹果 144
第六节 药食两用物品品牌——长白山人参 149
第七节 肉类品牌——苏尼特羊肉 153
第八节 茶叶品牌——西湖龙井 160

参考文献 165

第一章 概述

品牌是具有经济价值的无形资产，是产品或服务的象征，有其核心价值，包含了对消费者的承诺，表现了产品的形象和信誉，展示了企业文化，品牌的建立也能够体现出总体经营管理模式。

现代营销学之父科特勒在《市场营销学》中将品牌定义为销售者向购买者长期提供的一组特定的特点、利益和服务。同时，品牌是广大消费者对一个企业及其过硬的产品质量、完善的售后服务、良好的产品形象、美好的文化价值、优秀的管理结果等所形成的一种评价和认知，是企业经营和管理者投入巨大的人力、物力甚至几代人长期辛勤耕耘建立起来的与消费者之间的一种信任。品牌建设具有长期性。

第一节　品牌理论

一、品牌概述

（一）品牌的定义

"品牌"这个词来源于古斯堪的纳维亚语brandr，意思是"燃烧"，指的是生产者燃烧印章烙印到产品上。最古老的品牌是在印度，吠陀时期（9000~10000年前）被称为Chyawanprash，广泛应用于印度和许多其他国家，以受人尊敬的哲人Chyawan命名。意大利人早在13世纪就在纸上使用了品牌水印形式。

品牌最持久的含义和实质是其价值、文化和个性；品牌是一种商业用语，品牌注册后形成商标，企业即获得法律保护拥有其专用权；品牌是企业长期努力经营的结果，是企业的无形资产。简单地讲，品牌的现代意义是指消费者对产品及产品系列的认知程度。

品牌已是一种商品综合品质的体现和代表，当人们想到某一品牌的同时总会和时尚、文化、价值联想到一起，企业在创品牌时不断地创造时尚、培育文化，随着企业的做强做大，不断从低附加值向高附加值升级，向产品开发优势、产品质量优势、文化创新优势的高层次转变。当品牌文化被市场认可并接受后，品牌才产生其市场价值。

作为品牌战略开发的定义：品牌是通过以上这些要素及一系列市场活动而表现出来的结果所形成的一种形象认知度、感觉、品质认知，以及通过这些而表现出来的客户忠诚度，总体来讲它属于一种无形资产，所以这时候品牌是作为一种无形资产出现的。

（二）品牌的价值

品牌的价值包括用户价值和自我价值两部分。

品牌的功能、质量和价值是品牌的用户价值要素，即品牌的内在三要素；品牌的知名度、美誉度和普及度是品牌的自我价值要素，即品牌的外在三要素。品牌的用户价值大小取决于内在三要素，品牌的自我价值大小取决于外在三要素。

（三）品牌与商标

商标与品牌是两个不同领域的概念。在日常工作中，很多人将这两个术语混用、通用，甚至错误地认为只要标注了商标符号就成为了一个品牌。事实上，两者既有联系，又有区别。

1960年，美国营销学会（AMA）给出了对品牌较早的定义：品牌是一种名称、术语、标记、符号和设计，或是它们的组合运用，其目的是借以辨认某个销售者或某销售者的产品和服务，并使之同竞争对手的产品和服务区分开来。而商标（trademark）是指按法定程序向商标注册机构提出申请，经审查，予以核准并授予商标专用权的品牌或品牌中的一部分，商标受法律保护，任何人未经商标注册人许可，皆不得仿效或使用。可以看出，品牌的内涵更广一些。

商标是品牌的一个组成部分，它只是品牌的标志和名称，便于消费者记忆识别。品牌有着更丰厚的内涵，品牌不仅仅是一个标志和名称，更蕴含着生动的精神文化层面的内容。

虽然商标和品牌都是商品的标记，但商标是一个法律名词，而品牌是一个经济名词。品牌只有打动消费者的内心才能产生市场经济效益，同时品牌只有根据《中华人民共和国商标法》登记注册后才能成为注册商标，才能受到法律的保护，避免其他任何个人或企业的侵权模仿使用。

从归属上来说，商标掌握在注册人手中，而品牌植根于消费者心里。

（四）品牌效益

培养品牌的目的是希望此品牌能变为名牌，企业应在产品质量上下功夫，在售后服务上做努力。同时品牌代表企业，企业从长远发展的角度必须在产品质量上下功夫，特别是名牌产品、名牌企业，所以品牌，特别是知名品牌就代表了一类产品的质量档次，代表了企业的信誉。

（五）品牌的种类

1. 根据品牌知名度的辐射区域划分

根据品牌知名度的辐射区域，可以将品牌分为地区品牌、国内品牌、国际品牌。地区品牌是指在一个较小的区域之内生产、销售的产品品牌。国内品牌是指国内知名度较高、产品辐射全国、全国销售的产品品牌。国际品牌是指在国际市场上知名度、美誉度较高，产品辐射全球的品牌。

2. 根据品牌产品生产经营的不同环节划分

根据品牌产品生产经营的不同环节，可以将品牌分为制造商品牌和经销商品牌。制造商品牌是指制造商为自己生产制造的产品设计的品牌。经销商品牌是经销商根据自身的需求和对市场的了解，结合企业发展需要创立的品牌。

3. 根据品牌来源划分

依据品牌的来源，可以将品牌分为自有品牌、外来品牌和嫁接品牌。自有品牌是企业依据自身需要创立的。外来品牌是指企业通过特许经营、兼并、收购或其他形式而取得的品牌。嫁接品牌主要指通过合资、合作方式形成的带有双方品牌的新产品品牌。

4. 根据品牌的生命周期长短划分

根据品牌的生命周期长短，可以将品牌分为短期品牌、长期品牌。短期品牌是指生命周期持续较短的品牌，由于某种原因在市场竞争中昙花一现或持续一时。长期品牌是指生命周期随着产品生命周期的更替，仍能经久不衰、永葆青春。

5. 根据品牌产品内销或外销划分

依据产品品牌是针对国内市场还是国际市场可以将品牌划分为内销品牌和外销品牌。由于世界各国在法律、文化、科技等宏观环境方面存在巨大差异，一种产品在不同国家的市场上有不同的品牌，在国内市场上也有单独的品牌。品牌划分为内销品牌和外销品牌对企业形象整体传播不利，但由于历史、文化等原因，这种划分方式沿用至今，而对于新品牌的命名，则应考虑到国际化的影响。

6. 根据品牌的行为划分

根据品牌产品所属行业不同可将品牌划分为家电业品牌、食用饮料业品牌、日用化工业品牌、汽车机械业品牌、商业品牌、服务业品牌、服装品牌、女装品牌、网络信息业品牌等几大类。

（六）品牌的重要性

1. 品牌——产品或企业核心价值的体现

品牌，要使消费者或用户通过使用商品对其产生好感，从而重复购买，达到不断宣传的效果，从而形成品牌忠诚度。

2. 品牌——识别商品的分辨器

品牌的建立是由于竞争的需要，用来识别销售者的产品或服务。通过品牌人们可以认知产品，并依据品牌选择购买。每个品牌代表了不同的产品特性、不同的文化背景、不同的设计理念、不同的心理目标，消费者和用户可根据自身的需要进行选择。

3. 品牌——质量和信誉的保证

树立品牌、创建名牌是企业在市场竞争的条件下逐渐形成的共识，企业希望通过品牌形成品牌追随，通过品牌扩展市场。品牌的创立，使品牌成为企业有力的竞争武器。

品牌的出现，使用户形成了一定程度的忠诚度、信任度和追随度，从而使品牌成为企业有力的竞争工具。

4. 品牌——区分对手

即企业利用品牌将自己的产品与竞争对手的产品相区别。一个品牌要在竞争对手林立的市场中脱颖而出，需要通过产品提供给消费者特殊的利益，满足消费者的实际需求，才能获得成功。

二、品牌意识

品牌意识也称"品牌知名度"，即品牌在消费者记忆中留下的印象，表现为消费者在不同情境下识别出品牌的能力，包括品牌认知与品牌回忆。品牌认知，指在提及品牌时消费者对该品牌的反应与识别能力。品牌回忆，指在提及品牌所属产品品类时消费者主动提及品牌的能力。品牌意识越强，消费者在选购产品时越会想到该品牌，最终购买该品牌的可能性也越大。同时，品牌意识也会影响品牌联想与品牌形象的形成及其强度。品牌意识是人们对品牌在企业经营中所起的重要作用与所占重要地位的观念与认知，以及对品牌价值的认同。

（一）品牌建设意识

在现代经济中，品牌是一种战略性资产，也是核心竞争力的重要源泉，品牌意识是一个企业对品牌和品牌建设的基本理念，是企业对其产品自觉维护并创成名牌的意识。品牌的建设意识为企业制定品牌战略、铸就强势品牌提供了坚实的理性基础，成为现代竞争经济中引领企业制胜的战略性意识。

（二）品牌使用意识

品牌使用意识是企业对品牌效用与价值、使用品牌的重要性的认知和认同。毋庸置疑，品牌对企业经营确实具有重要作用，然而这种作用的发挥是建立在企业对品牌的具体使用基础之上的，即在经营活动中积极创立和使用品牌，惟有如此，品牌才能成为企业或其产品的代表或象征，并使品牌的其他作用得以发挥。"愚笨的商人卖产品，聪明的商人卖牌子"这句话正形象地说明了积极正确地创立和使用品牌的重要性。

（三）品牌保护意识

品牌保护意识是指企业对保护品牌的重要意义的认知和理解。品牌的创立是发挥品牌效用的基础，但更需要对品牌的有效保护以为品牌发挥效用提供保障。如果产品质量低劣、企业信誉低下，或是品牌任由他人假冒，则品牌信誉很难建立，而品牌发挥其应有效用的前提正在于其拥有较高的知名度和良好的公众评价。

(四)品牌发展意识

品牌发展意识是指企业牢固树立发展品牌、增加品牌深度、不断创新品牌的思想，以不断提高品牌的市场形象和品牌竞争力，使品牌的内在价值得到充分的发挥。品牌创立固然重要，但如果没有产品、技术方面的创新，没有有效的品牌推广策略，要么会使品牌效用得不到延伸而止步不前，要么就是品牌被遗弃而如"昙花一现"。国内相当一部分曾一度辉煌而如今却踪影难觅的品牌的发展史已经明白无误地昭示了"要么创新，要么死亡"的道理。

可以说，品牌意识为企业制定品牌战略铸就强势品牌提供了坚实的理性基础，成为现代竞争经济中引领企业制胜的战略性意识。

三、竞争战略

(一)经营战略

世界著名品牌一般要经过长期努力，才有可能建立起在全世界的信誉和高知名度。像可口可乐(Coca Cola)、通用电气(General Electric)、IBM、迪斯尼(Disney)等，都有上百年的历史。排在前10名的世界上最有价值的品牌中，大都是这样的公司。像微软(Microsoft)、英特尔(Intel)等公司，其竞争的领域是新出现的，在现有领域中创立新品牌，创造出高价值，要比在新领域内要难得多，因此，开发新品牌的努力，主要是寻求新的市场机会，而不是创立与老公司竞争的新品牌。

著名跨国企业拥有的品牌名称是他们最重要的资产，他们将其品牌描述为"企业与消费者之间信任的价值资产化"。例如，宝洁(Procter & Gamble)公司各类广告中到处体现着"独特的销售主张或独特卖点"的理论，宝洁拥有的各类品牌都结合产品进行了独特的特点设计，并连续不断地对品牌进行投资，使消费者认定该类产品就应该拥有这一特性。强化一个品牌在人们心目中的领先地位，能够为消费者提供产品信息，并激发购买欲望，提高品牌在竞争中维持高价的能力。

(二)品牌战略

哪里有名牌产品，哪里经济就有活力。一个国家的国内生产总值与其所拥有的强势品牌的品牌价值和品牌数量基本呈正相关。根据品牌咨询公司Interbrand发布的"2020年全球最佳品牌排行榜"，美国所拥有的强势品牌的品牌数量和品牌价值总量均位于榜首。排行榜中前4名均被美国包揽，其中苹果蝉联榜首，品牌价值3229.99亿美元；亚马逊升至第二，品牌价值2006.67亿美元。微软和谷歌分别名列第三和第四名，品牌价值分别为1660.01亿美元和1654.44亿美元。美国所拥有的强势品牌的品牌数量和品牌价值总量均位于榜首。这些世界知名品牌促进了国家整体经济结构优化，实现了国家经济总量增长，同时也提升了国家经济实力和国际话语权。

（三）理念战略

在现代市场经济社会中，企业的失败是理念竞争的失败，企业的成功是理念竞争的成功。因为企业理念代表企业经营的重点和企业精神及价值观，是制定企业经营战略的基础。因此，有什么样的经营理念，就有什么样的经营战略。正确的理念下制定的经营战略使企业兴旺发达，反之，可能使企业一蹶不振。企业经营理念决定企业生死存亡。

品牌意识正成为企业经营理念的核心，因为不论在国际市场上，还是在国内市场上，日益激烈的商战、角逐和竞争，越来越集中于品牌之间的竞争。谁的名牌产品多，谁就有较高的市场占有率，谁就有高速度的经济发展，谁就具备强大的经济实力。反之，谁的名牌产品少，谁就缺乏竞争实力，就没有产值，没有利润，没有速度，没有效益。

品牌战略推动经营战略，从战略高度认识到有了品牌也就有了市场，要使品牌能跟得上时代的发展。因此，找准一个强大、清晰、内涵丰富的品牌定位，才能确保品牌的成功。

四、国内外品牌建设

（一）国际品牌的发展概述

从国际品牌的发展分析，商品品牌化始于19世纪中叶。在美国，19世纪初期一些专利药品生产商就给药品命了名。19世纪，欧洲一些国家也出现了品牌，一些品牌至今仍是国际化的品牌。20世纪则是品牌的竞争时代，品牌的推广越来越专业化，品牌广告充斥整个社会生活。到目前，品牌比以往任何时候都受到更大的重视，企业家热爱品牌，消费者向往品牌，政府推崇品牌。

品牌产品占据、引领人们的生活是一个逐渐发展的过程，对品牌的认识和研究也是逐渐由低潮转为高潮的。第二次世界大战结束之后的一段时期内，许多国家资源、人才严重缺乏，因而当时世界各国重视低成本、高效率，追求规模经济，对品牌的研究还没有引起重视。进入20世纪60、70年代，许多国家的企业确立了高效率的生产工艺和生产方式，同时物质消费产品极度缺乏的局面也进一步得到缓解，消费者对产品的质量意识不断增强。这一时期，人们对品牌的认识以及企业对品牌的重视较大地提高。随着企业之间的竞争日趋激烈，企业竞争的焦点开始转移到产品的差异化即个性化方面来。

20世纪80年代之后，全世界产品种类极大丰富，品种繁多，竞争更加激烈，开发新产品及时满足顾客的需要成为竞争的焦点，人们逐渐将认知心理学引入品牌研究，学者们对品牌有了更深刻的认识和理解。在认知理论的指引下，以美国为代表的西方品牌理论研究和实践进入一个新的境界，品牌、品牌资产、品牌价值、品牌文化等研究成果层出不穷，品牌研究热潮兴起，并为企业品牌的发展提供了理论基础。

从美国、日本等国企业及学者对品牌研究的现状分析，其核心就是打造强势品牌，使其品牌蕴含文化的内涵，以区别于其他品牌。实践证明，国际知名企业的强大竞争力来自于其拥有的品牌的力量，这些足以推动国际企业对品牌的进一步研究。

（二）国内品牌的发展概述

20世纪90年代，随着国际强势品牌对我国民族品牌的兼并，我们的品牌意识有了一个前所未有的提升，人们逐渐认识到品牌对企业、对国家经济的重要意义。从20世纪90年代的"质量万里行"开始，我国大规模开展关于品牌建设的实践探索和理论研究。改革开放40余年，伴随着中国崛起，中国的品牌建设也经历了一个从小到大、由弱趋强的发展阶段，逐步涌现出一批自己的品牌产品和品牌企业，而且在国内市场享有很高的知名度，如珠江钢琴、宝山钢铁、远大空调、张裕葡萄酒、青岛啤酒、北京同仁堂、中国海运、中国远洋、茅台酒、格力空调等。

英国知名品牌价值咨询公司Brand Finance发布的"2020年全球品牌500强"报告显示，中国品牌的价值增速是全球平均水平的8倍。在2010—2020年品牌价值增长最突出的10个品牌中，中国品牌占据了9个名额。2010年以来，在"Brand Finance全球品牌价值500强"排行榜中，上榜的中国品牌价值总和跃升了1100%，从2010年的1110亿美元增至2020年的13340亿美元。这一数字远远超出其他国家与地区品牌价值增长的总和。

品牌数量的多寡和品牌影响力的高低，已成为衡量一个国家和地区经济竞争力的重要标志。近年来，我国品牌数量呈上升趋势。截至2018年6月中旬，有效注册商标量广东省从2010年的70.0万件增加到288.4万件，浙江省从2010年的54.9万件增加到172.1万件，江苏省从2010年的29.7万件增加到100.1万件，湖北省从2010年的8.3万件增加到33.9万件，四川省从2010年的14.0万件增加到54.1万件。从全国情况来看，我国有效注册商标量已从2010年的460.4万件增加到2020年10月底的2918.2万件，连续多年居世界首位。

应该看到，品牌建设在我国的一些地方还没有成为企业自身发展的迫切需要，品牌建设品质不高、文化素质不强，未能充分展现品牌的内在精神和外部形象，整体上还不足以支撑品牌建设的高品质和高水准。因此，我国的品牌建设仍然任重道远。

第二节
农产品与农产品品牌

农产品是指种植业、养殖业、林业、牧业、水产业生产的各种植物、动物的初级产品及初级加工品。具体包括种植、饲养、采集、编织、加工以及捕捞、狩猎等行业的产品。这部分产品种类复杂、品种繁多，主要有粮食、油料、木材、肉、蛋、乳、棉、麻、烟、茧、茶、糖、畜产品、水产品、蔬菜、花卉、果品、干菜、干果、食用菌、中药材、土特产品以及野生动植物原料等。

一、农产品的分类

（一）按照加工程度分类

农产品可以分为初级农产品和加工农产品。初级农产品是指种植业、畜牧业、渔业产品，不包括经过加工的产品，包括谷物、油脂、农业原料、畜禽及蜂产品、林产品、渔产品、海产品、蔬菜、瓜果和花卉等产品。加工农产品是指必须经过某些加工环节才能食用、使用或储存的加工品，如灭菌乳、分割肉、冷冻肉、食用油、饲料等。

（二）按照其特殊程度分类

农产品可以分为普通农产品和名优农产品。名优农产品是指由生产者志愿申请，经有关地方部门初审，经权威机构根据相关规定程序认定，生产规模大、经济效益显著、质量好、市场占有率高，已成为当地农村经济主导产业，有品牌、有明确标识的农产品。

（三）按照基因形成方式分类

农产品可以分为转基因农产品和非转基因农产品。转基因农产品是指利用转基因技术，即利用分子生物学的手段将某些生物的基因转移到另一些生物的基因上，进而培育出人们所需要的农产品。

（四）按照传统和习惯分类

一般将农产品分为粮油、果蔬及花卉、林产品、畜禽产品、水产品和其他农副产品六大类。

二、农产品的特征

（一）生产周期长

粮食作物生产周期在三个月到半年之间，畜牧产品大都在数月以上，水产品的生产周期一般在一年到数年之间，由于生产周期较长，导致农产品质量的变数较大，生产过程的标准化管理难度大，品牌质量的一致性难以保证。

（二）受自然条件影响大

农业生产区域广阔，农产品生产过程受天气、土质、水质、地势等因素影响较大，使农产品的品质差别也很大，造成了品牌质量的不稳定性。

（三）生产过程监督困难

客观上，农民的农产品生产多在广阔的自然环境中进行，繁重的体力劳动容易使生产者对产品的生产投入不足，造成质量不达标。主观上，农民的生产活动受利益驱动，有使用毒性大、成本低、不符合要求的农药和价廉质次化肥的倾向。农民使用不合格化肥农药会影响农产品的内在质量，在检测设备不完备的市场上，会形成"逆选择"现象，不但不会影响使用劣质化肥和超量农药农民的收入，反而会增加他们的收入。客观和主观因素决定了对农产品生产过程的监管难度比对一般工业产品生产过程的监管难度大得多。

（四）质量具有隐蔽性

农产品的质量体现在两个方面：一是内在质量，二是外在质量。外在质量的甄别对于消费者来讲比较容易，通过眼观、鼻闻，利用一般常识就能判断是否新鲜、变质，甚至口味如何，但是内在质量用经验和五官根本不可能轻易甄别清楚。

（五）初级产品具有低值性

农业产业是弱势产业，农业产业在我国门槛低，从业人员多，竞争激烈，利润薄、风险大。2019年我国农业增加值为73576.9亿元，只有工业增加值311858.7亿元的23.6%。初级农产品的附加值远远低于工业产品，导致初级农产品品牌建设主体难以积累足够的资金从事"品"的提高和"牌"的推广。

（六）异质性

农产品的异质性主要表现在品种差异、生产区域差异和生产方式差异三个方面。

随着生活水平的提高，买方市场的形成，消费者对农产品的选择空间增大，农产品的质量差别、附加功能等都是消费者选购时的参考依据。另外，农业科技的发展客观上造成农产品差异性增大，此外农产品生产经营者在保障农产品质量安全方面的措施不同也造成农产品的异质。

（七）生物性

农产品的贮藏、保鲜等问题是农产品生产经营各环节中重要的大问题。在农产品品牌建设中，农产品的新鲜程度是农产品质量的重要方面，也是决定农产品品质的重要方面。

三、农产品品牌的含义

（一）农产品品牌

农产品品牌是农产品生产经营者为了与竞争者区别特定的农产品，整合当地经济因素、社会因素和文化因素等，以产品为载体，以商标为标识，以消费者为中心，用于体现其产品及服务的独特性，便于使之形成比较优势。农产品品牌以农产品的产地、品种、质量等差异为基础，以商标、包装为主要表现形式。

农副产品品牌是具有食品安全等质量保证的，品牌经营企业按照量化指标保证生产加工产品的品质始终如一；通过优化包装和加工原料等来提升农产品的市场价值；摒弃传统的一家一户的生产模式，采用现代科技化管理，生产安全、可追溯的农副产品。

（1）文字品牌　　单纯由文字构成的品牌，称为文字品牌。

（2）图形品牌　　单纯由图形构成的品牌，称为图形品牌。

（3）组合品牌　　由文字与图形共同构成的品牌称为组合品牌。组合品牌一般以图形为主，文字为辅，文字与图形融为一体，以文字表达形意，以图形加深人们对文字的理解和记忆。

（4）集体品牌　　由工商业团体、协会或其他集体组织的成员所使用的商品商标或者服务商标，用以表明商品的经营者或者服务的提供者属于同一组织。

（5）证明商标　　证明商标是用以区别商品或服务的特定品质的标志，只要当事人提供的商品或者服务符合这一特定品质，在与注册人履行规定的手续后，就可以使用该证明商标，注册人不得拒绝其使用。目前我国市场上已经有证明商标在使用，如使用在食品上的"绿色食品"标志，以及服务行业使用的"旅游定点"标志等。

（6）地理标志　　地理标志属于证明商标的一种，主要用于指示一项产品来源于该地，其质量或特征完全或主要取决于地理环境，包括自然和人为因素。

（二）"三品一标"

无公害农产品、绿色食品、有机农产品和农产品地理标志统称"三品一标"，如图1-1所示。"三品一标"是政府主导的安全优质农产品公共品牌，是当前和今后一段时期农产品生产消费的主导产品，是农业发展进入新阶段的战略选择，是传统农业向现代农业转变的重要标志。

无公害农产品发展始于21世纪初，是在适应加入WTO和保障公众食品安全的大背景下推出的，农业部为此在全国启动实施了"无公害食品行动计划"；绿色食品产生于

（1）无公害农产品　　（2）绿色食品　　（3）有机农产品　　（4）农产品地理标志

图1-1　"三品一标"图案

20世纪90年代初期，是在发展高产优质高效农业大背景下推动起来的；而有机食品则是国际有机农业宣传和辐射带动的结果。农产品地理标志是借鉴欧洲发达国家的经验，为推进地域特色优势农产品产业发展而推出的重要措施。原农业部推动农产品地理标志登记保护的主要目的是挖掘、培育和发展独具地域特色的传统优势农产品品牌，保护各地独特的产地环境，提升独特的农产品品质，增强特色农产品市场竞争力，促进农业区域经济发展。

无公害农产品，是指产地环境和产品质量均符合国家普通加工食品相关卫生质量标准要求，经政府相关部门认证合格、并允许使用无公害标志的食品。这类食品对人的身体健康不会造成任何危害，是对食品的最基本要求。2001年农业部提出"无公害食品行动计划"，并制定了相关国家标准，如农产品安全质量系列标准，包括产地环境要求和产品安全要求，以及具体到每种产品如黄瓜、小麦、水稻等的生产标准。

绿色食品，是指遵循"可持续发展"原则，按照特定生产方式生产，经专门机构认定，许可使用绿色食品标志的无污染、无公害、安全、优质、营养类食品。由于与环境保护有关的事物通常都被冠以"绿色"，为了更加突出这类食品出自良好的生态环境，因此称为"绿色食品"。"绿色食品"是中档食品，我国已有多家企业生产绿色食品。绿色食品分为两级，即A级绿色食品和AA级绿色食品，后者对食品的质量要求较高，与有机食品要求基本相同。20世纪90年代，我们国家提出"绿色食品"的概念，相继也制定了相应的标准，目前在实施的有《绿色食品 产地环境质量》（NY/T 391—2013）、《绿色食品生产农药使用准则》（NY/T 393—2020）和《绿色食品生产化肥使用准则》（NY/T 394—2000）等。

有机农产品是指根据有机农业原则，生产过程绝对禁止使用人工合成的农药、化肥、色素等化学物质和采用对环境无害的方式生产、销售过程受专业认证机构全程监控，通过独立认证机构认证并颁发证书，销售总量受控制的一类真正纯天然、高品位、高质量的食品。有机食品在我国刚刚起步，即使在发达国家也只是一些高收入、追求高质量生活水平人士购买。

根据《与贸易有关的知识产权协议》（TRIPS），地理标志是指"证明某一产品来源于某一成员国或某一地区或该地区内某一地点的标志"。该产品的某些特定品质、声誉或其它特点在本质上可归因于该地理来源。

农产品地理标志是一种新型知识产权，是产品品质特征和信誉的标志，是区域经济的重要组成部分，是区域文化和区域形象的代表符号，为解决中国"三农"权益问题提供了理论支撑，体现了国际经贸中不同国家的权益。

农产品地理标志是指标示农产品来源于特定地域，产品品质和相关特征主要取决于自然生态环境和历史人文因素，并以地域名称冠名的特有农产品标志。农产品地理标志是有一定的使用范围的。

《农产品地理标志管理办法》规定，农业农村部负责全国农产品地理标志的登记工作，并设立农产品地理标志登记专家评审委员会，负责专家评审工作。省级人民政府农业行政主管部门负责本行政区域内农产品地理标志登记申请的受理和初审工作。

农产品地理标志公共标识图案由"中华人民共和国农业农村部"中英文字样、"农产品地理标志"中英文字样、麦穗、地球、日月等元素构成，如图1-1所示。公共标识的核心元素为麦穗、地球、日月相互辉映，体现了农业、自然、国际化的内涵。标识的颜色由绿色和橙色组成，绿色象征农业和环保，橙色寓意丰收和成熟。

四、农产品品牌的特征

（一）农产品品牌表现形式的多样性

农产品品牌的表现形式具有多样性，主要包括农产品的质量标志、农产品的品种标志、农产品集体品牌和狭义农产品品牌等。农产品品牌表现形式的复杂性是由农产品的特点所决定的，为了消除农产品市场的逆选择现象，必须由具备公信力的机构对农产品质量给予评价，然后将评价结果以质量等级和地理标志标明，方便消费者选择。质量标志和地理标志都是显示农产品具有某些特有的自然和人文特色功能的农产品标志；种质标志是农产品种子品种的标志，种子决定产品，离开了种质标志，人们无法辨别该产品的属性和根源；集体品牌体现农产品的区域特征，帮助消费者了解农产品的出处；狭义农产品品牌是农产品质量、功能等特征的集中表现形式。

（二）农产品品牌的外部性

外部性又称溢出效应，是指实际经济活动中，生产者或消费者的活动对其他生产者或消费者产生的超越活动主体范围的利害影响。对于农产品品牌，其外部性主要体现在以下几个方面。

1."三品一标"的品牌识别作用

"三品一标"农产品在申请时对于质量和生产工艺都有明确的规定，此外在冠名时还会标识农产品的安全类别、生产地域和特色，这样消费者在购买时就能根据自己的需求通过这些具有追溯作用的标识来获取农产品的相关信息，能对假冒产品进行有效识别。

2."三品一标"的市场推广效应

"三品一标"的申请主体一般是行业协会、合作社、农业企业等，有他们为农产品质量背书，可增强市场认可度；此外，"三品一标"本身的地域和文化内涵，还可以帮助减少农产品的宣传成本，缩短进入市场时间，为农产品获得比较优势，提高其农产品市场竞争力，最终帮助实现增收，促进地方经济发展。

3. 地理标志特有的公共品牌效应

地理标志属于集体性商标，具有区域内共有性的特点，只要是该地域内符合规定的生产经营者均可以共享该无形资产，帮助提高其自身的市场竞争力，从而获得额外收益。农户和企业搭便车免费使用公共品牌，并不意味着公共品牌的形成是无成本的，其实是政府承担了品牌设计和宣传等成本,而经济效益在企业和农户的生产中得到体现。区域公共品牌是由区域内所有相关的生产经营者共同维护,因此与企业品牌相比,它传播速度更快、影响范围更广、宣传成本更低。

(三) 农产品品牌的脆弱性

农产品品牌建设的一个显著特点是容易受损,如前几年出现的"瘦肉精""毒大米"事件便是典型的例证。

(1) 农产品质量的隐蔽性导致农产品质量监管难度大。一个品牌农产品一般有30～50项检测指标,使得农产品品牌随时都有风险,只要有个别样品出了问题,整个品牌都会受到牵连。

(2) 农产品品牌主体的复杂性导致各主体之间的质量管理协调难。农产品品牌建设的主体是农业企业,但政府、农户和行业组织也是参与主体,往往由于协调不力、监管不力,出现品牌农产品质量问题。

(3) 农产品的食用性特征导致消费者对农产品的质量高度敏感,一旦发生质量安全事故,对农产品品牌将是致命打击。

(4) 农产品的生物性特征也是农产品品牌易受损的原因之一,如鲜活农产品、新鲜蔬菜等,易腐烂、易变质,从而影响农产品的质量。

五、农产品品牌的作用

农产品的品牌效应是构成农产品核心竞争力的主要元素。政府、农业企业和农户通过品牌建设,整合农产品品牌资源和优化资源配置,才能实现农业产业升级。

(一) 带动基地建设,促进经济发展

农产品的品牌不同于工业和服务业的品牌,其往往是一个品牌带动一个地域,这就要求政府出面组织建设,使生产者的利益得到有效保证,生产者自愿加入政府或龙头企业组织的项目或品牌,同时保证该品牌的正常运作。农产品基地的建设促进了农民收入的增加,保证了第一产业的健康发展,促进了地方经济的增长,更保障了国家建设的有序进行。

(二) 促进标准化生产管理

生产者在对无品牌的农产品进行生产加工的时候,由于没有统一的标准,所以生产者基本上是根据自己之前所掌握的经验进行生产或销售,每个人都有自己的见解,所生产出来的农产品质量和规格并不相同。如果建立了品牌,就要求生产者必须执行标准化的生产和管理,每个商品的质量都应该严格遵守标准,这样就使从生产到流通再到销售的可控性实现了提高。

（三）提高农产品的市场竞争力

加入世界贸易组织（WTO）后，因为种种原因，我国的农产品出口经常遭到国外质量标准的限制，最终导致我国农产品在出口中总是呈现出一种逆差的状况。只有将农产品知名品牌打造出来，并形成一定的品牌效应，农产品形成规模化生产以及标准化生产，使产品质量得到保证，才能提升农产品的市场竞争力，促进农产品的出口。

（四）帮助产品营销

（1）品牌有利于销售量增长　树立良好的品牌形象，有利于消费者更加认可该品牌，从而提高消费者对品牌的忠诚度。

（2）品牌有利于农产品管理溢价　众所周知，一个名牌产品的价格往往比非名牌产品的价格高出很多。这就是品牌的溢价效应，能给企业带来更丰厚的利润。

（五）满足消费者的需要

如果一个农产品具有良好的品牌形象，那么就必定会为消费者提供高质量、合理价格以及高满意度的保证，继而使消费者对该产品更加信赖。消费者往往会对某一特定品牌形成一种特定认可，一旦消费者认可该品牌，那么消费者就会成为这一品牌的忠诚客户。在消费者的眼中，只要该农产品的品牌形象基本保持不变，没有什么负面消息产生，消费者就会继续对该农产品给予支持。

六、农产品地理标志的特性和作用

（一）农产品地理标志的特性

地理标志农产品的特性，是农产品品牌建设特别是农产品区域公用品牌建设独特的品牌基因。拥有独特、专属的地理标志特征的产品及其产业，可以创造出更高的农产品品牌价值。

目前，我国有三类地理标志产品认证及保护管理体系：原国家工商行政管理总局认证及保护管理的中国地理标志GI、原国家质量检测检验检疫总局认证及管理保护的中国地理标志PGI、农业农村部认证及管理保护的农产品地理标志AGI，如图1-2所示。这三类地理标志，从产品认证、保护与使用的有关规定、法律依据来看，虽然认证机构不同、认证相关规定与制度有一定的差异性、有效年限不同，但在对地理标志产品的相关要求、技术制度、管理办法、标志使用等方面，依然存在着基本类似的特征。

1. 生产区域性

无论是PGI，还是GI或AGI，均限定了产品生产的区域范畴。因此，能够获得三类地理标志产品认证的产品，都必须是在一定的区域范畴进行生产。不同区域会有不同的

图1-2　我国的三类地理标志产品

风土、物种、工艺、人文等诸多方面的差异。地理标志受到区域的限制，只有商品来源地的生产者才能使用该地理标志。

2．产品独特性

PGI、GI和AGI均要求产品具有当地地域特点或人文特色，该特点或特色可以是品种独特性、品质风味差异性、原材料特色、特殊工艺、特殊人文因素等各种因素带来的产品品质独特性。

3．品质差异性

由于生产区域性、产品独特性，自然导致地理标志产品的品质差异性。即便是同一种产品，由于地理条件、人文因素等不同，也会形成差异化的品质特征。地理标志作为一种标记与一定的地理区域相联系，其主要的功能就在于使消费者能区分来源于某地区的商品与来源于其他地区的同种商品，从而进行比较和挑选。

4．品种稀缺性

由于生产区域性带来的地理条件、自然风土、生物品类、种质资源等差异，导致一些地区产生不同的品种。

5．地区集团性

地理标志可由商品来源地所有的企业、个人共同使用，只要其生产的商品达到了地理标志所代表的产品的品质，这样在同一地区使用同一地理标志的企业或个人就不止一个，使得地理标志的所有者具有集团性。

6．文脉悠久性

一个区域有一个区域的文化特质，凡地理标志产品，大多具有长期的种养历史，并在种养历史发展进程中形成了特殊的生产文化脉络。

7．命名地缘性

除GI之外，PGI、AGI两类地理标志认证的产品，其产品名称均由农产品出产地的地理区域名称、农产品品类通用名称两者协同构成。因此，其命名具有直接的地缘依附性、地缘联想性。看到产品名称便可联想到地缘特征，便于记忆、便于产生品牌联想。

8．使用公共性

对于地理标志的使用，只要是在限定的区域内生产，其产品符合地理标志产品认证要求、获得认证保护管理机构认可的企业或农户、个人都能够获得授权，拥有生产权益。因此，地理标志产品的生产区域，比区域公用品牌的范畴要大。而地理标志产品的生产授权，则是一个区域的农产品区域公用品牌建设的基本范畴。使用公共性会给地理标志产品的保护带来困难，因此，从区域公用品牌角度来看，避免"公用地灾难"是品牌保护中重要的管理原则。

9. 两权分离性

原国家工商行政管理总局商标局有关地理标志证明商标的界定是：由对某种商品或者服务具有监督能力的组织所控制，而由该组织以外的单位或者个人使用于其商品或者服务。这说明，地理标志证明商标的商标所有权、商标使用权两权分离。虽然PGI、AGI没有明确说明地理标志产品保护监管与使用的两权分离性，但由于其使用的公共性，依然存在着地理标志产品保护监管者、地理标志使用者（企业、合作社、农户等）之间的分离现象。地理标志证明商标注册与监管权、地理标志使用权分离，存在着"公用地灾难"出现的天然隐患。

10. 特色专属性

PGI、GI、AGI三类地理标志认证的产品，均要求产品品质和特色主要取决于独特的自然生产态环境和人文历史因素。因此，地理标志产品具有产品品质特色的专属性。

（二）农产品地理标志的价值及作用

农产品地理标志产品具有法律价值和经济价值，这是其显性价值。随着社会的进步和研究的深入，我们发现地理标志产品还具有生态、文化、旅游、教育等价值，这是它的隐性价值。因此，全面认识并把握地理标志产品的多元价值，对推进其产业化发展及优化农产品结构、提高农业产出率、促进生态文明建设等都具有积极的意义。

农产品地理标志的价值具有综合性。地理标志的综合价值与地理标志的区域性、长久性和群体性相关联，包含经济价值、社会价值和人文价值等。地理标志的综合价值远远超越其经济价值，经济价值只是地理标志综合价值中非常容易比较的显现部分。地理标志与当地人文相结合，当地人使用地理标志已经成为风俗习惯和社会活动的一部分。

农产品地理标志的综合价值不同于一般商品的品牌价值，不能单独用经济价值来衡量。在此，我们引入一个衡量地理标志综合价值的单位——地理标志综合价值当量。一个地理标志综合价值当量单位相当于一个虚拟的理想化的综合价值指数为1000分、产值为1000万元的地理标志形成的综合价值量，用"亿地标当量"来表示。某一地理标志的综合价值大小就是该地理标志拥有多少个地理标志综合价值当量单位，即具有多少个"亿地标当量"。

1. 区域产业结构调整和区域经济发展的重要引擎

农产品地理标志是在长期的农业生产和百姓生活中形成的地方优良物质文化财富。建立农产品地理标志登记制度，有利于培育地方主导产业，形成有利于知识产权保护的地方特色农产品品牌。农产品地理标志的公共属性决定了相关产业往往成为区域内的主导产业，具有产业集聚和集群发展的优势。农产品地理标志本身的历史文化内涵，也有利于拓展农业的多功能性，延长产业链条。这种产业集聚必然会放大区域经济规模，成为区域产业结构调整和区域经济发展的重要引擎。

2. 引领农业品牌化发展的排头兵

农产品地理标志是一种区域公用品牌。它要求传统分散的生产者必须联合起来，才能实现特色农业产业的组织化、集约化、标准化发展，为增强农产品核心竞争力、增加农民收入、满足特色消费需求打下基础。实施农产品地理标志登记保护还有助于强化监管、提升农产品质量安全水平，保护农业生物资源多样性和传统优势品种。

3. 保护农业文化遗产的重要手段

发掘农业文化遗产是传承弘扬中华文化的重要内容。农业文化遗产具有较高的经济、文化、生态、社会和科研价值，是中华民族的文化瑰宝。

农产品地理标志是传统农耕文明的重要体现，其与很多农业文化遗产具有相同的地域性和关联性。农产品地理标志的质量、信誉等相关特征主要源于该地区的自然因素和人文因素。农业文化遗产则是在特定的时间和空间中创造并传承，是一种历史记忆和文化认同。云南、陕西等地在探索利用农产品地理标志保护和传承农业文化遗产方面做了诸多有益探索。

4. 打造国家品牌的重要载体

农产品地理标志不仅推动了农业的发展，促进了社会的进步，也由此衍生和创造了悠久灿烂的中华文明。充分认识和发掘中国重要的农业文化遗产，保护和传承这些农业文化遗产的意义重大。

农产品地理标志是国际贸易交流和知识产权保护的重要内容，也是双边和多边合作交流、世界贸易组织（WTO）农业谈判的热点议题。加强农产品地理标志保护，既可以充分利用我国已形成的众多特色资源，创建农产品国家品牌，又可以突破技术标准、反倾销等一系列措施所构筑的贸易壁垒。

第三节 农产品品牌建设的意义

一、发展农产品品牌的重要性

农产品品牌建设（Building of Agriculture Product Brands，BAPB）是指农产品品牌建设主体对品牌进行的规划、创立、培育、扩张等行为过程。由于农产品品牌既包括狭义的农业企业产品品牌，也包括质量标志、集体标志等要素，所以，农产品品牌建设的主体既包括基本建设主体——农业企业，也包括参与建设主体——政府、行业组织和农户。

农产品品牌建设十分重要，党中央、国务院对我国农产品品牌建设高度重视，连续十几年的中央一号文件中，都提到我国农产品品牌建设问题，并指出这是三农建设中极其重要的措施之一。

发展品牌农业是由传统农业向现代农业转变的必由之路，是农业发展到一定阶段的必然产物。党中央、国务院高度重视农业品牌建设工作，习近平总书记多次对加强农产品品牌建设提出要求，指出"要加强品牌建设，积极争创名牌，用品牌保证人们对产品质量的信心""推动中国制造向中国创造转变、中国速度向中国质量转变、中国产品向中国品牌转变"。党的十九大报告显示，党中央、国务院将农业品牌化建设提升至国家战略高度。

国内外市场竞争同样对农产品的质量和安全卫生水平提出了新要求，迫切需求以品牌为质量承诺标志的农产品生产经营模式。同时，农产品销售方式的变化也促进了品牌农产品的发展。在大中城市，超市、连锁店销售的农产品数量已达总销售量的1/3以上，并且正在以较快的速度发展，成为城市居民购买农产品的主要方式。销售方式的变化，为有品牌的农产品提供了扩大市场份额的机会，尤其2005年中央1号文件及时提出了"品牌整合、做大做强"的方针政策，中国农产品品牌进入了整合壮大阶段的快速发展期，此阶段农产品加工品品牌进一步整合做大。

二、国家战略领航农产品品牌的建设

农产品质量安全是关系到全体消费者健康的大事，农产品供给又关系到国家政治稳定、社会安定和经济发展，因此，各个国家对农产品的供给都非常重视。在农产品供给中既有量的供给也有质的供给，质的供给就是保障优质农产品的供给。农产品品牌是促进农产品质量提高的有效措施，是保障优质农产品供给的有效手段，也是促进农民增收、激励农民提供优质农产品的有效机制。农产品品牌建设本身涉及的主体较多，单纯依靠农业企业控制农产品质量、建设农产品品牌也很难收到较好效果，客观上要求政府必须利用政策、法律来规范有关主体行为，以保证农产品质量水平和创建农产品品牌建设法制化、制度化。农产品品牌建设与工业品牌和服务业品牌相比具有受国家政策、法规影响大的特点。

习近平总书记在《走高效生态的新型农业现代化道路》一文中指出："做优做强区域化、特色化、品牌化的主导产业，大力培育专业化、规模化、产业化的现代生产经营主体……大力实施农产品品牌战略，培育若干国内外知名的农产品品牌，依法保护农产品地理标志产品和知名品牌。"

2013年12月2日，国务院办公厅印发了《国务院办公厅关于加强农产品质量安全监管工作的通知》（以下简称《通知》）。《通知》的出台充分表明党和国家对农产品质量安全工作的高度重视和常抓不懈的决心。农产品质量安全是重大的民生问题，关系人民群众身体健康和生命安全，关系社会和谐稳定。党和国家对农产品质量安全问题高度重视，出台了《中华人民共和国农产品质量安全法》，制定了一系列相关制度规章，不断强化监管措施，连续多年开展农产品质量安全专项整治行动。同时，《通知》是落实国务院机构改革和职能转变、完善食品安全监管体制的重要举措，提出要建立健全农产品质量安全全程监管制度机制。

2014年，习近平总书记就提出了"三个转变"的战略思想。

2015年，李克强总理签发了我国实施制造强国战略的第一个十年行动纲领——《中国制造2025》。

2016年中央一号文件在农业品牌化方面作出"实施食品安全战略"的部署，强调要创建优质农产品和食品品牌，明确指出推动农产品加工业转型升级，培育一批农产品精深加工领军企业和国内外知名品牌。

2016年，国务院办公厅发布《关于发挥品牌引领作用推动供需结构升级的意见》（以下简称《意见》），要求积极探索有效路径和方法，更好发挥品牌引领作用。

2016年12月17日，国务院办公厅印发了《关于进一步促进农产品加工业发展的意见》，对今后一个时期我国农产品加工业的发展做出全面部署。

安全、优质、绿色成为农业品牌的"身份证"。截至2016年，我国绿色食品原料标准化生产基地带动农户2198万户，每年直接增加农民收入15亿元。为了增强"三品一标"认证工作的科学性和规范性，农业农村部加快修订并颁布实施了《无公害农产品种植业产地环境条件》《绿色食品标志许可审查程序》等多项制度规定，同时修订了《绿色食品年度检查工作规范》等，对证后监督管理制度进一步完善。

2017年中央一号文件中指出，推进区域农产品公用品牌建设，支持地方以优势企业和行业协会为依托打造区域特色品牌，引入现代要素改造提升传统名优品牌，支持新型农业经营主体申请"三品一标"认证，推进农产品商标注册便利化，强化品牌保护。

2017年4月，国务院正式批复国家发展和改革委员会，确定每年的5月10日为"中国品牌日"，这标志着国家品牌战略的持续推进，意味着强化中国创造、中国质量，凝聚中国力量，发展中国自主品牌已上升为国家意志。打造中国品牌，发展品牌经济，成为提升中国国际经济地位的重要举措。

2016—2017年，国务院相继印发了国办发〔2016〕18号、国办发〔2016〕40号、国办发〔2016〕44号、国办函〔2016〕66号、国办发〔2016〕68号、国函〔2017〕51号文件，对质量强国、品牌强国战略的推进实施进行了顶层设计和规划。

2018年中央一号文件提出："制定和实施国家质量兴农战略规划，建立健全质量兴农评价体系、政策体系、工作体系和考核体系。深入推进农业绿色化、优质化、特色化、品牌化，调整优化农业生产力布局，推动农业由增产导向转向提质导向。"《农业部关于大力实施乡村振兴战略加快推进农业转型升级的意见》（农发〔2018〕1号）指出，坚持抓产业必须抓质量，抓质量必须树品牌，坚定不移推进质量兴农、品牌强农，提高农业绿色化、优质化、特色化、品牌化水平。

2018年6月《农业农村部关于加快推进品牌强农的意见》给农业品牌建设做了全方位布局，提出力争3~5年，我国农业品牌化水平显著提高，品牌产品市场占有率、消费者信任度、溢价能力明显提升，中高端产品供给能力明显提高，品牌带动产业发展和效益提升作用明显增强。国家级、省级、地市级、县市级多层级协同发展、相互促进的农业品牌梯队全面建立，规模化生产、集约化经营、多元化营销的现代农业品牌发展格局初步形成。

2018年以来，农业农村部总结多年发展实践，通过深入研究正式出台了《关于加快推进品牌强农的意见》，为提高我国农业供给体系质量和效率找到了主攻方向。坚持品牌强农，是推进农业供给侧结构性改革的需要，是提升农业效益、增加农民收入的重要手段，是提高农产品国际竞争力的迫切要求，也是农业高质量发展的重要标志。大力推进品牌强农不仅是时代的选择，更是人民的期盼。

2019年中央一号文件指出，发展壮大乡村产业，拓宽农民增收渠道，要加快发展乡村特色产业。因地制宜发展多样性特色农业，倡导"一村一品""一县一业"。支持建设一批特色农产品优势区。健全特色农产品质量标准体系，强化农产品地理标志和商标保护，创响一批"土字号""乡字号"特色产品品牌。

2019年农业农村部等七部门联合印发《国家质量兴农战略规划（2018—2022年）》，进一步强调农业要"绿色化、优质化、特色化、品牌化"发展。要大力推进农产品区域公用品牌、企业品牌、农产品品牌建设，打造高品质、有口碑的农业"金字招牌"。

2020年中央一号文件指出，发展富民乡村产业，应继续调整优化农业结构，加强绿色食品、有机农产品、地理标志农产品认证和管理，打造地方知名农产品品牌，增加优质绿色农产品供给。

2021年中央一号文件继续指出，加强粮食生产功能区和重要农产品生产保护区建设。深入推进农业结构调整，推动品种培优、品质提升、品牌打造和标准化生产。

三、农产品品牌建设的意义

（一）发展现代农业的必由之路

改造传统农业，建设现代农业，是当前及今后一个时期农业现代化的一个重要标志。品牌农业是现代农业的重要标志。实施品牌带动战略，对提升农业产业素质，加快现代农业发展具有极其重要的意义。

农业品牌化的过程，就是实现区域化布局、专业化生产、规模化种养、标准化控制、产业化经营、品牌化销售、社会化服务的过程，就是用工业化理念发展农业的过程。通过发展农业品牌，有利于推广先进农业科学技术，提高农业发展的科技含量；有利于引导土地、资金、技术、劳动力等生产要素向品牌产品优化配置，推进农业结构调整；有利于鼓励龙头企业、专业合作社、家庭农场、专业大户等做强做大，发挥农业规划效益；有利于促进现代农业建设，实现由数量型、粗放型增长向质量型、效益型增长的转变。

1. 建立农产品品牌龙头企业，带动一方经济

近年来，我国农业品牌化建设发展迅速，有效地带动了农业发展方式转变和农业产业链质量、效益、竞争力的提升，也为提高农业组织化程度、促进农民增收作出了重要贡献。其中龙头企业功不可没。龙头企业不仅是农产品品牌建设中的"精锐部队"，也是带动一方经济发展的"开路先锋"。如福建"柘荣太子参"的生产企业改变了10万农民的命运，也改写了柘荣经济社会发展的历史；宁夏"中宁枸杞"龙头企业的崛起，带动了一方经济强劲发展；山东莱芜黑猪养殖标准化示范区通过3年的示范区建设，带动了周边地区乡镇、村养殖户发展莱芜猪标准化生产、社会加工、包装等，使一方百姓富了起来。

2. 建设农产品品牌生产基地，壮大现代农业基础

加强农产品品牌建设，需要有一定规模的农业生产基地。要夯实农产品品牌建设基础，就要加快基地建设，基地是品牌生存之本，也是品牌建设的基础。

品牌基地是农业标准宣传贯彻的实践基地。我国农产品品牌建设的最终目的，是通过农产品品牌化推进农业标准化，全面提升农产品质量和食品安全水平，进而提升农产品市场竞争力。实践证明，农业标准化是现代农业发展的基础，贯彻落实标准化是提升农产品质量安全水平和市场竞争力的重要保证。

近年来，地方农业农村主管部门在推进品牌基地创建的过程中，标准化生产成效显著。如河南省延津县通过创建全国绿色食品原料（小麦）标准化生产基地，使基地农户基本掌握了绿色食品小麦标准化生产技术；河南省内黄县通过创建全国绿色食品原料（花生）标准化生产基地，生产标准化率达100%。农产品品牌生产基地的建设壮大了现代农业基础。

3. 突出农业科技创新，提升现代农业生产根本

2017年的中央一号文件突出强调加快农业科技创新，把推进农业科技创新作为"三农"工作的重点和发展现代农业的根本支撑，出台了一系列针对性强、含金量高、打基础、管长远、强农惠农富农的重大政策措施，这是党中央、国务院科学把握现代农业发展规律作出的重大决策，是新形势下推进"三化同步"发展的重大部署，必将对加快推进农业科技进步和现代农业建设产生深远的影响。而在农产品品牌建设中，科技创新是其重要措施，只有通过科技创新，才能不断创造品牌消费的增长点，才能不断优化品牌发展的结构性布局，才能为品牌发展带来强有力的驱动。如山东青岛"马家沟"芹菜品牌、新疆"三海瓜园"水果品牌等许多农产品品牌和农业品牌，都是依靠科技创新而在全国出名的。

4. 加强农产品品牌经营管理，不断提升现代农业的发展水平

结合我国农业品牌经营管理的实际，借鉴世界现代农业经营管理的经验，综合农业经济学、企业经营管理和农产品营销学等基础理论，构建现代农业经营管理体系。首先确立品牌农产品企业与农户的经营主体地位，通过发展农业产业化经营将农户与市场连接起来；其次，以品牌农产品生产过程为轴线，开展市场调查，作出经营决策、编制经营计划，调优农业结构，创造外部环境条件，配置农业生产资源，组织农产品生产与营销；第三，核算品牌农产品成本和效益，进行农业分配和消费，按照发展资源节约型、

生态友好型农业循环经济的要求，进入可持续发展的农业扩大再生产过程。大兴安岭地区农产品区域品牌、赣州品牌农产品脐橙等的发展，主要是靠现代农业的品牌经营管理而兴起的。

（二）加快乡村经济振兴的重要措施

乡村振兴，打造竞争力是关键。在全球经济一体化的大背景下，中国农业在国际交流中的地位和作用日益突出，现在比任何时候都更加呼唤品牌。推进品牌强农，有助于国内外两种资源、两个市场的有效利用和融合发展，打造一批叫得响、过得硬、走得出的国家农业品牌，提升中国农业国际竞争力，提高对外合作层次和开放水平。

实施农产品品牌战略，是推进农产品提质增效、提高参与国内外农产品市场竞争力的必然选择。农业供给侧结构性改革的重要内容，在于如何加快农村一、二、三产业融合发展，而实施农产品品牌战略，就是夯实农业一产为基础的重要地位，并将农产品加工业和农产品服务业都带动起来，达到延伸产业链、提升价值链的新发展模式。

打造农产品品牌，将农业由传统的农产品种植生产逐渐拉长到农产品加工和服务环节中。这样的新型现代农业，一方面拓宽了农民增收渠道，另一方面形成农村经济发展的新增长点，带动了当地农业农村经济发展。实现乡村振兴，当务之急就是调整农村产业结构，将实施农产品品牌战略作为突破口，加快农产品品牌建设，因地制宜地发展特色农业经济。

1. 引领产业升级，实现农业高质量发展

乡村振兴，产业兴旺是首位。产业兴，百业兴。品牌代表着消费结构和供给体系的升级方向，推进品牌强农，有助于农业由增产导向转向提质导向，促进资本、技术、信息、人才等要素向农业、农村流动，加快构建现代农业产业体系、生产体系、经营体系，提高农业全要素生产率，培育农业农村发展新动能，助力农村一、二、三产业融合发展。

（1）农产品品牌化推动农业产业规模化　发展现代农业，是社会主义新农村建设的首要任务，而现代农业的特征之一是农业生产商品化、专业化、产业化。农产品品牌化，形成规模生产，通过"规模+品牌"，增强农产品市场竞争力，树立产地形象，将农产品推向国内外市场。

（2）农产品品牌化促进农业产业结构调整　目前，我国农产品的劣势表现为"资源型、趋同型、低质化"，农产品科技含量低且品质不高。推进农业品牌化，以市场为导向，以满足多样化的消费为目标，引导土地、资金、技术、劳动力等生产要素向品牌产品优化配置，有利于推进农业产业结构调整和优化升级。

2. 挖掘资源优势，推进脱贫攻坚的步伐

乡村振兴，实现脱贫是前提。一个品牌可以带活一个产业，富裕一方农民。当前，我国贫困人口多集中于深度贫困地区，推进品牌强农，有助于将贫困地区的生态、人文等资源优势转化为发展优势和市场优势，发挥品牌溢价功能，让贫困地区优质农产品卖出好价钱，促进地方经济发展和农民增收致富。

《2017年农业部定点扶贫工作方案》提出,"支持定点扶贫县打造农产品区域公共品牌,充分利用农业农村部系统平台资源帮助搞好品牌推介营销","扶持定点扶贫县打造'三品一标'特色产品品牌,支持创建绿色或有机食品原料生产基地"。

在农业农村部(原农业部)30多年的倾情帮扶下,湖北省恩施州咸丰县着力实施品牌战略,将"唐崖"作为县域特色产业公共品牌,推动全产业链建设,带动了区域内相关产业及其整体经济的发展,咸丰区域经济的投资潜力得到极大释放,提升了咸丰农产品的市场竞争力乃至交易价位和市场份额,更在打赢精准脱贫攻坚战中发挥了重要作用。

湖南省马鬃镇鹤峰有33.33km²的富硒甜橘种植面积,有过亿元的年产值,专业合作社的农户增收达500万元,这一典型对于精准扶贫视角下的农业品牌建设具有一定的借鉴意义。

3. 倡导绿色发展,促进生态文明

乡村振兴,绿色发展是原则。绿水青山就是金山银山,绿色是品牌的本质属性。推进品牌强农,有助于将绿色发展理念贯穿于农业生产经营全过程,构建绿色产业链价值链,推进农业绿色化、优质化、特色化、品牌化,变绿色为效益,实现产业与生态的共建共享,推动人与自然的和谐共生。

近年来,我国农产品品牌生产基地建设严格按照特色产业基地配套、水利设施配套、农田地改造配套、农运路网配套、农业科技措施配套、农村改革配套的要求进一步加快推进,以全面恢复和改善生态环境为重点,发展高产优质高效农业品牌产业,形成生态环境优良、特色产业高效、农民生活质量全面提高的生态农业产业带,推进绿色发展、循环发展、低碳发展,实现生态效益与经济效益相统一,建设生态文明,实现农业可持续发展。

4. 弘扬农耕文明,坚定文化传承

乡村振兴,文化传承是根基。2018年农业农村部《关于加快推进品牌强农的意见》指出:中华农耕文化是我国农业品牌的精髓和灵魂。农业品牌建设要不断丰富品牌内涵,树立品牌自信,培育具有强大包容性和中国特色的农业品牌文化。深入挖掘农业的生产、生活、生态和文化等功能,积极促进农业产业发展与农业非物质文化遗产、民间技艺、乡风民俗、美丽乡村建设深度融合,加强老工艺、老字号、老品种的保护与传承,培育具有文化底蕴的中国农业品牌,使之成为走向世界的新载体和新符号。充分挖掘农业的多功能性,使农业品牌业态更多元、形态更高级。

品牌是文化传播的重要载体。推进品牌强农,有助于传播中华民族悠久的茶文化、酒文化和饮食文化,弘扬工匠精神、诚信意识和价值取向,为传承农耕文化、唤起文化自觉和彰显文化自信提供坚强支撑。

2018年6月7日,《国务院关于同意设立"中国农民丰收节"的批复》(国函〔2018〕80号)中确定,自2018年起,将每年农历秋分日设立为"中国农民丰收节"。丰收节的设立,能够促进优质农产品的市场流通、增加农民收入;丰收节期间的节庆活动是丰富

农民文化生活的重要手段。

中国作为传统的农业大国，在几千年的农业发展中孕育和造就了独特的农业文化。农业文化构成了中国传统文化的根基和核心。可以说，农业文化所蕴含的思想和价值观对人们的思维和行为方式具有强大的影响力，这种影响同样也体现在农产品的品牌建设上。因此，在农产品竞争由产品竞争逐步转化为品牌竞争的时代，弘扬农业文化对品牌建设至关重要。

（三）转变农业发展方式、引领传统农业转型升级的主要方式

品牌化是农业转方式、调结构的重要抓手。加快实施我国农业品牌战略是进一步推进农业发展方式转变的重要内容。

在现代农业社会中，发展品牌农业，能够满足农业不断转型升级的需求、优化农业产业结构、提升农产品的质量水平和市场竞争力。打造优势农业品牌，以品牌保质量，成为农业转型升级、供给侧结构性改革的重要内容。

中国的农业要实现转型升级、满足人民日益增长的美好生活需求、适应国家供给侧改革的需要、实现农民共同致富的目标，品牌农业是最有利的抓手。在现代农业社会中，发展品牌农业，能够满足农业不断转型升级的需求、优化农业产业结构、提升农产品的质量水平和市场竞争力。打造优势农业品牌，以品牌保质量，成为农业转型升级、供给侧结构性改革的重要内容。

1. 优化农业产业结构，转变农业发展方式

品牌建设是优化农业产业结构、转变农业发展方式、提升农产品市场竞争力的必然选择，是实现农业一、二、三产业融合发展的重要抓手。推动农业向高产、高质、高效转型发展，不断提高农业发展质量和效益，必须深入推进农业供给侧结构性改革，做大做强农业品牌，着力提升农产品知名度、影响力和竞争力。农业品牌发展战略是转变农业发展方式的一个重要组成部分，其中包括标准化建设、文化内涵挖掘、营销渠道和方式创新、科技体系支撑、金融支持等具体内容。

2. 促进农业可持续发展的重要推动力

从转变农业发展方式的角度看，实施农业品牌战略是促进农业可持续发展的重要推动力。转变农业发展方式是突破资源环境约束、实现可持续发展的根本出路。农业是高度依赖资源条件、直接影响自然环境的产业，农业的资源利用方式对实现可持续发展具有重要影响。众所周知，良好的农业资源和环境是农产品品质之源，是市场和消费者的自然诉求，是品牌建设必不可少的要素，是一些国家打造农业品牌乃至文化品牌的一种有效途径。面对当前中国农业发展方式比较粗放、局部资源浪费和污染加剧等问题，我们只有转变发展方式，加快绿色、优质、品牌农业发展，提高资源和投入品使用效率，发挥农业的多功能性，才能突破资源环境约束，实现可持续发展。

3. 做强农业优势特色产业

中国现代农业的发展，实施农业品牌战略是做强农业优势特色产业的主要路径和方

向。中国地域宽广，农业现代化水平较高的地区往往也是品牌农业发展较快的地区，是农产品品牌的聚集区。品牌建设涉及生产和市场的多个环节，是优化农业产业结构、提升特色产业现代化水平的强大动力，是推进现代农业和特色产业发展的重要途径。

中国独特的自然生态环境、种养方式和人文历史，千百年来已经形成了众多特色农产品。这些特色农业资源不仅是大自然的造化，更是一笔珍贵的历史遗产，蕴藏着巨大的经济、社会和文化价值，我们完全可以通过实施农业品牌战略，将这些集人文、生态、环境等为一体的要素资源整合起来，使其成为地方经济社会持续发展的重要载体，成为特色农业经济资源保护和发展的主要途径。

4. 提升产业化水平

农业品牌的创建过程，既是农业产业发展的过程，也是农业组织化程度提升的过程，同时还是产业、企业和农民建立紧密联系的过程。一是强化品牌培育，打造区域特色知名品牌，实现生产企业拥有自主品牌；二是强化全程监管，助推农产品品牌建设，推广标准化生产，实行科学、统一、规范化管理，引导和促进企业产品产业结构优化升级，注重提高产品的质量及效益，为争创名牌打下坚实的质量基础；三是强化配套服务，支撑农产品品牌建设，发展"公司＋品牌＋农户"的生产经营模式，实现品牌效益成为提升农业产业化水平的有力支撑。

5. 完善标准体系建设

原农业部［2006］7号文件明确指出：大力实施农业标准化，夯实农业品牌化基础。质量是品牌农产品的根本，是品牌农业不可动摇的根基。大力推进农业标准化，要突出抓好农业质量标准体系、农产品质量安全检测体系和农业标准推广体系建设。

要打造农业品牌发展，就必须抓好农业标准体系建设，而农业标准体系建设是农业转型升级的必由之路，它涉及标准的制定、推广、检测和配套政策。为此，首先要加快农业标准化建设步伐。包括加快制定农业标准化发展规划，加强农业标准化科学研究与技术开发工作，加强国际合作交流，采用国际标准和国外先进标准，缩短与国际先进水平的差距，加快农业质量标准的制订和修订。其次，要抓好农业标准化推广体系建设。一方面要重点抓好龙头企业标准化工作，以此带动更多的农户，推进各类农业标准的实施；另一方面，要加大农业标准化示范区建设力度。再次，要健全农业监测体系。最后完善各项农业标准化政策。

6. 以全新的方式振兴和发展农业

品牌农业是指经营者通过取得相关质量认证和相应的商标权，提高市场认知度，从而获取更高经济效益的农业。品牌农业是具有质量和安全健康保证的品质农业；是按照量化标准生产和加工的、产品始终如一的标准化农业；是通过恰当的筛选、包装和加工进行原料升值的价值农业；是摒弃一家一户落后的生产经营状态，以规模获得高效益的规模农业；是打通一、二、三产业，甚至掌控全产业链，实现质量与安全可追溯的大食品产业。总之，品牌农业就是要彻底改变传统农业生产经营的思想和方式，引入工业化先进的管理思想、技术、品牌营销模式和人才，以全新的方式振兴和发展。

（四）从供给侧入手推动农业改革

目前，我国经济进入新常态，农产品供求关系由偏紧向偏松转变的趋势越来越明显。经过多年国内农业生产能力建设、新型农业经营主体培育，我国多数农产品人均占有量明显地高于人均消费量。我国粮食等主要农产品供给数量极其充裕，出现了阶段性相对过剩，这是国内粮食供给的最主要来源；同时，粮食进口规模在逐年上升，这是国内粮食新供给来源；还有我国托市收储的粮食库存水平居高不下，这些都是我国粮食供给总量偏多的表现。除粮食外，我国还有很多农产品的现实供给也相对偏多，许多农产品市场上供给不缺是不争的事实。农产品的充足供应结束了以前连续多年价格明显上涨的局面，受供求关系变化决定性影响，总体上越来越多的农产品市场价格开始下跌，影响了农民的种粮积极性。

无论从我国农产品市场运行情况来看，还是从我国粮食等主要农产品供给来源来看，无不表明我国农产品供给侧结构性调整与改革的迫切性。

1. 继续提高农业综合生产能力

要加强现代农业基础建设，保障农产品供给和口粮安全，仍然要继续提高农业综合生产能力，保证农民收入持续较快增长。因此，理解供给侧结构改革与农业发展的特殊性，是推进农业供给侧结构性改革、加快转型升级的关键。

未来相当长时期内我国可能会面临农产品供给充裕与市场价格下行压力。我国农业总体上缺乏国际竞争力。对外开放力度不断加大，实施自由贸易战略，国外竞争力强的农产品还可能更大规模地进入到国内市场。农产品供给国内外形势的变化，以及我国居民生活水平提高带来的食物消费结构升级，都要求我国农业必须加大供给侧结构性改革。

2. 适应农产品供求关系变化，实施农业供给侧结构性改革

过去我国农业发展更多关注的是生产环节，如产量的高低、品种的选育等。实施农业供给侧结构性改革将改变关注的重点，要从消费者的角度对农业生产提出要求，如更加关注消费者的口味变化、健康需求、饮食习惯等。这就要求农业生产不仅要解决吃饱的问题，更要满足人们的中高端饮食需求。

过去，我国农业发展比较注重数量增长，只有农业增产才认为农业形势好。目前看来片面地追求农业增产已经不合时宜。过度消耗土壤肥力和地下淡水资源，滥用化肥、农药、兽药来追求增产，这些做法得不偿失，不具有可持续性，必须尽快改变。

政府不再对农产品市场运行进行直接干预，农产品供给主要由市场力量来决定。尽管政府会加大粮食省长负责制和"菜篮子"市长负责制的力度，但会从供给侧转向需求侧，供给侧交给市场，由新型农业经营主体通过创新在国际竞争、资源环境压力和农产品消费结构升级背景下走出我国农业发展的新路子。

3. 促进农业结构调整

从供给侧解决我国农业发展难题，关键是结构调整、方式转变和深化改革，这要求

新型农业经营主体及其他涉农主体要能够围绕着农业供给侧结构性改革重任不断创新，改变习惯性做法，共同推动我国农业发展转型升级。

面对国际农产品市场激烈的竞争，我国农业必须统筹国际、国内两个市场和国外、国内两种资源，新型农业经营主体要尽可能地选择错位竞争战略，克服我国农业成本价格竞争劣势。国内农产品品牌的创建和生产，不仅要在质量安全保障性等方面优于进口品牌，而且要在蕴含的乡土等文化内涵方面明显地胜过进口品牌。

客观地说，目前我国多数消费者对国内生产的农产品质量安全的信心还不是很足，农产品蕴含的本土文化尚未发掘。同等质量下，即使国外农产品价格高，国内消费者都可能选择国外农产品，更何况国际上竞争力强的农产品的价格比国内生产的低，国内生产的农产品遭遇冲击不难想象。从供给侧结构性改革入手，以更好地满足消费者更高层次需求为目的，农产品供给者必须加速农产品品牌建设，改变单纯地局限于农业生产的传统做法，将一、二、三产业融合，延长农产品供给产业链，增加附加值。

（五）实现农业增效、农民增收的重要途径

提高农业效益，增加农民收入，是建设社会主义新农村的重要内容。品牌是无形资产，打造农产品品牌的过程就是实现农产品增值的过程。大力发展名牌农产品，有利于拓展农产品市场，促进农产品消费，促进优质优价机制的形成，实现农业增效，农民增收。实施农业品牌战略不仅能够优化农业产业结构，而且是发展现代农业、推进农业供给侧改革的必要环节，是提高农产品经济效益的必由之路，也是促进农业增效、农民增收的必然举措。

农业农村部部长韩长赋指出，近年来，农业农村部和地方各级农业农村部门认真贯彻落实中央精神，从规范认证、试点示范、展示展销、品牌传播、品牌研究等方面开展工作，加强无公害农产品、绿色食品、有机食品和农产品地理标志认证，加大农业品牌培育、塑造、营销推介和宣传保护，品牌建设取得了明显成效。很多地方逐渐形成了品牌农业产业集群，成为区域经济的重要力量，直接带动了农业增效和农民增收。

韩长赋强调，"十四五"时期，要加强粮食生产功能区、重要农产品生产保护区和特色农产品优势区建设，确保粮食及重要农产品有效供给，着力深化农业供给侧结构性改革，优化农业生产结构和区域布局，持续推进质量兴农、绿色兴农、品牌强农，增加绿色优质农产品供给。各级农业农村部门要高度重视农业品牌建设，在抓好农业生产的同时，着力打造农产品知名品牌。深入挖掘农产品品牌的文化内涵，加快互联网技术在农业品牌培育和推介中的应用，助力农产品品牌建设和农民增收致富。

1. 农产品品牌拓展了市场

品牌是市场发展的必然选择。品牌农产品是农业企业生存之道，也是提高农民收入的主要途径。因此，建设农业品牌，以农业品牌为纽带对接产需，实现优势优质、优质优价，可以带动市场竞争力提升，引领农业体系升级，提高农业综合效益。

2017中国百强农产品区域公用品牌揭晓，"平谷大桃""大兴西瓜""围场马铃

薯""科尔沁牛""盘锦大米""盱眙龙虾""五常大米"等100个品牌入选。这些农产品品牌占有雄厚的市场份额，而且售价较高。例如，普通大米每千克售价5~6元，而五常大米为10~20元，甚至更高，而且还供不应求，既提高了五常大米经营企业或生产合作社的收入，更提高了五常大米生产者（农民）的收入。所以，要想拓展市场就必须打造产品品牌和商业品牌，通过这些个性品牌的打造占领市场。

2. 农产品品牌促进优质优价机制形成

质量发展是兴国之道、强国之策。优质优价是发挥市场在资源配置中的决定性作用、实现高质量发展的根本路径，从而推动我国经济发展进入高质量时代。

目前我国已建立健全了品牌农产品标志制度，推行了全国统一的品牌农产品标志，完善了产地标识制度和信息可追踪制度，向市场传递高质量产品信号，完善了产品质量信息发布体系。同时还推进绿色农产品批发市场建设，在绿色农产品相对集中的产区建立了产地交易市场，或在现有区域性和全国性交易市场建立具有明显标志的绿色农产品交易区。推进绿色农产品零售市场建设，逐步构建包括专卖店、直供超市或代理商的多种销售渠道。在零售市场，实行绿色农产品与普通农产品分开经营，悬挂绿色产品标志，出示产地或进货渠道证明。以上一系列措施，无不显示着品牌农产品促进了优质优价机制形成。

3. 发挥农产品品牌效应，实现农业增效、农民增收

品牌效应是品牌在产品上使用，为品牌使用者带来效益和影响。品牌是商品经济发展到一定阶段的产物，最初的品牌使用是为了便于识别产品，在近代和现代商品经济高度发达的条件下品牌迅速发展，在于品牌的使用给商品生产者带来了巨大的经济效益和社会效益。

农产品品牌主要是指使用在农产品上，用以区别其他同类和类似农产品的显著标记。农产品品牌是以农产品的产地、品种、质量等差异为基础，以商标、口号、包装、形象为主要表现形式。

近些年来，尽管农业生产经营收入在农民总收入中的比重有所下降，但农产品价格仍然是农民最关心的因素。因此，发挥品牌效应，是实现农业增效、农民增收的主要途径之一。比如前几年山东部分地区发生大白菜滞销，但具有农业品牌的胶州的大白菜保持畅销，且价格不降。这说明品牌是无形的资产，其价格在于能够建立稳定的消费群体、形成稳定的市场份额，能够促进延伸农产品产业链、带来更高的附加价值。以市场需求为导向，深入推进农业品牌建设，是拓展农产品市场、促进农业增效和农民增收的必然要求。

4. 品牌示范带动作用显著，经济效益不断提高

农产品品牌化是现代农业的一个重要标志，加强农业品牌建设是促进传统农业向现代农业转变的有效途径。推进实施农业品牌战略，有利于促进农业增效、农民增收。近年来，我国各地立足区域特色和优势产业，深入挖掘资源潜力，培育区域优势品牌，大力发展高效特色农业，众多传统品牌支撑起一大批传统优势产业的发展，在带动区域经

济发展和农民增收致富中也发挥着越来越重要的作用。

2015年，我国绿色食品国内年销售额为4383.2亿元，绿色食品原料标准化生产基地直接增加农民收入超过10亿元。加入WTO后，绿色食品企业累计出口创汇170亿美元以上，年出口规模平均保持在20亿美元以上。同时，发展绿色食品保护了农业生态环境，产地环境监测面积2014年突破20万km^2。据优质农产品中心调查，申报绿色食品认证的企业，将近70%的受访企业，其产品价格提高了18%，效益增加了13.2%；申报有机农产品认证的企业，超过70%的受访企业，其产品价格和效益分别提高74%和19%。调查结果表明，被调查企业产品成本提高较大，但价格提升幅度也较大。部分企业尽管产品产量减少，但销售额仍在增长。

推进农业品牌建设，有利于促进区域经济发展。优质农业品牌具有很大的消费影响力、市场吸引力、社会影响力，能够吸引更多的优质企业、资金、技术、劳动力、人才的涌向和集聚，从而加快区域经济的发展。

（六）大力提高我国农产品的国际市场竞争力

我国是农业大国，不少农产品的产量位居全球第一。改革开放以来，我国农业得到前所未有的发展，给农村经济带来历史性的巨大变化，但我国不少优势农产品在国际贸易中竞争力不强，与此同时，一些国外的农产品凭借其品牌效应，迅速打开我国市场，对国内农业生产造成不小的冲击。加入WTO后，农业市场化、国际化的进程加快，我国农业面临着前所未有的挑战。推进农产品品牌建设，是将资源优势转化为市场优势、将市场优势转化为竞争优势的有效途径。无论是让我国农产品走出国门拓展海外市场，还是应对国外农产品的大规模进入，只有坚持高标准、严要求，努力打造农业品牌，才能提高我国农产品的国际竞争力，从而在国际市场上立于不败之地。

1. 打造农产品新型产业链

围绕品牌农产品产业链创新农业经营体系，着力发展农业龙头企业、农民专业合作社和种养大户等新型经营主体，建立"农户+合作社+龙头企业""农户+园区基地+加工企业"等多种特色农业产业化合作发展模式，整合资源打通产业链条。充分发挥龙头企业的引领和示范作用，支持农业龙头企业开发新技术、新产品、新工艺，以发展订单农业、打造优质农产品品牌。鼓励农民专业合作社以法人身份按产业链和品牌组建联合社，着力打造一批品牌农产品经营强社。鼓励一定规模的种养大户成立家庭农场和公司农场，提升专业化、标准化水平，加入农产品品牌产业链条。积极推动出台扶持农民专业合作社、龙头企业、家庭农场和公司农场等新型经营主体发展农产品品牌的政策和措施，相关扶持资金和项目向新型经营主体适当倾斜，夯实品牌农业基础，提高品牌农产品的竞争力。

2. 促进农产品的营销

品牌的营销推介是将品牌优势转变为市场优势，实现品牌效益的重要措施。目前，农产品的竞争已经不单单是质量竞争，品牌竞争也加入到农产品竞争的行列，实施品牌战略是提高国内农产品竞争力的必然选择。20世纪80年代中期，不少农产品开始使用品牌，从此拉开了我国农产品品牌建设的序幕。要提高我国农产品的国际竞争力，就要加大农产品专业市场建设力度，增强市场服务功能，同时我们还要创造和维护好优质农产品品牌，要将工作重心放在提高农产品的质量和增加产品的科技含量上。

3. 提高科技含量，开创我国农产品品牌建设的新局面

提高我国农产品的质量竞争力，要以科技发展做支撑。提高土地利用率，提高劳动生产率，提高农产品质量，都是以科技进步为动力的。近年来，我国加大了在农业上的科技投入，提高了我国农产品的科技含量，从而也提高了我国品牌农产品的科技含量，而且我国还在积极进行"现代农业技术"的开发和研究，这为我国农产品在国际上的竞争提供了强有力的技术支持，它有利于创建农产品品牌，提高农产品质量，提高农产品国际竞争力。

4. 提高农产品质量，赢得国际市场信誉

品牌是信誉的凝结，是产品质量和标准的背书，好的品牌能够带来产品的溢价。习近平总书记曾强调要生产质量安全的农产品，并特别提到要用品牌建设来保障人民群众"舌尖上的安全"，这就为发展品牌农业指出了方向。打造优势品牌农业，以品牌保质量，向品牌要效益。

保证品牌农产品质量，就需要严格遵守国家有关法令法规，建立健全品牌农产品质量安全体系，从而保证品牌农产品赢得市场信誉，在市场竞争中永远立于不败之地。

第二章

我国农产品品牌建设现状及创建方法

我国农产品品牌的发展经历了简单商品经济时期的自发形成阶段、建国后的淡化萎缩阶段、改革开放后的恢复发展阶段以及加入WTO后的快速发展阶段。历经多年的发展，我国农产品品牌已经取得明显的进步，尤其是在我国加入WTO后，农业品牌意识增强。在我国政府农业主管部门的高度重视下，农产品品牌建设在农业标准化生产与管理、带动基地建设以及增加农民收入等方面取得了很大成效。

农业品牌建设，作为一项为优质、信任和市场效益打包代言的综合性工作，一项贯穿了农民增收、农业产业升级、供给侧结构性改革的系统工程，在党的十八大以来得到迅速发展，有效加快了农业现代化的步伐。从"吃饭农业"到品牌农业，农产品品牌化发展热潮渐已形成燎原之势。

第一节 农产品品牌的建设现状

一、农产品品牌的建设发展

近些年来，我国农业行业越来越重视品牌的培育，国家也在品牌建设发展方面持续发力。农业农村部总结多年发展实践，通过深入研究，创设了品牌发展制度新格局，为农业品牌发展积蓄后劲。通过总结各地各部门品牌建设工作经验、研究我国农业品牌发展路径、组织开展品牌培训，农业农村部不断丰富、创新工作体制和实现形式，构建农业品牌建设新格局，大幅提升农业农村部门品牌建设的能力。

（一）我国农产品品牌发展概况

目前，全国"一村一品"主导产品获无公害农产品、绿色食品、有机农产品认证的专业村已达2.3万个，拥有注册商标的专业村占总数的26.9%，拥有省级以上名牌产品的专业村占总数的8.1%，拥有地理标志产品保护认证的专业村占总数的17.4%，全国有区域公共品牌500多个。截至2016年年底，国家质量监督检验检疫总局（以下简称国家质检总局）已对1992个地理标志产品实施了保护，核准了6107家企业和组织使用产品地理标志，"三品一标"总数达到10.7万个，种植面积3000万hm^2，约占同类农产品种植面积的17%。2016年出口额近729.9亿美元，10年增长132.4%。

我国的农产品很早就进入了国际市场，近几年更是以品牌化方式开拓发展之路。品牌农业发展速度持续加快。近年来，国家相继出台了一系列文件推进农产品品牌建设，地方政府和农业农村部门对推进品牌农业积极性都很高，先后开展了园艺作物"三品"提升行动、打造"一村一品"试点，以及依托农业会展平台推介品牌农业，努力开拓国内、国际市场，初步形成了以标准化生产和质量认证为基础、以产销促进和品牌推介为抓手的品牌农业工作机制。一大批具有地方特色的名、特、优、新农产品已成为具有较高知名度、美誉度和较强市场竞争力的品牌。如"三元""顺鑫""鹏程"等农业企业品牌，"涪陵榨菜""烟台苹果""西湖龙井""赣南脐橙"等区域公用品牌。截至2015年年底，根据工商总局公布的数据，全国农产品有200多万个品牌。

实施乡村振兴战略是党的十九大作出的重大战略决策，也是新时代"三农"工作的总抓手。品牌是农业竞争力的核心标志，是现代农业的重要引擎，更是乡村振兴的关键支撑。当前，我国农业农村经济进入高质量发展的新阶段，"质量兴农、品牌强农"已经成为转变农业发展方式、加快脱贫攻坚、提升农业竞争力和实现乡村振兴的战略选择。

乡村振兴，包括了产业振兴、生态振兴、文化振兴、组织振兴等。2018年9月21日，习近平在十九届中共中央政治局第八次集体学习时说道："40年前，我们通过农村改革拉开了改革开放大幕，40年后的今天，我们正通过振兴乡村，开启城乡融合发展和农业品牌建设新局面。"

把乡村振兴战略作为新时代"三农"工作总抓手，就要牢牢把握农业农村现代化这个实施乡村振兴战略的总目标。

乡村要振兴关键在农业，农业强不强关键看品牌。在中国特色社会主义新时代，乡村这个大有作为的广阔天地，迎来了难得的品牌建设发展机遇期，与此同时，品牌的引领作用也必将得到更好的发挥。

（二）带动产品提质、企业增效

据调查，消费者对"三品一标"的综合认知度已超过80%，无公害和地理标志农产品的价格平均提高了5%~30%。2010年中国人民大学环境学院专家调查表明：北京市54家无公害农产品生产企业农药使用量平均减少了29%，化肥使用量减少了35%；近70%受访企业的农产品价格和效益在实施认证后有不同程度的增加；33家企业表示认证提高了农产品价格，其中26家企业农产品价格平均提高41%；36家企业表示认证增加了企业效益，平均值为15%。

（三）农产品品牌发展迅速，市场竞争力持续增强

近年来，全国已建成一大批有较高知名度和市场影响力的区域公用品牌和产品品牌。农业龙头企业和农民专业合作社等新型经营主体作为农产品品牌主要载体，在推进农业产业化经营过程中，不断加大自有品牌建设，涌现出"中国粮食十大品牌""中国蔬菜十大品牌""中国水果十大品牌""中国茶叶十大品牌""中国食用油十大品牌"等知名品牌。此外，各省、市、自治区也都有了自己的农业知名品牌，农业品牌建设在全国已成燎原之势。

品牌农业市场竞争力不断增强。中国农产品近年来以品牌化的方式拓展"出海"之路。近年来随着我国对外贸易的不断扩大，我国农产品贸易也得到了快速的发展。农

业农业村部数据显示,2019年中国农产品进出口总额为2300.7亿美元,同比增长5.7%。2020年上半年,我国农产品进出口总额达到1166.8亿美元,同比增长7.4%。2019年,我国农产品进口额1509.7亿美元,同比增长10.0%。2020年上半年,我国农产品进口额1166.8亿美元,同比增长7.4%。

(四)多渠道开展宣传推介,品牌形象稳步提升

品牌产品、品牌企业、品牌产业的宣传推介是提升品牌价值、提高市场影响力的重要措施。各地利用电视、广播、报纸、网络、展销会等媒体宣传推介,不断扩大我国农产品品牌知名度和美誉度。同时,借助中国国际农产品交易会、各省市名优农产品国(境)外精品展等大型专业展会平台,结合自身特色和优势开展了多种形式的推介、洽谈、产销对接等活动,有力提升了我国农产品品牌形象。我国一些知名农业品牌如山东大蒜,浙江、云南和福建茶叶,新疆水果已抢占了世界市场,并占有较大份额。

二、我国农产品品牌建设中存在的问题

在现代农业快速发展和农产品市场逐步转型的背景下,农产品品牌战略是农产品生产者的现实选择。然而,我国农产品品牌建设中还存在着品牌意识淡薄、品牌内涵缺乏、品牌传播渠道单一、品牌质量和信任度不高等问题,对此农产品生产者要有正确认识,并采取有针对性的对策和措施,推进农产品品牌建设。

(一)农产品品牌意识淡薄,认识不足

我国各地农产品丰富,具有地方特色的名、优、特农产品和"老字号"农产品为数不少,但有些名优产品的地区领导者和生产者品牌意识不强甚至没有品牌意识,还没有认识到农业品牌建设对推动农业现代化建设的重要意义,还没有认识到农业品牌建设对于提升农产品档次、提高市场竞争力和市场价值的巨大作用,没有将品牌看作是影响自身长期发展的资源,认为品名、商标、标识等品牌要素是外在形式,是无关大局的东西,不懂得品牌是生产者和产品走向广阔市场和获得消费者广泛认知的通行证,以致诸多名、优、特农产品和"老字号"农产品尚无品牌,在市场上还没有"名分",卖不到高价格。

(二)对品牌农业存在认识误区,定位不清

一些地方行政部门和市场经营主体对品牌建设存在认知误区,认为有商标就是有品牌,混淆了品牌和商标的概念,而且"重生产,轻品牌"的现象比较普遍,打造品牌的意识不强,缺乏对品牌内涵的认识、对品牌形象的塑造和文化的挖掘,以及对品牌宣传的执行。在管理上,一些地区误认为区域公用品牌就是"行政品牌",地理标识产品的生产地可以超过原产地。此外,多数市场主体存在品牌定位意识缺失的问题,商标注册随意性较大,存在认为高端产品就是品牌等错误认识。

虽然我国农产品注册商标众多，但在消费者心中真正有影响力的品牌并不多，其原因之一就在于我国农产品品牌定位模糊，同质化现象突出，常常出现"一品多牌"和品牌内涵单薄等问题。

（三）农产品品牌市场竞争力不强

由于我国农产品品牌建设起步晚、基础差，真正具有竞争力的品牌较少，除了极少数知名品牌外，多数品牌的影响力还仅停留在局部地域，跨省跨区域的品牌不多，国际上的知名品牌就更少。一些本来具有优势的品牌，由于保护机制不健全，无法持续保持影响力。同时，受到人才、科技、设备及农产品自身局限性等条件的限制，我国农产品品牌的发展呈现地区和种类分布不均、产业结构分布不合理的状态，品牌规模小，初加工产品品牌多，且科技含量不高，阻碍了农产品品牌整体实力的发挥。

（四）农产品品牌质量不高

质量是产品的生命线，农产品也不例外。树立农产品品牌形象的根基还是产品质量和消费者的信任。这两个因素直接影响和决定着重复购买行为，影响着品牌的认知和传播。而市场上有些农产品的产品质量和品牌质量不高，安全性、营养性等方面不能达标，消费者对品牌标识的真伪以及是否符合质量安全标准没有把握，特别是近年来出现的食品安全事故，降低了消费者对品牌的信任。

（五）地区发展不平衡

农产品的生产对自然条件有较强的依附性，我国地域广阔，各地区的地理条件、气候差异较大，对各地区的农产品品牌发展造成了一定的影响。由于各地的经济发展程度、认识水平不一，致使各地的品牌化发展很不平衡，就品牌农业发展情况来看，经济发达地区好于欠发达地区，沿海地区好于内陆地区。从产品看，农产品品牌多是鲜活农产品和初加工产品，缺乏精深加工、二次增值的产品，难以提升品牌农业的国际竞争力。

第二节
农产品品牌的市场定位及基本对策

一、农产品品牌的市场定位

农产品大都属于日常消费品，其单位产品价值量一般不大，农产品品牌的单次品牌信息对消费者的刺激作用比较小。在人们的农产品品牌意识还不太强的今天，消费者对农产品的品牌极容易忽略。人们要常吃、常用才能积累品牌信息，形成信息刺激，从而记住该品牌。

品牌建设中的农产品概念需要特殊界定。"农产品"虽然是一个约定成俗的概念，但是由于品牌建设中所要体现的农产品主要特征与一般意义上农产品的特征不同，因此在农产品品牌建设中的农产品内涵和外延需要从品牌建设的视角进行界定。

农产品品牌建设的出发点是提高农产品质量安全，满足人们不断提高的农产品质量安全需求，而农产品质量安全问题在食用农产品上表现得最为突出。因此，农产品品牌建设中应该突出的是农产品的食用性特征而不是加工性特征。

品牌是食品生产经营者信誉的载体和外在表现，是信誉信息传递的有效工具，品牌经营者利用品牌将产品的质量信息和信誉传递给消费者。

（一）定位的目的

农产品品牌市场定位的目的是将产品转化为品牌，以利于潜在顾客的正确认识。

做品牌必须挖掘消费者感兴趣的某一点，当消费者产生这一方面的需求时，首先就会想到其品牌的定位。品牌的定位就是为自己的品牌在市场上树立一个明确的、有别于竞争对手的、符合消费者需要的形象，其目的是在潜在消费者心中占领一个有利的位置。

良好的农产品品牌的市场定位是品牌经营成功的前提，它起到拓展市场的导航作用。如若不能有效地对农产品品牌进行市场定位，以树立独特的消费者可认同的品牌个性与形象，那么必然会使品牌农产品淹没在众多产品质量、性能及服务雷同的商品中。农产品品牌的市场定位是品牌传播的客观基础，品牌传播依赖于品牌定位，没有品牌整体形象的预先设计（即品牌定位），那么，品牌传播就难免盲从而缺乏一致性。

总之，经过多种品牌运营手段的整合运用，农产品品牌的市场定位所确定的品牌整体形象会驻留在消费者心中，这是品牌经营的直接结果，也是品牌经营的直接目的。如果没有正确的农产品品牌的市场定位，无论其产品质量再高，性能再好，无论怎样使尽促销手段，也不能成功。可以说，今后的商战将是定位战，品牌致胜将是定位的胜利。

（二）定位的意义

1. 创造品牌农产品的核心价值

成功的农产品品牌的市场定位可以充分体现品牌的独特个性、差异化优势，这正是品牌的核心价值所在。品牌的核心价值是一个品牌的灵魂所在，是消费者喜欢乃至爱上一个品牌的主要力量。品牌的核心价值是品牌定位中最重要的部分，它与品牌识别体系共同构成了一个品牌的独特定位。

2. 与消费者建立长期的、稳固的关系

当消费者可以真正感受到品牌农产品的优势和特征，并且被品牌的独特个性所吸引

时，消费者与品牌之间建立长期、稳固的关系就成为可能。

3. 为品牌农产品的开发和营销计划指引方向

农产品品牌市场定位的确定可以实现资源的整合，品牌农产品的开发从此必须实践该品牌向消费者所做出的承诺，各种短期营销计划不能够偏离品牌定位的指向。

（三）定位的方法

1. 抢先定位

抢先定位是指在做农产品品牌的市场定位时，力争使自己的品牌第一个进入消费者心智，抢占市场第一的位置。经验证明，最先进入消费者心智的品牌，一般情况下比排名第二的品牌在市场长期占有率方面要高很多，而且此种关系是不易改变的。

2. 关联定位

关联定位其实是一种借力的品牌定位，即借助某品类的第一品牌进行"攀附"，从而达到上位的目的。有时消费者并不在乎你的产品究竟如何，他们只关心你同某一特定竞争者比怎么样，因为产品的价值和质量消费者很难定量感知。此时，采用关联定位是合适的。

3. 为竞争对手重新定位

重新定位竞争对手往往是在强势中找弱点，从而建立自己的品牌定位。

二、我国农产品品牌建设的基本对策

世界看中国，中国看农业，农业看品牌。农产品品牌建设作为推进我国农业供给侧结构性改革的重要举措，是现代农业的重要标志，也是农业农村经济发展的一项重要任务。要充分认识到农产品的品牌建设是一个宏大的系统工程，在当前我国农业产业化加速发展和市场竞争加剧的现实情况下，实施农产品品牌战略是农业企业和生产者的现实选择。

（一）农产品品牌建设的原则

1. 保证农产品的优秀品质和特色

在打造农产品品牌过程中，品质和特色是最强助力。好品质的产品是品牌建设成功的首要因素，如果没有质量过硬的产品，营销手段再好也不会被广大消费者认同。

2. 大力拓展推广渠道

好的特色产品的宣传、推广需要实力雄厚的营销平台，才能以最快的速度打开销路。

3. 寻求农产品的差异化

许多同类产品从里到外差异很小。面对竞争，成功的诀窍即是要跳出产品同质化。差异化运作无须降价，甚至可以利用营销差异调高价格，强化差异优势，满足不同消费者的需求和偏好，推动农产品竞争模式转变，并培养消费者的品牌意识，提高农产品的营销效益。

（二）发展品牌农业要处理好四个关系

1. 处理好农产品品牌与监管的关系

（1）政府需要推动农产品差异化发展，加强农产品归属管理，强化对农产品品牌推介、评选、推优，开展农产品品牌征集、审核推荐、品牌评价，以及品牌培育和制度普及等活动。鼓励农业企业做好质量、做大品牌。

（2）加强行业协会建设和管理，要充分发挥其职能的重要作用。

（3）加快农产品品牌诚信体系建设，切实维护广大消费者的利益和品牌经营者的合法权益，引导、鼓励、支持品牌经营主体自觉维护品牌形象，依法进行品牌经营。

2. 处理好农产品品牌与商标的关系

农产品品牌是对农产品所属主产区的自然资源、历史人文进行挖掘，依托农产品品质认证、地理标识和区域公共品牌提升品牌价值，而农产品商标则是农产品品牌建设的内容之一。"品牌"和"商标"都需要塑造形象并赋予内涵、提升商誉，但商标更注重营销体系的建立，提高消费者影响力。

3. 处理好农产品品牌与营销体系建设的关系

营销体系是农产品生产者和消费者之间的纽带和桥梁。消费者是通过营销体系了解农产品的质量和品牌，农产品生产者是通过营销体系推销、宣传产品的特点和优势。没有广大消费者对产品的了解，就不可能形成知名品牌，只有建设强有力的营销体系，品牌生命力才会持久。

4. 处理好农产品品牌与生产成本的关系

我国粮、棉、油、糖和部分畜产品生产成本较高，在国际市场上不具有竞争力，一些商家侧重于将品牌定位在高端领域，认为只有高端领域的品牌才是品牌，其实中、低端领域品牌也有自身发展的优势，有其特定消费群体，关键是要找准市场需求，通过降低生产成本来提升竞争力。

（三）农产品品牌建设的努力方向

1. 努力扩大保护范围

相关部门应深入开展调研，学习扩大地理标志产品保护范围的工作经验。在科学严谨的论证基础上，组织专业人员撰写相关论证材料，积极向国家市场监督管理总局申报。

2. 加强农产品质量管理

农产品质量安全，是指农产品质量符合保障人的健康、安全的要求。关于农产品质量安全的强制性技术规范，一般是指规定农产品质量要求和卫生条件，保障人的健康、安全的技术规范和要求。

（1）统一质量标准　充分发挥标准化行业主管部门职能职责，加大标准监管力度，确保质量标准统一。

（2）加强产品检验检测　制定好样品抽检方案，对获准使用品牌的企业质量状况进行抽检，确保品质持续稳定。指导相关职能部门加强日常监管，确保产业规模进一步扩大，质量水平进一步提升。

（3）突出农产品地理标志的质量管理　申报地理标志，就必须建立强制性生产技术规程以及建立农产品质量安全标准档案，国家相关部门对产品的产地、生产过程、产品质量安全要进行跟踪评审，另外在产品质量符合国家相关的强制规定后，还需进一步规范产品的感官特性和理化指标、卫生指标、试验方法等，最终具有特有的质量、品质的安全农产品才能冠以"地理标志"。在"地理标志"使用管理方面，生产者除要求在以后的生产管理中严格遵照规程执行外，国家也有一套严格的执行措施：一方面对于不符合标准规定要求的农产品，不准再使用原产地域名称专用标志，即这样的农产品不能以"地理标志"的名义上市销售；另一方面地理标志在本身使用方面也有严格的要求，不得转借、买卖，从而有力地保护了地理标志类农产品质量的安全性。

以农产品为原料加工的地理标志产品，除了对原料产地地域特性的要求，产品的质量及品质也要靠原产地特定的传统工艺技术支持和保证。但对于地理标志保护的产品，必须是在保持及提高其产品特定品质、特色内涵的前提下运用。这里要求保持产品特色更地道、更稳定的技术，要求保证安全卫生指标更严格、量化的工艺，以及保证质量控制检测更准确、更有效的方法。例如，对地理标志产品原材料的生产，应当运用提高其特定加工质量以及无公害或更高水平的技术；对产品加工过程，应当运用提高生产效率并保证产品质量及独特品质标准的技术以及加工设备。

3. 加强农产品质量制度建设

农产品质量安全管理是一项复杂的系统工程，加强制度建设至关重要。加强制度建设，对规范和约束农产品生产经营行为、减少农产品污染、保障消费者安全、推进农业产业升级、促进农业可持续发展和新农村建设具有重要意义。

《农产品质量安全法》从我国农业生产的实际出发，遵循农产品质量安全管理的客观规律，针对保障农产品质量安全的主要环节和关键点，主要确立了以下八项基本制度。

（1）政府统一领导、农业主管部门依法监管、其他有关部门分工负责的农产品质量安全管理体制。

（2）农产品质量安全标准的强制实施制度。政府有关部门应当按照保障农产品质量安全的要求，依法制定和发布农产品质量安全标准并监督实施；不符合农产品质量安全标准的农产品，禁止销售。

（3）防止因农产品产地污染而危及农产品质量安全的农产品产地管理制度。

（4）农产品的包装和标识管理制度。

（5）农产品质量安全监督检查制度。

（6）农产品质量安全的风险分析、评估制度。

（7）农产品质量安全的信息发布制度。

（8）对农产品质量安全违法行为的责任追究制度。

《农产品地理标志管理办法》是依据《中华人民共和国农业法》《中华人民共和国农产品质量安全法》，要求"申请人应当根据申请登记的农产品产地环境特性和产品品质典型特征，制定相应的质量控制技术规范，包括产地环境条件、生产技术规范和质量安全技术规范。"地理标志产品必须符合上述一系列相应的强制性标准。对于不符合标准规定要求的产品，不准使用地理标志名称专用标志。

4. 完善农产品质量体系

（1）完善农业相关的标准体系　尤其是要制定产品标准，这样才能保证地理标志农产品在生产时有标可依。通过培训和指导让人们掌握标准化技术，尽快培育具有当地特色的农产品，并打造出自己的品牌。

按绿色食品标准来种植农产品。从种植环境的土壤到空气，以及灌溉用水等都要严格按相关标准控制，要达标，要申请到农业农村部的"绿色食品标志"，这表明了这种地理标志农产品不仅是质量好，而且也是非常安全的。

按有机食品标准来种植地理标志农产品。要严格控制农产品的生产和加工，不仅要禁止使用农药、化肥，以及其他化学成分物质，还不能使用基因工程技术及其产物，要保证农产品及其加工品都是源于自然、富含营养、安全环保的生态产品。

（2）农产品生产基地化　要依据生态环境的质量去划分区域，从而促进地理标志农产品生产基地化的形成，并严格按照划分区域种植适宜的农作物，这样可以促进基地生产的持续性。还要增加各类专业合作社，积极协调不同的市场主体与基地进行对接，从而可以加快农产品的基地化并提高农业生产的组织化水平。

（3）管理规范化　投资建设农产品的大市场，对各经营单位进行资格确认、审查，对从业人员进行职工资格技能培训，实行资格准入与持证上岗；强化农资市场监管力度，让放心农资下到农户和田间，严禁销售、使用高毒高残留农药。

（4）加强源头质量控制　在建立健全监管体系的同时，加快基层县级农产品质量检测站建设，立足源头控制。上下结合，依法开展质量安全监测和检查，严把市场准入关口。加强市场监管力度，督促对批发市场和大型超市农产品进行抽样检测；建立信息公开制度、产品登记制度，加大农产品样品抽检力度，严禁不合格产品入市。

（5）建立健全农产品质量安全的追溯体系　从"三品一标"生产登记记录台账入手，实现从生产到销售的质量安全可追溯，实现贮藏产品流向可追溯和贮藏信息可查询。通过认证，实现生产者、经营者对消费者农产品质量安全作出承诺。

（6）建立健全农产品安全信息体系　要利用电子网络信息技术，以信息化推广标准化，依托农信服务网络平台，建立农产品加工者、经营者为消费者提供地理标志农产品的有关信息服务，使全社会参与地理标志农产品安全质量的监控，做好农产品质量安全信息收集，规范信息发布，提高农产品质量安全事件的应急处置能力。

（四）农产品品牌建设的基本对策

1. 着力推进农业产业化，培育农业品牌经营主体

龙头企业、农民专业合作组织和农业行业协会是农业品牌经营的主体和核心。各地要培育、扶持有较强开发、加工能力和市场拓展能力的龙头企业，要围绕优势主导产业，建立农民专业合作经济组织，引导企业与农户之间建立更加稳定的产销合同和服务契约，实现小生产与大市场的有效对接。

2. 加快发展"三品"（"无公害农产品""绿色食品"和"有机农产品"），提高品牌农产品质量

开展"无公害农产品""绿色食品"和"有机农产品"认证，是农业品牌化工作的重要内容。要在维护信誉的前提下，进一步加大工作力度。要按照"统一规范、简便快捷"的原则，大力发展"无公害农产品"，加快产地认定和产品认证步伐。要依托优势农产品产业带建设，加快发展"绿色食品"。"有机农产品"要遵循国际通行规则，按照有机农业生产方式，根据农业资源优势和国际市场需求健康发展。

3. 树立品牌意识，选准品牌定位

农业企业和生产者要树立品牌意识，充分认识到品牌在市场竞争和企业发展中的巨大作用。树立强烈的品牌意识是实施品牌战略的基础，它关系到品牌建设的力度和深度。在制定品牌战略时，最关键的是要选准品牌的市场定位，抓住消费者的目光和心理。农业企业和生产者要通过对市场消费趋势和竞争态势的分析，选择能发挥自身优势的策略，为自己的品牌在市场上选准一个明确的、符合消费需求的、有别于竞争对手的品牌定位。

4. 积极开展名牌农产品推荐认定，鼓励支持农产品商标注册

名牌农产品认定工作是现阶段推进农业品牌化工作的重要内容，是支持做大做强名牌农产品和保护知名品牌的重要措施。各地要切实推进省级名牌农产品的评选认定。工作中要明确资格条件和要求，努力提高名牌农产品评选认定的公信力和权威性。要对现有品牌进行整合，通过评选认定，推出一批影响大、效益好、辐射带动强的名牌农产品。

推进农产品商标注册是农业品牌化工作的重要环节。要增强企业、农民专业合作经济组织、经纪人、农户等生产经营主体的商标意识，鼓励并支持农产品商标注册。要特别重视拥有自主知识产权和特色农产品的商标注册工作，防止商标的恶意抢注和侵权行为。

5. 依托资源优势，发展特色农业

农业对自然条件的依赖性较强，由于不同地域的自然条件、优势资源和种植习惯的差异，形成了农产品的区域特色和比较优势，进而可以在市场上转化为市场优势。因此，在发展品牌农业的过程中要充分依托并整合区域优势资源，发展特色农业，培育主导产业，使其上规模、上档次；在创建农产品品牌时，还要挖掘利用好地方的农业发展历史、农耕文化、农业旅游等资源，将地方特色文化注入其中，丰富农产品的文化底蕴，提升品牌的文化品位，使消费者在获得物质享受的同时，也获得精神文化上的享受。

6. 加强品牌宣传推介，提高市场影响力

品牌的营销推介是将品牌优势转变为市场优势，是实现品牌效益的重要措施，也是政府部门为农服务的一项重要职责。充分利用各种传播渠道，大力宣传推介中国农业品牌文化。创新品牌营销方式，充分利用农业展会、产销对接会、电商等营销平台，借助互联网、大数据、云计算等现代信息技术，加强品牌市场营销，提升品牌农产品市场占有率，促进农产品优质优价。探索建立品牌农产品公共服务平台，鼓励发展一批农业品牌建设中介服务组织和服务平台，提供农业品牌设计、营销、咨询等专业服务。

7. 建立牢固的品牌农产品质量标准体系

建立品牌农产品质量标准体系，有利于提高农产品的质量、档次和安全性，从而获得较高的品牌知名度和美誉度，提高品牌农产品的社会信任度。品牌农产品质量标准体系就是以质量为中心，以市场为导向，以科技为动力，以生产为基础，以农产品的等级制度为重点，建立农产品生产、加工、贮藏、销售全过程及操作环境和安全控制等方面的标准体系，将农业生产的产前、产中、产后各环节纳入标准化管理，逐步形成与行业、国家和国际相配套的标准体系。农业企业应当树立强烈的质量意识，将质量管理和品牌建设结合起来，严格按照质量标准体系进行全面管理，保证农产品的质量和安全，让消费者放心消费。

8. 加强组织协调，落实各项措施

（1）加强领导，提高认识　推进农业品牌化工作是"农产品质量安全绿色行动"的重要内容。各级农业主管部门要从建设社会主义新农村的高度出发，进一步提高认识，转变观念，以提高农产品竞争力和增加农民收入为目标，明确工作机构，改善工作条件，将推进农业品牌化工作纳入工作日程。

（2）强化责任，完善机制　推进农业品牌化是一项长期的工作，各级农业主管部门要加强政策引导，发挥主动性和创造性，建立完善工作机制，科学规范品牌经营。要创造条件，从人才、资金、税收等方面予以支持，充分调动企业和生产经营者创建农业品牌的积极性和主动性。

（3）加强沟通，形成合力　农业品牌化工作是一项系统工程，需要各部门的支持和帮助。各级农业主管部门要主动加强与相关部门之间的沟通与协调，积极争取发改（计划）、财政、科技、工商、税务、质检等部门的理解和支持，充分争取和利用好各种社会力量，尽快形成"政府推动、企业主动、市场拉动"的良性互动格局，共同促进农业品牌化发展。

三、地理标志农产品的市场发展对策

（一）提高地理标志农产品的法律保护意识

从地理标志农产品市场发展的角度出发，应建立专门的保护模式，对地理标志产品设立一定的法律保障，尽快制定《地理标志法》。加强对地理标志申请的资格审查，对

地理标志的申请标准、申请人资格、审批程序、监督及管理机构进行明确规定。通过法律层面对地理标志农产品进行保护，可以加强保护力度，构建完善的保护体制。

（二）提升地理标志农产品的消费者认知度

通过有效的宣传手段，加强对消费者的宣传力度，加深消费者对地理标志农产品的了解。通过制定相应的宣传手段，可以有效地促进地理标志农产品市场发展。

（三）确保地理标志农产品的质量

过往的消费经历及对地理标志保护标识的信任程度会对消费者再次消费产生影响。因此，地理标志农产品的生产经营主体应确保每个产品的品质，避免"质价不符"，从而优化消费者对地理标志农产品的消费体验，引发消费者的多次消费。此外，应构建完备的防伪查询系统，同时还需要加强对地理标志农产品的专利保护，确保地理标志可有效传递所标识产品的品质信息。通过构建完备的防伪措施，使消费者对假冒农产品有一定的识别能力，加强消费者对地理标志农产品的信任度。

（四）重视后续产业发展

据调查，我国地理标志农产品"重数量轻质量""重保护轻发展"的现象普遍存在，普遍忽视了后续的产业发展。为避免地理标志的"注而不用"，各地应在注重本地特色地理标志农产品保护的同时，更多关注后续的产业发展，在政策、资金、技术上给予扶持，增进地理标志对地方特色农产品的保护效果。已取得地理标志的地方特色农产品，应努力发掘其与同类农产品的差异性，通过品质保证、细分消费市场促进相关产业的发展。

（五）搞好集约经营，加强组织化管理

农户分散往往导致农产品质量不一，同时也阻碍了高新技术的推广应用，这些都是导致地理标志农产品市场发展不充分的原因。通过将分散的农户进行规模整合，实施集约经营，可以很好地解决上述问题。随着市场竞争越来越激烈，品质越来越成为实现强大竞争力的保证，地理标志农产品的主要优势是其良好的品质，最大化地强化其本身具备的优势，是扩大农产品市场的重要手段。一方面，对农户的生产管理执行统一的强制性标准，并进行全程监控；另一方面，对农户进行技术培训并提供专业的技术服务，从生产技术角度带动农户提高品质控制能力，确保地理标志农产品在生产过程中具备较高的品质。

（六）积极推动地理标志农产品国际贸易

利用地理标志农产品提高国际农产品市场份额，是发展农产品地理标志的重要目标，以求在更大范围内实现消费者边际效用的增加和农产品价格的提高，惠及农产品生

产者。我们可以根据农业资源信息以及农产品生产、贸易现状，为适时出口农产品制定地理标志保护规章，树立国家品牌，实现地理标志农产品附加值，提升农产品竞争力，取得一定的贸易平衡。由于地理标志作为知识产权，具有国家地域性和历史文化的特征，要积极针对特定国家特定产品进行双边磋商谈判，达成双边协议，协调贸易关系，保障我国地理标志农产品得以顺利出口，实现贸易自由，以此来保障和推进我国农产品地理标志产业发展。

第三节 农产品品牌创建的步骤与方法

全国政协常委、全国政协经济委员会原副主任陈锡文于2018年1月14日在中国农业品牌创新联盟代表会议上就"乡村振兴战略实现农业农村现代化"作主题报告，谈到做品牌农产品至少做好以下六件事：

第一，掌握更全面的信息。关于农产品市场供求的信息，市场需求变化的信息以及关于农产品在全国乃至在全世界产地、分布以及它们在市场上营销的情况，同时还要了解这个农产品内在的科技，从品种的培育到技术的更新，到底有一些什么新的变化、新的成果。

第二，技术。所有的优质农产品、品牌农产品都是科技含量比较高的农产品。科技含量高不仅仅表现在品种的培育和栽培养殖技术的创新，还有一系列重要内容。一定要根据自己的农业资源特色，根据当地的社会文化状况去培育和发展品牌，掌握这样的技术才能真正有效。

第三，把握好产品生产过程的监管。产品生产过程的监管最重要的是质量、安全这方面的监管。在质量安全的监管过程中，不仅仅是关于投入肥料与农药的安全，其实很重要的是农产品能不能在这个地方生产出来，还关系到自身生产环境中的土壤、水、空气等因素。

第四，农产品的加工。中国农产品加工业的发展进程是非常快的，但是跟世界先进国家相比，还有比较大的差距。农产品的加工，不仅仅是延长产业链，更重要的是大部分生鲜农产品通过加工，可以满足人们一年四季都可以吃到的需求。因此，我们需要在提升加工技术的基础上，更好地加工农产品，以使农产品及其加工产品满足各类人群在一年四季的需求。

第五，储运。农产品现在越来越打破区域的局限性，趋于全国化、全球化的运行。而更大范围内的储运，需要更先进的技术、设备来解决产品运输过程中的贮藏、保险、物流等一系列问题。

第六，营销。农产品的价值能不能实现，关键在营销环节。做好农产品的营销，不仅是销售商的事情，还应该有方方面面的联合行动。

一、农产品品牌创建的准备

农产品品牌创建要以市场为导向，以质量和效益为中心，以企业为主体，政府引导，政策扶持，创造有利于培育和发展品牌的社会环境，构建农产品品牌建设机制。

（一）充分掌握农产品供求信息

农产品供求信息是农产品流通过程中反映出来的信息。农产品流通是指农产品中的商品部分，以货币为媒介，通过交换形式从生产领域到消费领域的转变过程。农产品流通大多是从分散到集中再到分散的过程，即由农村产地收购以后，经过集散地或中转地，再到达城市、其他农村地区或国外等销售地的过程。在社会再生产过程中，农产品作为四个环节之一，起着连接农业生产与农产品消费的纽带作用。它不仅对于农业生产起引导和促进作用，而且对于以农产品为原料的工业生产，对于城乡物资交流、经济合作、完善农村市场、满足消费需求，进而推动整个国民经济发展有着重要的意义。采集农产品供求信息，要注意弄清农产品的种类、数量、产地、规格、价格、时效等信息元素。

怎样才能知道全国农产品供需情况？第一，要多关注各方面（如电台、电视、报纸、期刊杂志等）关于农产品的报导，每个地方的农产品供需情况都是不一样的，是有地域性的。第二，现在互联网上各种"农产品交易网"已经开始盛行，多留意这些网站里面的资讯、产品等，可以帮助我们通过信息和数据来分析当前的农产品供需走势。第三，长期进行农产品市场跟踪调研，可以多跟农产品供应商、采购商沟通，多熟悉市场，时间久了就会对农产品的供需情况有所了解，中国地域广阔，想要分析全国农产品的供需情况，必须要有时间的积累和经验的沉淀。第四，要善于汇总和分析。农产品供需情况是动态的，需对农产品的供需情况进行长时间的调研，并对调研数据进行分析，从中总结出农产品供求规律。

（二）挖掘和整合农业优势资源

农业资源是农业自然资源和农业经济资源的总称。农业自然资源含农业生产可以利用的自然环境要素，如土地资源、水资源、气候资源和生物资源等；农业经济资源是指直接或间接对农业生产发挥作用的社会经济因素和社会生产成果，如农业人口和劳动力的数量和质量、农业技术装备，包括交通运输和通讯等农业基础设施等。

资源优势的描述一般从总量、分布特点、品质高低及可开发情况、与市场的关系等方面进行描述。总量是指资源的丰富程度，在一个地区中的位次；分布特点是指空间分布是否均衡、哪里集中哪里贫乏，或哪个季节多哪个季节少；品质高低包括质量优劣、开发的可行性；与市场的关系则是指距离市场的远近、市场需求量的大小等。

政府相关部门应综合分析地区农业自然资源特色和农业生产比较优势，深入挖掘农耕文化积淀，突出地方资源特色、品种特色、功能特色和文化内涵，合理规划全地区特色农产品生产布局，实现差异竞争、错位发展。在此基础上，要立足农业经营优势，科学设计以区域公用品牌、企业品牌、产品品牌为核心的农产品品牌体系，积极引导品牌合理布局，将农业资源优势转化为产品市场优势。

挖掘整合资源，就是要围绕农业供给侧结构性改革，整合政府、协会、企业等资源，建立地区农产品品牌目录制度，集中力量打造一批区域公用品牌、企业品牌、产品品牌。在这一过程中，要重点发挥政府和行业组织的管理监督职能，立足区域资源优势，加强特色农产品产地认证，扶持标准化生产基地建设，建立品牌创建利益联结机制，强化农产品区域公共品牌管理，打造一批国内外知名的区域农产品公用品牌。此外，还要发挥农业产业化龙头企业、家庭农场、合作社等新型农业经营主体的创新引领作用，提高其品牌意识、市场意识、质量意识和诚信意识，强化产品质量认证及体系认证，打造一批企业品牌和产品品牌。

（三）提高农产品的科技含量，突出品质和特色

农业科技，主要就是用于农业生产的科学技术以及专门针对农村以及城市生活的农产品加工技术，包括种植、养殖、化肥农药的用法、各种生产资料的鉴别、高效农业生产模式等几方面。农产品的科技含量是农产品实现增值的重要手段，是我国农产品角逐国内外市场的基础，因此，我们要引进、开发、推广在国际市场上适销对路的农业高新优良品种，引进无污染、高科技含量、投资回报大的高新技术，大力发展有机食品、绿色食品，提高农产品的科技含量，改善农产品品质。

1. 推广创新农业

为适应农业发展新形势的要求，要使农业发展、农民增收逐步转移到依靠科技进步和提高劳动者素质的轨道上来。一是建立健全良种引进、繁育、推广体系，加强各类优、新品种的引进、繁育、开发，提高农产品质量。二是加强农业标准化体系和农产品质量检验检测体系建设，围绕大宗农产品及名特优农产品，制定和完善农产品质量安全标准、农业生产技术标准和检验检测标准，大力发展无公害、绿色、有机食品。三是加大实施农产品名牌战略力度，通过品牌战略，促进名牌产品产业化，增强农产品的市场竞争力。

2. 提高农民的科技文化水平

随着社会经济的全面发展，在科学技术日益普及的今天，农民科学素质水平的高低直接影响着我国农业现代化进程与农村经济状况和农民生活条件的改善。提高农民科学素质是推进新农村建设的需要，是解决"三农"问题的根本途径。农业发达、农民富裕、农村繁荣，根本取决于农业生产力的提高。当今高科技时代，科学技术是第一生产力，只有将新兴科学技术全面引进农业，我国农业、农村才能走向现代化。

提高农民的科技文化水平，要进一步改善农村基础教育，通过基础教育加强科学教育；要加强农村科普，改变传统科普方式；引导和支持基层科技工作者通过各种渠道开展科技咨询、科技培训、典型示范和信息服务，不断壮大农村实用技术人才队伍；在对农民的科技教育中，要以产业结构调整为着力点，真正使农村科技教育以市场为导向，以农民为对象，以促进农村经济社会发展和农民科学文化素质提高为目的。

3. 大力发展特色农业，应用新技术，发展新产品

特色农业就是利用区域内独特的农业资源，开发区域内特有的名优产品。我国自古以来就有"物以稀为贵"的道理，发展特色农业，要求做到"人无我有、人有我优"。

特色农业是以追求最佳效益即最大的经济效益和最优的生态效益、社会效益和提高产品市场竞争力为目的，依据区域内整体资源优势及特点，突出地域特色，围绕市场需求，坚持以科技为先导，以农村产业链为主，高效配置各种生产要素，以某一特定生产对象或生产目的为目标，形成规模适度、特色突出、效益良好和产品具有较强市场竞争力的非均衡农业生产体系。特色农业的发展是适应当前社会消费需求、世界经济一体化和全球农业市场细分需要的必然结果。因此，发展特色农业是我国农业结构战略调整的要求，是提高我国农业国际竞争力的要求，是农产品品牌创建的迫切需要。

（四）加工、物流、包装、保质为一体，延长产业链，增加价值链

1. 农产品产业链

农产品产业链是指农产品从原料、加工、生产到销售等各个环节的关联。

农业是一个国家最基本的产业，要扩大生产规模，要形成产业链条，从而提高农民的收入，促进农业的进一步发展。在"乡村振兴战略"20字总要求中，产业兴旺居第一位。农业农村部农村经济研究中心主任宋洪远认为，要实现乡村振兴，农村不能只发展农业，还要发展农业之外的二、三产业，延长农业产业链，不仅要发展种养业，还要发展加工、储存、运输等行业，实现产业链由低端到高端的转化。

2. 农产品加工

农产品加工是用物理、化学和生物学的方法，将农业的主、副产品制成各种食品或其他用品的一种生产活动，是农产品由生产领域进入消费领域的一个重要环节。主要包括粮食加工、饲料加工、榨油、酿造、制糖、制茶、烤烟、纤维加工以及果品、蔬菜、畜产品、水产品等的加工。农产品的加工过程及采用方法因产品种类及消费要求的不同而定。农产品加工可以缩减农产品的体积和质量，使其便于运输；可以使易腐的农产品变得不易腐烂，保证品质不变，保证市场供应；还可以使农产品得到综合利用，增加价值，提高农民收入。

近年来，我国农产品加工业有了长足发展，已成为农业现代化的支撑力量和国民经济的重要产业，在促进农业提质增效、农民就业增收和农村一、二、三产业融合发展，提高人民群众生活质量和健康水平，保持经济平稳较快增长方面发挥了十分重要的作用。随着农业技术的进步，农产品质量普遍提高，通过贮藏与保鲜技术的推广应用，使

我国主要果蔬的贮藏与供应期明显延长。

农产品加工向深度、精度及专用化方向发展。随着农产品直接消费需求的下降，加工制品的比重上升，农产品加工业的产品结构开始向多样化的方向发展，产品附加值不断提高，主要农产品深加工或二次以上加工的比例达到30%以上。

进一步促进农产品加工业发展，不仅有利于我国农业结构调整和现代农业建设，更是促进农民增收和农村经济繁荣的重要措施。

3. 农产品物流

（1）农产品物流的概念　农产品物流是物流业的一个分支，是以农业产出物为对象，通过农产品产后加工、包装、储存、运输和配送等物流环节，做到农产品保值增值，最终送到消费者手中的活动。

我国引入物流的概念是在20世纪80年代初。《物流术语》（GB/T 18354—2006）中将物流定义为：物品从供应地向接收地的实体流动过程。根据实际需要，将运输、储存、装卸、搬运、包装、流通加工、配送、信息处理等基本功能实施有机结合。

农产品物流的发展目标是增加农产品附加值，节约流通费用，提高流通效率，降低不必要的损耗，从某种程度上规避市场风险。农产品物流的方向主要是从农村到城市，原因是商品化农产品的主要消费群体是在城市。

由于农产品保鲜期短，便利快捷的运输、合理的流通网点分布对于降低农产品损耗、提高农产品流通交易效率至关重要，推行农产品物流标准化对于提高流通效率、降低流通损耗具有非常重要的作用。

（2）我国农产品物流的发展现状

①市场体系建设日趋完善：全国各地坚持以市场为导向，大力培育农副产品市场如大型批发市场、专业市场和集贸市场，为促进农产品流通、农村产业结构调整和农民收入增加起到了积极作用。基本上形成了从生产、收购、流通加工、运输、储存、装卸、搬运、包装、配送到销售一整套组织环节。

②主体多元化和组织形式多样化：我国的农产品物流主体有国有商业企业、供销社、民营企业、股份制企业等各类企业，以及农村生产经营大户、专业协会、专业场站、专业合作经济组织等。其中，农业产业化龙头企业在发展农产品物流方面起到了积极作用。

③交易主体和交易方式多种多样：我国农产品交易主体主要有自产自销农民、农业企业和流通中介体（如流通协会、村级集体组织、专业协会等），并相继出现了期货、拍卖、订单等新型方式。农产品的流通手段也有所更新，连锁经营、配送和网上销售等现代方式有所发展，有些农产品已进入大型商业销售网络。

农产品交易环节形式多样，有生产直接进入零售的，也有生产、交易、一级、二级批发等多环节的。

④新型流通形态逐步形成：县城商业网——集镇商业网——乡村商业网的流通网络基本形成，集中分布固定网点，并以流动网点作为补充。以中小型网点为主，以县城为

中心，集镇网络为骨干，联系乡村分散网点并与农产品采购网络结合起来的新型流通格局已逐步形成。

但是我们也应看到，我国农产品物流业起步晚，还存在诸多不足，总体来说国内的物流企业很多还是粗放式经营。

一是农产品物流技术处于低端水平。我国农产品物流是以常温物流或自然物流为主的，未经加工的鲜销产品占了绝大部分，在运输的过程中，保鲜、包装、再次加工技术比较落后，而且运输工具不能满足农产品物流的需要，农产品在物流的过程中损耗严重。

二是我国农产品物流体系建设出现了东西部发展的不平衡性。由于经济发展的不平衡，东部沿海省份农产品物流市场发展迅速，流通体制完善；而西部地区由于经济基础差，农产品物流市场发育相对滞后。同时，由于农产品批发市场和农产品流通中心发展较快，但市场交易法规有待进一步完善，交易规范化程度有待提高。

三是自营物流仍占主导地位。虽然我国农产品物流从业主体绝对数量大，但是众多的参与个体和组织规模小、层次低、离散性强、联合性差，组织化程度低，缺乏竞争力。

（3）大力发展农产品物流业

①打造现代农产品供应链管理（Supply Chain Management）SCM模式：SCM模式是指在满足一定的客户服务水平的条件下，为了使整个供应链系统成本达到最小而将供应商、制造商、仓库、配送中心和渠道商等有效地组织在一起来进行的产品制造、转运、分销及销售的管理方法。"市场信息指导+种业公司+农业科技推广+农资连锁经营+整合型生产物流机制+食品安全认证与标准化"模式是一个较好的选择，该环节一般可分为产前物流、产中物流和产后收获物流三个阶段。要鼓励农民成立生产协作小组，尝试实施整合型生产物流机制，将区域内的农作物耕作、田间管理及农产品的收获、加工、存储等作业形成的物流统筹由共同机制运作，确保食品安全，着力打造绿色农产品产业链。

②提高农民素质，增强现代物流意识：在农产品流通过程中，提高农民素质是在市场竞争中取胜的关键。应通过教育、培训增强农民的市场经济观念，切实转变单一运输经营的观念，彻底转变"小而全，大而全"和自货自运的经营模式。运用系统优化原理、最小总成本方法、供应链管理等物流方法改善农产品流通方式，提高运作效率，降低成本，促进农民增收。

③创新农产品物流技术：整个物流链条上，技术的创新是物流业发展的重要支撑和动力。因此，要始终把技术创新放在突出位置：一是在生产上要大力推进农业的标准化生产，实施"名牌战略"，树立品牌形象，提高品牌知名度和品牌认知度，形成一批农产品的强势品牌，实现农产品物流的畅通；二是要提高加工、包装技术水平，积极采用新型保鲜技术，延长农产品的贮藏时间，扩大农产品销售半径；三是要积极运用现代营销手段，在抓好传统销售方式革新的基础上，大胆探索和应用现代销售手段，大力发展

农产品连锁经营、配送等形式，要适应信息化、网络化趋势，加快发展电子商务，推进网上交易。

④构建各种形式物流组织实体：物流企业和组织是发展农产品物流业的关键环节，应采取多渠道、多形式、多元化的办法，打破所有制、地域、行业界限，尽快培育一批农产品物流组织。龙头企业要积极引进和借鉴发达地区和国外物流企业的管理、技术等各方面经验，充分利用商业企业在市场信息、销售网络和运销经营等方面的特长和优势，组建自营物流企业。同时，扶持农村营销大户、农村合作经济组织和农民经纪人，支持农民开展农产品加工和销售服务，鼓励农民自行组织购销活动，发挥其在农产品流通中的作用。鼓励各组织之间的联合，运用管理和信息技术将它们连接在一起，兴办第三方物流，使其更加有效地服务于农业生产。

⑤推进农产品流通国际化：世界经济一体化以后，国内市场受到国际物流集团的分割和冲击。由于国内农产品物流企业的竞争力较弱，应利用WTO协议，积极促进一些有条件的农产品流通企业与外贸企业密切协作，借助于外资从事现代物流配送，进一步延伸物流链，从而尽快推进农产品流通向国际化方向发展。

4. 农产品包装

农产品包装是对即将进入或已经进入流通领域的农产品或农产品加工品采用一定的容器或材料加以保护和装饰。在流通过程中，粮食、肉类、蛋类、水果、茶叶、蜂蜜等农产品不加包装则无法运输、储存、保管和销售，无法送达消费者手中，也不便于包装机械的运用。因此现代市场营销要求，包装应按照目标顾客需求、包装原则、包装技术要求进行，以保护农产品，减少损耗，便于运输，节省劳动力，提高仓容，保持农产品卫生，便于消费者识别和选购，美化商品，扩大销售，提高农产品市场营销效率。

产品包装是产品的一个重要组成部分，包装设计的一项重要任务就是更好地符合消费者的心理需要，通过更人性化的包装设计让人们生活得更舒适、更富有色彩。因此在农产品的包装上，选择不同的包装策略将得到不同的包装效果。

农产品包装有几个主要作用：①突出农产品的形象；②突出农产品用途和使用方法；③展示企业整体形象；④突出农产品特殊要素。

《中华人民共和国农产品质量安全法》第二十八条规定：农产品生产企业、农民专业合作经济组织以及从事农产品收购的单位或者个人销售的农产品，按照规定应当包装或者附加标识的，须经包装或者附加标识后方可销售。包装物或者标识上应当按照规定标明产品的品名、产地、生产者、生产日期、保质期、产品质量等级等内容；使用添加剂的，还应当按照规定标明添加剂的名称。《农产品包装和标识管理办法》第二条规定：农产品的包装和标识活动应当符合本办法规定。

5. 农产品的保质

为加强食用农产品监督管理，规范食用农产品市场销售行为，保障食用农产品质量安全，原食品药品监督管理总局颁布制定了《食用农产品市场销售质量安全监督管理办法》（以下简称《办法》），已于2016年3月1日实施。该《办法》对农产品市场销售质量安全管理范围、食用农产品的含义、食用农产品质量安全管理、食用农产品市场准入、食用农产品销售者的销售和储存场所及设施设备、禁止销售的食用农产品、食用农产品进货查验记录制度、对储存和运输食用农产品的要求、对储存服务提供者储存食用农产品的要求等方面都做了具体要求，对农产品保质提供了法律依据和具体要求。

（五）建立健全标准化生产体系，加强生产监管，全面提升农产品质量

农业标准化是指以农业为对象的标准化活动。具体来说，是指为了有关各方面的利益，对农业经济、技术、科学、管理活动中需要统一、协调的各类对象，制定并实施标准，使之实现必要而合理的统一的活动。其目的是将农业的科技成果和多年的生产实践相结合，制定成"文字简明、通俗易懂、逻辑严谨、便于操作"的技术标准和管理标准向农民推广，最终生产出质优、量多的农产品供应市场，不但能使农民增收，同时还能很好地保护生态环境。其内涵就是农业生产经营活动要以市场为导向，建立健全规范化的工艺流程和衡量标准。

农产品质量是由多方面因素决定的，其中尤以品种优良、栽培技术先进、生产环节可溯、生态环境达标等最为重要，农产品质量提升的出路在于农业生产标准化。如果实现了标准化，就意味着建立起一套具有地方特色、与现代农业发展相适应、让农产品质量安全可追溯的农业标准化工作体系，也必然使关乎农产品质量的生产要素全面达标，人们关心的主要农产品监测合格率稳定提高，并极大推进农产品品牌的打造和影响力提升。要打好绿色牌、有机牌和安全牌，推行粮食的绿色种植、养殖环境的生态无公害和加工环节的卫生无添加，引导有条件的企业、农民专业合作社开展"三品一标"认证，提高农产品生产标准化覆盖率，确保农产品质量安全。

农产品收购充分体现优质优价原则的核心地位，根据质量差别制定不同档次的收购价格。完善农产品质量分级，改进主要粮食产品收购中的分级标准设计，质量分级以市场需求的质量特征或农产品的使用价值为导向，应体现硬度、水分、杂质、营养含量、纯度等体现质量差别的参数，满足市场对农产品质量的多层次和多元化质量需求。

高质量的农产品，既是"产"出来的，也是"管"出来的。坚持标准先行，提高违法成本，倒逼高质量农产品的生产与供给。

（六）建立健全农产品市场营销、推广体系，组建优质农产品产销联盟

1. 以市场为支撑，构建农产品市场营销体系

农产品批发市场是农产品市场营销体系建设的重点。推广"农贸市场改超市"，实现"农超对接"，方便消费者购买，扩大农产品销售。通过提高农产品质量等手段提升农产品的经济附加值，支持农产品市场营销体系建设。

2. 以信息为导向，构建农产品市场营销体系

加快发展农产品市场营销信息化建设，将信息化建设作为提高农产品流通效率的重点来抓，要将信息服务与农产品电子商务、连锁经营和物流配送等方面的建设结合起

来，从建立农产品批发市场信息网起步，构建信息流枢纽，搭建农产品市场营销服务构架。

3. 以企业为主体，构建农产品市场营销体系

创新农产品进超市、进市场、进食堂、进社区、进餐饮的"五进"营销模式，积极实施"新网工程"，创新服务方式，广泛开展联合、合作经营，积极参与领办、创办农产品营销专业合作组织，加强农民经纪人队伍建设，组建经纪人协会，让农村的"能人"在市场经济中发挥作用。

4. 以网络为平台，构建农产品市场营销体系

以农民专业合作社为服务平台，提高农产品市场化、商品化程度，宣传优秀企业品牌和形象，建立农业对外交流的窗口和平台。通过扶持农民专业合作社，提高组织化水平，增强对接能力，发挥"农超对接"的规模效益。

5. 以连锁为载体，构建农产品市场营销体系

推进农产品流通标准化，促进农产品流通的发展。兴办名特优农产品展销中心和农产品网络销售中心，形成保障平台，促进优质农副产品下乡、进城，全面推行商品质量承诺制度、商品准入制度。通过发展农副产品连锁经营，改善消费环境，确保商品质量，平抑市场价格，规范经营秩序。

6. 以质量为保证，构建农产品市场营销体系

建立健全农产品质量安全可追溯系统，加强农产品产前、产中和产后各个环节的农产品质检工作。

7. 组建优质农产品产销联盟

组建优质农产品产销联盟，是乡村振兴和现代农业高质量发展的需要。要将联盟成立作为起点，全面提升农产品的质量和品质，把好质量关、品牌关、价格关、服务关，落实农业生产经营主体责任，推进农业标准化生产，推广农业绿色生产技术模式，强化农产品质量安全监管，有效提升农业供给质量，及时满足市场需求。同时要促进优质农产品走入千家万户，从而有力拓展农产品的销售渠道，切实帮助农业企业和农民增收。注重突出"优农联盟"统筹和整合行业全要素力量，提升农产品的品牌影响。要立足资源优势，突出产业特点，做大做强一批特色鲜明、质量过硬、信誉可靠的农产品区域公用品牌，将其培育成为乡村振兴和现代农业高质量发展的"地域名片"，从而有力促进产业兴旺和乡村繁荣。

二、农产品品牌创建实施方案的制定

为贯彻落实中共中央有关农产品品牌建设的有关文件和2017年农业部1号文件《农业部关于推进农业供给侧结构性改革的实施意见》、2018年6月《农业农村部关于加快推进品牌强农的意见》、2019年农业农村部、国家发展与改革委员会、科技部等七部门联合印发的《国家质量兴农战略规划（2018—2022年）》文件精神，加快推进农产品品

牌建设，不断提升农产品产供销精细化、专业化水平，促进农业提质增效转型升级，深入推进农业供给侧结构性改革，着力培育一批竞争力强的农产品品牌，增强农产品市场竞争力，提升农业发展质量效益，加快推进现代农业发展步伐，需要制定省（自治区）、市、县《农产品品牌创建实施方案》。

（一）农产品品牌建设的主体及其职能

对农业企业而言，建设农产品品牌是其可持续经营的有效保障，能够为企业带来长久利益，因此他们愿意积极投入到农产品品牌建设中去，所以农业企业是农产品品牌建设中主要和基本的主体。而政府、农业行业组织（协会）和农户（专业户）则是农产品品牌建设三个主要的参与主体，他们参与并影响农产品品牌建设的行为。

（1）企业的职能　农业企业是农产品品牌建设的基本主体、决策主体，是农产品质量的控制主体，是农产品质量标志的申报主体，是品牌农产品价格的决策主体，是品牌文化的建设主体，是狭义农产品品牌的注册主体。企业在农产品品牌建设中起着决定性作用，负责农产品品牌定位的战略规划、选择定位方式、实施定位计划、定位传播方案等职责，是品牌竞争力的根本保障，负责农产品采购过程、农产品加工过程、农产品销售环节的质量控制，制定定价机制和调价机制。品牌的注册具有完全的自主权。

（2）政府的职能　政府在农产品品牌建设中主要承担农产品质量标准的制定、农产品品牌注册的管理、企业农产品品牌建设政策和法规的制定等任务。

政府是农产品品牌质量标准化体系的制定主体、服务主体，是品牌农产品重要的科技投入体，是农产品品牌注册和管理的主体，是农产品品牌的评价和监督主体，农产品国家品牌与农产品品牌国际化需要政府的支持。各国政府都制定并完善农产品质量标准体系、食品安全监测体系等来保证农产品的质量安全。由于农业本身的弱质性，需要社会各界的支持和帮助，尤其是政府的帮助，其对农产品品牌建设环境起着决定性作用。首先，新品种、新技术的投入是农产品品质提高的必经之路，然而耗资巨大，除政府外的其他组织没有足够的能力主导该领域的科技创新。其次，农产品企业在市场中面临许多不利因素，尤其是在进行品牌推广过程中，需要政府力量对其进行支持和帮助。

（3）农业行业组织（协会）的职能　农业行业组织（协会）负责实施集体品牌的申报与管理，支持行业内农业企业品牌建设。农业行业组织（协会）为其成员收集和汇编有关供求等各方面的数据资料（包括农产品生产成本、价格、生产规模等各方面资料），最大程度发挥其人才资源优势、桥梁资源优势等为农产品品牌建设企业提供支持。并且，农业行业组织（协会）帮助品牌农产品生产企业开展营销活动。由于农产品品牌具有较强外部性，一般农业企业个体不愿意积极开展营销活动。因此，这份责任就落到了行业协会身上，并且它也具备这样的资源优势。农业行业组织（协会）还能加强行业自律、维护品牌农产品经营企业利益。

（4）农户的职能　农户提供了农产品品牌的原材料，决定了初级农产品的质量安全。农产品品牌的原材料源自农户，农户在农产品生产过程中的行为决定了初级农产品的质量安全。在缺乏相关道德和法律约束的情况下，农户往往倾向于为了经济利益而放弃质量安全，政府和企业应当采取有效措施来引导和督促农户生产符合消费者需求的农产品。

（二）农产品品牌建设的总体要求

1. 指导思想

以培育区域公用品牌为主体，以建立农产品品牌目录制度为引导，以构建品牌农产品营销体系为载体，以特色农业资源、产业为依托，以现有传统优势品牌为基础，以科技创新为动力，以农业增效、农民增收为核心，大力实施农产品品牌战略，着力打造一批品质优、科技含量高、市场竞争力强的农产品品牌，实现价值链升级，提高农产品供给体系的质量和效率。

2. 基本原则

坚持市场主导，主动适应市场的多样化、个性化消费需求，以质量和效益为中心，不断提升品牌农产品的质量，最大限度实现品牌农产品的经济效益和社会效益。

以企业为主体，通过商标注册、质量管理、品牌培育、文化挖掘和科技创新等手段，创建自主品牌，努力打造以品牌价值为核心的新型企业。通过政府引导，协同共建，加强政策扶持，发挥政策导向作用，强化市场监管，创造有利于培育和发展品牌的社会环境，构建起"政府引导、企业主体、社会参与"的农产品品牌建设机制。依托各地资源优势、地域文化和产业特色，培育一批农产品知名品牌，提高农产品市场影响力和竞争力。

3. 目标任务

建立完善农产品品牌培育、发展和保护体系，形成标准化生产、产业化经营、品牌化营销的现代农业发展新格局，大幅增加品牌农业经济总量，着力构建以区域公用品牌和企业产品品牌为主体的农产品品牌体系，并提出具体目标。

（三）农产品品牌建设的具体措施

1. 做好发展规划

根据本地区产业发展现状、农业资源优势和文化特色，科学制定农产品品牌发展规划，进一步明确农业主导产业、地方小宗特色农产品和农产品加工龙头企业的品牌创建数量、区域布局、发展定位和目标市场，构建结构合理、规模适度、特色各异、优势互补的农产品品牌体系，引导农产品品牌建设有序推进。重点围绕粮食、畜禽、蔬菜、水果、油料等优势产业，创建一批有影响力的知名品牌。

2. 夯实品牌农产品建设的基础

开展主要农产品生产、加工与综合利用关键技术的研究与示范，形成一批推动农业产业拓展和农产品价值提升的关键技术和特色产品，全面提升农产品品牌科技含量。鼓励支持农产品加工企业、专业化冷链物流公司以及其他新型农业经营主体建立农产品产地预冷库和冷藏库，加强终端冷链设施建设。推动项目、资金、技术、人才等要素向发展潜力大、带动能力强的主体集中，支持各类主体开展生产、销售等多形式、多内容的合作，实现多主体联合发展。引进高新技术、新兴业态和新型商业模式，促进产业融合，加快创新发展，延伸产业链、提升价值链。

3. 加强农业标准体系建设，推进农业标准化生产

（1）加快品牌农产品质量标准的制定和修订工作　根据国际标准、国家标准、行业标准和生产需要，修改、完善、提升现有各类农业生产技术规范和操作规程等地方标准。围绕粮食、油料、果品、花卉、蔬菜、食用菌、茶叶、中药材、畜产品、水产品十大产业，以知名区域公用品牌农产品和知名企业产品品牌农产品为重点和突破口，有计划、有步骤地制（修）订一系列可操作性强的农产品质量标准，增强品牌农产品的市场竞争力。支持新型农业经营主体开展"三品一标"认证，推进农产品商标注册便利化，实现品牌农产品质量标准体系全覆盖。

（2）建立农业标准化生产示范体系，大力推进农业标准化基地建设　围绕地区农业优势产业建设若干个标准化品牌农产品基地，实现全地区规模化、专业化、标准化、产业化品牌农业生产基地面积大幅度提升。

4. 强化农产品产地环境保护治理和质量安全监管

以农业生产基地为主体，广泛开展产地环境检测，实施耕地质量保护提升和化肥、农药使用量零增长行动，推进农作物病虫害专业化统防统治和绿色防控，最大限度减少农业面源污染。

建立健全农产品质量安全监管体系，严格落实属地管理责任，全面推行高毒农药定点经营、实名购买制度，强化农业投入品管理，重点查处违禁农药生产、销售、使用等违法行为。建立完善省、市、县、乡（镇）检测机制，支持企业建立第三方检测体系，加大产地和市场检测力度，建立监测结果通报制度和质量诚信体系，促进产地准出和市场准入有效衔接。加强农产品质量安全追溯能力建设，推行农产品条形码制度，实现生产记录可存储、产品流向可追踪、储运信息可查询，逐步实现农产品质量安全可追溯。

加快完善品牌农产品质量认证和检测体系，围绕重点培育的区域公用品牌和企业产品品牌，根据农业土壤肥力、环境污染检测、病虫草害、气象及灾情预测预报等方面的工作需要，加强检验、检测机构的管理。加大"三品一标"的开发及认证工作力度。

5. 培育、壮大农产品品牌创建主体

充分发挥产业优势、区域优势和特色优势，培育、壮大和保护农产品品牌。龙头企业、农民专业合作经济组织等品牌主体要拓展经营模式，加大农产品营销力度，增加市场占有份额。加快培育壮大农业企业、农民专业合作社、家庭农场等农产品品牌创建主体。做大做强农产品加工龙头企业，重点扶持行业重点龙头企业技改扩建、上市融资，大力扶持农民专业合作社发展，深入推进省级示范社创建，鼓励农民合作社以品牌为纽带，开展土地、劳动力、资金、技术等要素入股。结合农村土地确权，依法有序推进土地向拥有品牌的专业大户、家庭农场集中，发展适度规模经营，促使农业品牌建设工作再上新台阶。

6. 建立品牌农产品营销推广体系，加大农产品品牌营销推介力度

创新营销推广手段，统筹谋划产品选择、品牌名称、渠道和营销策略、传播策略等，制定特色化、差异化的品牌营销推广战略，大力实施品牌农产品国内营销体系建设工程。通过展示展销中心、连锁店、主流超市、电商网络四种渠道覆盖全国营销网络。鼓励品牌企业以主要大中城市为支点，建设连锁店、专卖店等品牌营销宣传窗口。加大农产品电商平台建设力度，开通市、县品牌农产品特色馆，进一步扩大辐射范围，促进品牌农产品网上销售。

7. 挖掘、培育地理标志农产品

充分发挥地理标志农产品品牌化、区域性优势，加大地理标志农产品挖掘、培育和知识产权保护力度，促进地理标志品牌与产业协同发展。引导有资源优势、产业规模和市场知名度的地理标志农产品率先注册地理标志证明商标。加快地理标志农产品的品牌定位、技术革新和品种开发，深入挖掘商标潜力和文化内涵，全面提升地理标志农产品的市场竞争力。

（四）农产品品牌建设过程中的政府协助

1. 建立组织机构

成立农产品品牌建设工作领导小组，负责农产品品牌建设工作的领导、协调、督查和考评工作，积极构建"政府推动、部门联动、企业主动、社会促动"的农产品品牌建设长效机制。各相关单位要成立相应的组织机构，围绕发展抓品牌，抓好品牌促发展，创建"政府引导、企业主体、部门联动、专家咨询、社会参与"的农产品品牌建设机制。

2. 强化政策扶持

加大对农村产业发展专项资金中用于县域经济发展方面的扶持力度，重点支持农产品品牌建设。各级政策性投资担保机构要加大对龙头企业、合作社、家庭农场的支持力度，放宽担保条件，优惠担保费率。鼓励金融机构向农业企业提供以农产品品牌为基础的商标权、专利权等质押贷款。进一步完善政策性农业保险保费补贴政策，健全农业保险基层服务体系，不断扩大试点规模和险种种类。

3. 完善服务体系

各级农业农村部门要强化管理服务和技术指导，加强农产品品牌经济研究。有关部门要根据职责分工，密切协作配合，共同推进农产品品牌建设工作。坚持服务专业化的方向，加快构建公益性服务与经营性服务相结合、专项服务与综合服务相协调的新型农业社会化服务体系，为各类新型农业经营主体创建农产品品牌提供更多领域和更有效的服务。

三、农产品品牌创建的步骤

（一）农产品品牌的规划

品牌规划是建立以塑造强势品牌为核心的企业战略，将品牌建设提升到企业经营战略的高度，其核心在于建立与众不同的品牌识别，为品牌建设设立目标、方向、原则与指导策略，为日后的具体品牌建设战术与行为制定行动纲领。

规划以核心价值为中心的品牌识别体系，品牌的一切价值源泉是品牌联想、品牌识别，是企业期待的在消费者心智中留下的联想。

在品牌延伸战略与品牌架构规划中，充分利用品牌资产扩大产品线，用足用透无形资产赚取更多利润，并通过培育几个新产品达到规模销售，反过来提升品牌资产。

1. 提升品牌核心价值的原则

（1）高度的差异化　广开思路，充分发挥创造性，高度提炼品牌的个性化。缺乏个性的品牌核心价值是没有销售力量的，不能给品牌带来增值，或者说不能创造销售奇迹。差异化的品牌核心价值是避开正面竞争、低成本营销的有效策略。

建立品牌个性就是建立一种象征。品牌个性不仅仅是指品牌物理意义上的差异性，而且是品牌人性化的表现，它具有品牌人格化的独特性。

品牌个性是一个品牌最有价值的部分，它可以超越产品而不易被竞争品牌模仿。因此，塑造品牌就必须塑造品牌个性，一旦形成鲜明、独特的个性，就会形成一个富有竞争力的品牌。

（2）富有感染力，深深触动消费者的内心世界　一个品牌具有触动消费者内心世界的核心价值，就能引发消费者共鸣，就能够获得广大消费者的高度赞同，使消费者认同和喜欢上品牌。

（3）核心价值与企业资源能力相匹配　品牌的核心价值是一个价值概念，如图2-1所示。核心价值不仅要通过传播来体现，更要通过产品、服务不断地把价值长期一致地交付给消费者，才能使消费者真正地认同核心价值。在品牌核心价值的提炼过程中，必须将企业资源、能力能否支持核心价值作为重要的衡量标准。

（4）提高品牌扩张能力　品牌延伸能否成功的关键是核心价值是否包容新产品。由于无形资产的利用不仅是免费的，而且还能进一步提高无形资产，所以不少企业期望通过品牌延伸提高品牌无形资产的利用率，从而获得更大的利润。因此，要在提炼规划品牌核心价值时充分考虑前瞻性和包容力，预埋好品牌延伸的管线。

（5）有利于获得较高溢价　品牌的溢价能力是

图2-1　品牌的核心价值

指同样的或类似的产品能比竞争品牌卖出更高价格。品牌核心价值对品牌的溢价能力有直接而重大的影响。

优选品牌化战略，通过整合所有的资源，实现品牌价值的提升。

2．建立品牌化模型

建立品牌化模型，是品牌战略规划中一项重要的工作。品牌化模型不但规划好品牌的属性、结构、模式、内容及品牌愿景等问题，而且在营销策略决策中，提供具有前瞻性、指导性、科学性和操作性的依据。

优选出科学合理的品牌化战略是品牌战略规划中重要的环节。在单一产品格局下，营销传播活动都是围绕提升同一个品牌的资产而进行的。

建立品牌化模型，优选品牌化战略，通过整合所有的资源，实现品牌价值的提升。

3．品牌的延伸扩张

品牌的延伸扩张是一个具有广泛含义的概念，它涉及的活动范围比较广。具体来说，品牌的延伸扩张指运用品牌及其包含的资本进行发展、推广的活动，它是品牌的延伸、品牌资本的运作、品牌的市场扩张等内容，也具体指品牌的转让、授权等活动。

品牌战略规划的另外重要内容之一，就是对品牌延伸进行科学和前瞻性的规划。因为创建强势品牌的最终目的，是为了持续获取较好的销售与利润，使企业能够持续健康地发展；为了实现企业的跨越式发展，就要充分利用品牌资源这一无形资产，由于无形资产的重复利用是不花成本的，只要有科学的态度与高超的智慧来规划品牌延伸战略，就能实现品牌价值的最大化。

4．品牌的管理

要创建强势品牌，累积丰厚的品牌资产，就要加强品牌的日常管理和维护。

（1）要完整理解品牌资产的构成，透彻理解品牌资产各项指标，如知名度、品质认可度、品牌联想、溢价能力、品牌忠诚度的内涵及相互之间的关系。

（2）结合企业的实际经营战略，制定品牌建设所要达到的品牌资产目标，使企业的品牌创建工作有一个明确的方向，做到有的放矢，减少不必要的资源浪费。

（3）围绕品牌资产目标，创造性地策划低成本提升品牌资产的营销传播策略，并需不断检核品牌资产提升目标的完成情况，从而做好下一步品牌资产建设目标与策略的调整。

（4）建立"品牌预警系统"，避免"品牌危机"事件的发生；如果"品牌危机"事件真的发生了，要及时处理，尽量减少品牌的损失。

5．品牌规划的程序

（1）品牌的定位　对品牌进行定位，是决定品牌战略规划成功与否的第一步。对品牌进行定位需要对体验进行调研，调研的内容包括：品牌所在市场环境、品牌与消费者的关系、品牌与竞争品牌的关系、品牌的资产情况以及品牌的战略目标、品牌架构、品牌组织等。

（2）品牌的愿景　　品牌愿景就是告诉消费者、股东及员工：品牌未来的发展方向和品牌未来的目标。

（3）品牌核心价值　　品牌核心价值是品牌的灵魂和精髓，是企业一切营销传播活动所围绕的中心。

①品牌核心价值应有鲜明的个性：当今需求多元化的社会，没有一个品牌是万能的、通用的，只有高度差异化，充分体现品牌的鲜明个性，品牌核心价值才能充分发挥出来，才能广泛地吸引消费者。

②品牌核心价值要能打动消费者：提炼品牌核心价值，一定要适应消费者的价值观、审美观、喜好、渴望等，从而打动他们的内心。

③品牌核心价值要有包容性，为今后品牌的延伸做好准备：如果随着企业的发展，品牌需要延伸，发现原来的品牌核心价值不能包容新产品，再去伤筋动骨地改造，将会造成巨大的浪费。

6. 制定品牌战略

品牌核心价值确定后，应该围绕品牌核心价值制定品牌战略，并尽最大可能使其具有可操作性。

品牌战略是统帅企业一切营销传播活动的纲领，制定品牌战略的作用在于强化品牌原则，设立所有人共同遵守的行动指南。

品牌战略由品牌战略架构和品牌识别系统构成。

（1）品牌战略架构

①企业是采取单一品牌战略，还是多品牌战略。

②企业品牌与产品品牌的关系如何处理。

③企业发展新产品是用新品牌，还是用老品牌来延伸，还是采用副品牌来彰显新产品个性。

④新品牌、副品牌的数量多少合适。

⑤如何发挥副品牌反作用于主品牌的作用。

（2）品牌识别系统　　品牌识别系统包括品牌的产品识别、理念识别、视觉识别、气质识别、行为识别、责任识别等。在这些识别系统中，具体界定规范了一个品牌的企业理念、价值观和使命，品牌的产品品质、特色、用途、档次，品牌的产品包装、视觉识别（Visual Identity，VI）系统、影视广告、海报，品牌的气质特点，品牌在同行业中的地位，品牌的企业社会责任感，品牌的企业行为制度、员工行为制度等。

这些品牌识别系统具体界定了企业营销传播活动的标准和方向，使品牌核心价值能和企业日常活动有效对接具有可操作性，将品牌战略的文字性内容分解到产品的研发、生产、品质、特色、渠道、广告、促销、服务等方面。

7. 品牌的机构和人才

优秀的人才是品牌发展的活力之源。在品牌建设中把握以人为本的理念，实施人才战略，建立敬业、团结、协作、具有创新、危机意识的高素质员工队伍，才能为客户提供周到的服务、一流的产品，才能在行业内树立优秀的品牌形象。因此，加大对高水平专业人才智力资本的投资是保持品牌的管理、技术、营销等重要环节不断创新的必不可少的投入。

树立"以人为本"的观念。在目前的市场竞争中，产品是过剩的，而人才是短缺的。品牌的发展不仅取决于拥有的人才的质量和数量，更取决于人才的使用效率。

对于多数以品牌为核心竞争力的企业，建议成立一个由精通品牌的公司副总挂帅、市场部或公关企划部主要负责、其他部门参与的品牌管理组织，从而能够有效地组织调动公司各部门资源，为品牌建设服务。品牌管理组织应拥有产品开发制造权、市场费用支配权、产品价格制定权等权利，从而把握品牌发展的大方向。

8. 品牌的传播推广

品牌战略一旦确定，就应该进行全方位、多角度的品牌传播与推广，使品牌深入人心。

品牌的传播与推广没有一成不变的模式，企业应结合自身情况制定相应的传播与推广策略。

品牌传播与推广应把握的原则：

（1）合理布局　运用广告、公关、新闻报道、关联营销、促销等多种手段。单一的广告往往只能提高品牌知名度，难以形成品牌美誉度，更难积淀成品牌文化。

（2）根据目标消费群的触媒习惯选择合适的媒体，确定媒体沟通策略　媒体不一定非得是央视、卫视，但一定是适合产品阶段与市场阶段的方式。

（3）品牌传播要遵守聚焦原则　在资源有限的情况下，不能进行广泛投放，而应合理规划，对投放市场进行聚焦，集中力量使其在某一区域市场得到更好的传播推广。

（4）品牌传播要持久、持续　品牌的提升是一项系统工程，需要长久的投入与坚持。

9. 品牌的维护

品牌维护，是指企业针对外部环境的变化给品牌带来的影响所进行的维护品牌形象、保持品牌的市场地位和品牌价值的一系列活动的统称。品牌维护是品牌战略实施中的一项重要的工作。

（1）品牌维护的意义

①有利于巩固品牌的市场地位：企业品牌在竞争市场中的品牌知名度、品牌美誉度下降以及销售、市场占有率降低等品牌失落现象被称为"品牌老化"。对于任何品牌都存在品牌老化的可能，而不断对品牌进行维护是避免品牌老化的重要手段。

②有助于保存和增强品牌生命力：品牌的生命力取决于消费者的需求。如果品牌能够满足消费者不断变化的需求，就说明这个品牌在竞争市场中具有旺盛的生命力，反之则说明该品牌可能出现老化。因此，不断对品牌进行维护，才能满足市场和消费者的需求，才能对品牌的生命力起到保存和增强的效用。

③有利于预防和化解危机：企业品牌维护要求品牌产品或服务的质量不断提升，可

以有效地防范由内部原因造成的品牌危机，同时强化企业品牌营销的核心价值，进行理性的品牌延伸和品牌扩张，有利于降低危机发生后的风险。因此，企业在拥有了一定知名度后，还要不间断地进行品牌维护，将知名度转化为美誉度和顾客忠诚度，这样才能确保企业的持续和健康发展。一旦企业没能预测到危机的来临，或者没有应对危机的策略，品牌就将面临极大的危险。

④有利于提高竞争实力：在竞争市场中，品牌的市场表现将直接影响企业品牌的价值。不断对品牌进行维护，能够使企业品牌在竞争市场中保持竞争力，进而对竞争品牌起到一定的抵御作用。

（2）品牌维护的措施　品牌发展经过形成期与成长期后，就进入了成熟期，亦即品牌业已发展成为国家级甚至世界级的著名或驰名品牌。相应地，这一阶段企业应采取的品牌发展战略应为维护战略。品牌维护包括自我维护、法律维护和经营维护。

①品牌发展的自我维护：品牌自我维护的手段主要渗透在品牌设计、注册、宣传、内部管理以及打假等各项品牌运营活动中。在品牌的设计、注册与宣传中，渗透品牌的自我维护思想，这是在品牌创立阶段就应考虑的。因此，在品牌维护阶段，具体包括产品质量战略、技术创新战略、防伪打假战略与品牌秘密保护战略。

②品牌发展的法律维护：品牌的法律维护包括商标权的及时获得、驰名商标的法律保护、证明商标与原产地名称的法律保护，以及品牌受窘时的反保护。而"品牌受窘时的反保护"不仅因企业和产品不同而措施各异，而且使用的法律条款众多。因此，将法律维护定义为主要通过商标的注册和驰名商标的申请来对品牌进行保护。

③品牌发展的经营维护：品牌发展进入成熟期后，不仅要通过自我维护使产品得到不断更新以维持顾客对品牌的忠诚度，采取法律维护以确保著名品牌不受任何形式的侵犯，更应该采用经营维护手段使著名品牌作为一种资源能得到充分利用，使品牌价值不断提升。品牌的经营维护就是企业在具体的营销活动中所采取的一系列维护品牌形象、保护品牌市场地位的行动，主要包括顺应市场变化，迎合消费者需求；保护产品质量，维护品牌形象，以及品牌的再定位。

一个强大的品牌不是由创意打造的，而是由长期、持久的经营维护打造的。品牌的核心价值一旦确定，企业的一切营销传播活动都应该以滴水穿石的定力，持之以恒地坚持维护它，这已成为国际一流品牌创建百年金字招牌的秘诀。

强势品牌无一不是几十年如一日地坚守品牌对消费者的承诺，有些品牌的广告语始终如一，树立形象持续几十年甚至上百年。

10. 品牌的延伸

一个品牌利用现有的品牌名推出新产品，这就是品牌延伸。

在竞争激烈的市场上，要完全打造一个新品牌将耗费巨大的人力、物力、财力。品牌延伸能够让企业以较低的成本推出新产品，它是企业发展的加速器，但与此同时，也有可能使企业发展遭到惨痛的失败。

因此，品牌延伸应在遵循以下原则的基础上谨慎决策：

（1）延伸的新产品应与原产品符合同一品牌的核心价值。
（2）新老产品的产品属性应具有相关性。
（3）延伸的新产品必须具有较好的市场前景。

综上所述，品牌的规划要以核心价值为中心建立品牌识别系统，并以品牌识别统帅一切营销传播；要优选品牌化战略与品牌架构；进行理性的品牌延伸扩张，充分利用品牌资源获取更大的利润；要科学地管理各项品牌资产，累积丰厚的品牌资产。

（二）农产品品牌的营销策划

品牌营销活动是现代商业活动的一种，将科学策划应用在品牌营销活动中，就是品牌的营销策划。策划在现代商业活动中的运用相当普及，各种商业策划的开展，为商业活动的进行带来了效率的革命。品牌营销策划的目的是要为企业的品牌营销活动提供一个科学的指导方案，使品牌营销活动更有效率，以便成功地塑造和传播品牌形象，最终产生品牌价值。

1. 品牌营销策划的现代概念

策划，更严格地说，是现代社会里的概念，是伴随着诸如系统论、信息论、控制论、全能论、全息论等一系列现代科学理论的产生和发展而产生和发展的。从现代意义上来讲，策划指的是策划者为了实现某个活动目标，在充分掌握与此活动有关的各种信息资料的前提下，通过科学地运用各种方法和策略，为活动的开展而进行精心的设计和计划的过程。所以，策划其实也是一门科学，是一门指导人类具体活动的行为科学。策划作为一门行为科学，广泛应用于社会的各个领域，为各个领域活动的开展提供科学的活动指导方案，以达到最佳的活动效果。

2. 品牌营销策划的必要性

品牌营销策划作为一种特殊的具体的策划类型，也是一个特定的系统工程，实行品牌营销策划是企业适应现代市场经济发展的必然要求，是信息时代营销活动的必然要求，所以必须把握住市场的信息变化，才能使经营活动不会产生偏移。在现代市场经济条件下，对品牌营销活动实行科学的策划，是企业必然的选择。

（1）品牌营销策划是适应现代市场经济发展的必然要求　随着市场经济的进一步发展，现代的市场经济环境也变得越来越丰富繁芜、错综复杂，越来越多的利益关系相互交织着，大量的商机与挑战并存，无数的"馅饼"与"陷阱"充斥其中。在这种经济环境里，企业所开展的每一项经营活动都必须要通过精心策划，才能够适应现代市场经济的环境，才可以做到"运筹帷幄，决胜千里"，品牌营销活动也不例外。

（2）品牌营销策划是社会生产发展的体现　随着人类科学技术的进步，人类的生产力得到了空前的发展，在这种前提下，社会分工进一步细化，社会合作也在进一步加强，各学科、各工种在不断融合、发展，品牌营销活动与策划科学相结合，以策划科学来指导品牌营销活动，是社会生产发展的必然结果。

（3）品牌营销策划是企业现代化建设的客观要求　随着社会生产力的发展，企业不仅在生产的技术水平上日益发达，在经营与管理上也在不断地向现代化迈进，各种先进的行为科学被应用到企业的经营与管理中来，而策划学就是其中很重要的一种，对企业的经营与管理实行科学策划，是企业经营与管理现代化建设中很重要的一个环节。因此，对品牌营销这一企业重要的经营活动实行科学策划，以科学策划来指导具体的品牌营销活动，也是企业经营与管理现代化建设的客观要求。

（4）品牌营销策划是信息时代营销活动的必然要求　当今时代是信息的时代，对于企业而言，信息就是效益，信息就是生命。在当今这样一个瞬息万变的时代里，企业所进行的各种经营活动面对的是一个复杂而又在不断变化着的市场，所以只有时刻把握住市场的信息变化，才能使经营活动不会产生偏移。而策划科学最讲究的就是对信息的收集和处理，以信息为基础来充分考虑在企业经营过程中可能会遇到的每一个问题，并设计出科学合理的解决方案。

（5）品牌营销策划是品牌营销活动成败的关键　品牌营销，营销的是品牌的形象，其目的就是要在顾客心中塑造出一个理想的品牌形象，那么围绕品牌营销的目的，在具体的品牌营销活动中就需要去做大量的工作，包括对各种信息的收集、对目标顾客心理期望的掌握、对品牌形象的设计、对传播方式的选择以及对品牌的形象创意等，这将是一个复杂程度比较高的综合性的系统工程。面对这样一个复杂的系统工程，如果不进行科学的策划，就很难将具体的活动开展下去。因此，要对品牌营销活动实行科学策划，这是由品牌营销活动本身的性质特点所决定的。

在现实当中，尽管有许多企业已经知道了拥有品牌的重要性，也懂得了实行品牌营销的道理，但缺乏的是不知道该如何具体地运作品牌，不懂得对品牌营销活动进行科学的策划，所以往往导致品牌营销活动的失效或失败。从现实的情况看来，实行品牌营销策划，既是时代的要求，又是品牌营销活动自身的要求，也是企业的品牌经营活动成败与否的关键所在。

3. 品牌营销策划的实施

品牌营销策划是企业希望改造环境、获取顾客的一种准备付诸实践的主观意识行为。它是策划者智慧和心血的结晶，是成功的先导，是"运筹帷幄，决胜千里"的艺术。从策划科学的层面来说，策划其实是一个集收集、分析、控制、反馈、决策等多项工作于一体的综合性的系统工程，其所采用的方法主要为系统分析与设计的方法。

品牌营销是通过市场营销使客户形成对企业品牌和产品的认知的过程，企业要想不断获得和保持竞争优势，必须构建高品位的营销理念。最高级的营销不是建立庞大的营销网络，而是利用品牌符号，将无形的营销网络铺建到社会公众心里，将产品输送到消费者心里。

（1）系统分析与设计　所谓的系统分析与设计，是指对一个系统内的基本问题，用系统的观点思维推理，在确定与不确定的条件下，探索可能采取的行动方案，通过分析对比和动态修正达到预期目的，以可行性、合理性、效益性为原则，为系统设计出满意的外部环境与内部环境相结合、整体效益与局部效益相结合、定性分析与定量分析相结合的系统方案。

①分析行业环境，寻找区隔概念：要寻找一个概念，使自己与竞争者区别开来。

②卓越的品质支持：以质量为根本，树立良好的形象。这里的质量，是一个综合性品质的概念，包括工程质量、文化质量等。

③整合、持续的传播与应用：企业要靠传播才能将品牌植入消费者心里，并在应用中建立自己。

（2）策划类型　品牌营销策划作为一种特殊的具体的策划类型，也是一个特定的系统工程，因此，可以采用系统分析与设计的方法。对于品牌营销策划而言，以品牌营销的目的为核心，运用一些营销方法及工具将品牌营销策划分解为收集信息资料、品牌形象策划、品牌传播策划、综合创意策划等几个具体的过程和内容。

（3）收集信息　企业是社会经济活动的一种组织形式，是经济活动的细胞，因此，品牌营销策划必然要与社会有密切的信息交流。信息与材料、能源被誉为现代经济发展的三大支柱，信息开发的水平决定着策划的水平，并最终决定着企业的成败。

企业品牌营销策划的第一个步骤就是要充分利用现代化的媒体手段，以科学原理为指导收集与企业的品牌营销策划有关的各种信息资料，这些信息资料将成为进行系统分析与设计的重要依据，它们包括宏观经济形势、政策与法律环境、目标市场特性、消费者需求特点、市场需求走向、市场竞争状况和企业自身的特点等。在这个过程中，最重要的是要对各种信息资料进行加工处理。要对收集到的大量信息资料去粗取精、去伪存真、由表及里地进行分析研究，透过现象看本质，最终得到需要的资料。对信息资料收集整理完毕后，要以报告书的形式进行总结汇报，使其成为企业品牌营销策划活动的重要依据。

（4）形象策划　塑造和传播品牌形象，是品牌营销的主要任务。那么为品牌策划目标形象，就是品牌营销策划的重点和首要工作。形象是品牌的灵魂，塑造出一个理想的品牌目标形象将赋予品牌强大的生命力，如果品牌的目标形象塑造得不合理，将会导致整个品牌营销计划的失败。只有正确地塑造品牌形象，品牌营销活动才显得有意义，所以首先必须对品牌目标形象进行科学的设计策划，尽可能地设计出一个理想的品牌形象来。

需要明确的是，品牌形象中所谓的形象，并不是指狭义上人们对形象的认识，品牌形象其实是一个内涵非常广泛的概念，是一个形象系统。品牌的形象主要包括以下几个方面：

①外观形象：是指品牌名称、外观设计、商标图案、包装等直观的视觉、听觉效果，如"adidas"运动服的中文译名是"阿迪达斯"，"奥迪"牌汽车的商标是串联着的四个圆圈，"南山"牌奶粉外观设计的主题背景是绿色的草原等都属于品牌的外观形象，是品牌形象系统中最外层、最表面化的形象。

②功能形象：是指被消费者所普遍认同的本品牌所具有的物理功能性的特征，也就是品牌能够让消费者产生的对产品的诸如实用性、可靠性、安全性、便利性、先进性、

舒适性、环保性等各种物理功能特性的联想。例如，一听到"索尼"，便让人联想到高质量，就会习惯性地认为只要是"索尼"的，那么质量就是好的；一看到"微软"，便让人联想到高科技，那么只要是"微软"的就总是先进的等。

③情感形象：是指被消费者所普遍认同的品牌所具有的情感性的特征，也就是品牌能够让消费者产生的情感感受，如"多喜爱"让人感觉到温馨与爱意，"梦洁"让人感觉到浪漫与甜蜜，"晚安"让人感觉到呵护与关怀等。

④文化形象：是指被消费者所普遍认同的品牌所具有的文化性的特征，也就是消费者从品牌身上所能够感受到的某种文化品位或生活方式。品牌背后是文化，每个成功品牌的背后都有其深厚的文化土壤。如麦当劳的金拱门标志和充满个性的广告语"I'm lovin' it"，这些都是麦当劳品牌文化的具体体现，更是一种便捷、清洁、舒适、活力的美国文化的代表。

⑤社会形象：是指被消费者所普遍认同的品牌所具有的社会性的特征，也就是消费者从品牌身上所能够感受出来的某种社会价值。品牌的社会形象也是帮助消费者树立自身形象的一种象征性手段。社会形象的形成一般经过多年的发展，能够积累独特的个性和丰富的内涵，消费者可以通过购买与自己的个性气质相吻合的品牌来展现自我。消费特定品牌产品成为消费者与他人交流信息的一种手段。

⑥心理形象：是指被消费者所普遍认同的品牌能够带给消费者的某种自我价值的心理体验，是能够让消费者产生强烈心理共鸣的某种品牌特性，一个品牌不仅需要满足消费者物质上的需求，还要能够满足消费者的心理需求。如LV系列产品，其款式不仅能显示出时尚、高贵及精致的品质，也体现了使用者的身份、地位、心理等个性化要求。

因此可见，品牌形象策划，其实是对一个形象系统的设计策划，并不只是简单地为产品取个名字、设计个商标就可以了，而是要科学、系统、全面地设计品牌的各种目标形象。

（5）传播策划　在品牌的目标形象策划好后，就应该为传播品牌目标形象而策划具体的传播方式了。品牌是传播出来的，品牌形象策划得再好也只有能够得到社会的普遍认同才能成为真正的品牌，而这需要的就是对品牌进行有效的传播，因此也必须对品牌形象的传播进行科学的策划。在信息高度发达的现代社会里，信息传播的方式也呈现出了多样的方式。

①动态媒体方式：是指利用电视、电影和广播等富有动感的现代化视听媒体来进行品牌营销活动。

②静态媒体方式：是指利用报纸、杂志、海报、邮件等静态媒体来进行品牌营销活动，如报纸广告、杂志广告、附送广告、邮件购物、广告式订单、街头海报、体育场广告牌、城市巨幅广告等。静态媒体方式最主要的优点是价格低廉、可储存、传播面较广并且能够做到有针对性地传播。但是静态媒体方式的缺点是传播速度慢、信息易失真、表现方式呆板、互动性差、影响力小等。

③人员媒体方式：是指让营销人员直接去传播品牌，如定制茶歇、上门销售、巡回展销、现场订货会、演出宣传、超市专柜专卖、厂派销售点等。利用营销人员直接去传播品牌的优点是针对性强、感知性强、互动性强、灵活多变、生动而又具体，并且容易立即得到订单。其不足之处是费用高昂、传播速度慢、传播范围不广，并且传播的效果受营销人员个体素质的影响较大。

④网络媒体方式：网络是现代主要的一种信息传播媒体，利用手机、电脑网络进行对品牌的传播，是近几年来一种主要的品牌传播方式，包括网络广告、网络销售等。在大数据时代下，网络媒体方式的优点是传播速度快、信息更新快，信息传递准确并且表现力丰富、形式多样、互动性强、成本低、可储存。

⑤综合方式：即综合地运用几种传播方式，全方位地对品牌进行传播宣传。这样做的好处是能够充分地避免采用单一方式的先天不足，并且能够让人感觉到企业实力的强大，从而从另一个方面也为企业的品牌塑造了形象。

策划品牌传播方式，就是要根据成功地塑造品牌目标形象的要求、目标市场状况以及自身的综合条件等各种因素，科学、合理地选择和组合传播的方式，所选择和组合的传播方式要能够全面、准确、直观地表现出品牌的目标形象特点来，同时也要充分考虑企业自身的经济条件，要注意对投入与产出效益的研究，尽量花最少的钱而取得最大的效果。

（6）创意策划　在策划好品牌的目标形象和传播方式后，就要根据品牌形象的设计要求和传播方式的特点，为最终能够在目标市场中成功地塑造品牌形象而进行综合的创意。综合创意是对品牌传播过程中的每一个细节和每一个内容进行创意设计，创意要能够准确地表达出品牌形象设计的意图，并且要让绝大多数目标消费者能够感知和认同，因此，综合创意是影响到品牌形象传播效果的很重要的一项工作，是品牌营销策划的灵魂所在，所以需要对其进行科学策划。

创意是广告的灵魂，是具有感染力和说服力的关键要素，是向消费者诉求的主要动力，是决定广告作品成功与否的内在基础和基本要素。

创意，就是刻意创新、灵活多变、不受约束。因此，创意是没有固定格式的，创意的精髓就是"巧"，往往一个小小的灵感就能造就一个世界级的品牌。

创意必须遵循一定的原则，如果违背了最初宗旨，就不是好的创意了。品牌营销策划中的综合创意，是对品牌营销活动中的综合内容和过程的创意，其任务就是要按照品牌形象设计的要求成功地展现出品牌的形象，所以，综合创意的主题思想一定要符合成功塑造品牌形象的要求，创意活动一定要围绕着如何成功地塑造品牌形象而展开，否则整个营销活动都将毫无效果甚至会适得其反。比如有很多的电视广告总让人觉得莫名其妙，看了半天也不知道到底是在讲什么，放了几年也没有给人留下深刻的印象，就是因为其主题不是很明确、场面混乱等原因。

创意体现的不仅仅是理念的传递，更是一种深层次的文化传播，让特定人群在欢快、乐意、主动的氛围中很好地接纳它的精髓，如中国移动"移动改变生活"、飞利浦

"精于心　简于形"等创意简语。

（7）营销策划的步骤

①了解并分析整体市场现状：现阶段，发达国家的休闲产业进入了高速发展的新时代，随着物质文化的日益满足，工作时间的减少，"共享工作"也应运而生。种种迹象表明，为娱乐休闲而进行的各种生产活动和服务正在高速发展，已经成为经济繁荣的重要因素之一。

②确定网络推广和网络营销的目标：不论你是打算做网络推广还是整合营销，确定目标很关键。这些目标包括：推广营销的费用预算及想要达到的推广营销效果目标。要做到每个阶段的费用预算明确，整体的费用预算评估准确，以及线上和线下费用预算细分。推广营销的效果同样要细分和明确，不单要把线上线下分开，每个推广手段要达到的效果也要明确。

③分析推广目标人群，做好定位推广和定位营销：以商务会馆为例，首先商务会馆面对的顾客群体几乎都是当地的，因此在进行网络推广工作时要做好地区定位推广。其次，商务会馆消费群体的消费水平都较高，这样也就明确了推广工作的客户群定位。推广营销策略和方法很重要，不过最重要的还是顾客群的准确定位。

④正确选择推广营销方法：根据确定的顾客定位，针对不同的顾客群体选择不同的网络推广方式和平台。例如，商务会馆的客户定位在当地的中高档消费人群，也就是年龄在30～50岁的当地城市居民和成功人士，我们可以分析这类人群进行互联网活动的习惯，从而找到一套适合的网络推广和营销方法。

（三）农产品品牌形成

品牌是消费者头脑中的概念，品牌的形成过程是人类知识概念的形成过程，品牌形成原理就是人类七大认知机制与类别化解析模式的、具有自由意志特征的认知原理。

品牌形成的原理是所有品牌能够获得成功的原因所在，它属于人类认知形成的规律，是先于企业而存在的普遍原理。成功的品牌总有一套属于它自己的管理体系。

在品牌的创造过程中，如果顺应了消费者七大认知机制以及那些先于被创造的品牌而存在的人的知识体系，如顺应了目标消费者的世界观、价值观以及他们的文化、消费习惯等各种用来类别化解析模式的知识体系，那么，这个新品牌就容易获得成功而成为强势品牌。

公用品牌，作为一种具有强大区域整合力和联动力的品牌，随着我国农业向现代化转型的不断深入，正受到地方政府越来越多的重视和青睐，公用品牌时代正在来临。

1. 品牌形成的基础

（1）确保品牌质量　质量是品牌的本质、基础，也是品牌的生命。我国著名的农业品牌如"北大荒"米业、陕西"洛川苹果"、山东"寿光蔬菜"、浙江"西湖龙井"茶叶等，无一不把质量建设放在首位。一般意义而言，企业可以从以下几个方面提高产品质量：一是设计产品时要考虑到顾客的实际需要；二是建立独特的质量形象；三是随时掌握消费者对质量要求的变化趋势；四是使产品便于使用；五是倾听顾客意见以利改进，倾听专家意见以便突出方向性。

（2）做好品牌服务　服务作为商品不可分割的一部分，已成为市场竞争的焦点。品牌服务包括售前调研、收集资料、征询意见、售中咨询、提供样品、试用、售后服务等，是品牌强有力的后盾，推动着品牌的成长。世界上知名企业在创名牌时，无不将为用户尽善尽美地服务作为他们成功的标志，如美国IBM公司前副总裁罗杰斯曾提出："IBM是以顾客、市场为导向，绝非技术"，公司的口号是"IBM就是最佳服务"。

品牌服务不仅提供令顾客满意的产品和服务，还要对顾客投诉做出积极反应，更要不断提高服务水准。

（3）树立品牌形象　品牌的形象是指企业或其某个品牌在市场上、社会公众心中所表现出的个性特征，它体现公众特别是顾客对品牌的评价与认知。品牌形象与品牌不可分割，反映了品牌的实力。品牌形象由顾客评价，使之成为赢得顾客忠诚度的重要途径。

（4）提升品牌的文化内涵　品牌同样属于文化价值的范畴，是社会物质形态和精神形态的统一，是现代社会消费心理和文化价值取向的结合。同时，品牌包含着文化，品牌以文化来增加附加值。文化支撑着品牌的丰富内涵，品牌展示着其代表的独特文化魅力，没有文化就不可能创造品牌，农业品牌要继承农业五千年历史、农耕文化、地域特色农业文化等。

（5）抓好品牌管理　品牌的成功是优秀管理的结果，成功的品牌无不依靠管理创立、发展和创新。管理是品牌成功的依靠，是品牌得以健康成长的基础。我国一些著名农业品牌从创立到发展无不依靠管理。

（6）不断创新　品牌创新是以科学的品牌战略使品牌的内涵和外延得以延伸，从而保持其长盛不衰的活力。品牌创立之后，其长远发展要依靠创新，需要不断注入科技创新的活力。

科技是品牌的根本，任何品牌都是技术和知识的结晶。在知识经济中，知识作为最重要的资源将被更多地用于产品的制造，因为品牌是产品实际功能、外观形态、市场开拓、企业信誉和形象等所有要素的综合体现，所以品牌蕴涵着产品生产制造的全部科学技术和知识。科学技术的发展和创新，为品牌创造提供了广阔的空间，也在两个方向上不断促进品牌的创造和发展：其一是在顾客方面创造无限的顾客需求，成为品牌创造需求方面的原动力；其二是在品牌厂商方面，制造了激烈的对抗性竞争，成为品牌创造竞争方面的原动力。

在竞争经济中，品牌只有持续满足顾客需求，才能赢得顾客资产；品牌只有保持较高的技术含量，才能形成竞争力。所以，企业只有不断进行技术创新，才能在品牌创造的过程中占据优势。

（7）突出广告和公关　广告与公关是品牌发展的助推器。将品牌锻造为名牌需要广告的协助和支持，"好酒不怕巷子深"在现代激烈的商战和多变的市场中已失去了原来的意义，应该说"好酒也怕巷子深，酒香也须常吆喝"。

2. 品牌形成

（1）自然沉积形成的公用品牌　所谓自然沉积形成的公用品牌，是指某一县域（或区域）在长期历史发展中，一种或多种产品/产业由于当地独特的人文环境、自然条件等，形成了明显区隔于其他地区的产业优势，在市场上逐渐被消费者认知、认可，时间久了，逐渐形成一种固有的、良好的品牌效应，从而成为大众认可的一种公用品牌。

自然沉积形成的公用品牌在形成过程中，主动的人为策划、推动因素极少，因此形成速度缓慢，用的时间也比较长——可能需要几年、十几年甚至更久。一般来说，很多此类公用品牌都是以"地名+产品名"来命名的，如"阳澄湖大闸蟹""赣南脐橙""烟台苹果""西湖龙井"等都是此类。

自然沉积的公用品牌看似简单，但从某种角度来说，其形成往往需要天时、地利、人和的完美统一，并不是件容易的事。

①实现品牌价值再造：品牌建设，就是价值再造的过程。作为一项重要附加值，品牌带来的不仅是认知度、信任度的提升，更是产品价值和利润的提升。对于自然沉积形成的公用品牌，经过很长时间，甚至一代又一代人的沉积塑造之后，不少已经为农产品的价值完成一定积累。但是，我们看到，当前很多地方自然形成的公用品牌产品却仍然以非常初级、低级的方式和价格进行售卖，产品附加值仍然非常低下，并没因为长久以来自然形成的公用品牌的"加持"而在同类产品中傲视群雄。

因此，对于自然沉积形成的公用品牌，在形成过程中，要不断对品牌价值进行梳理，然后再造、重塑，通过品牌溢价不断提升产品附加值。

②建立全员营销：自然沉积的公用品牌，虽然形成过程中主动策划、推动因素极少，但并不等于不需要，面对市场竞争，无论政府、协会，还是企业、个人都要建立起全员营销的观念，形成全员营销的氛围，要把分散的力量形成"拳头"，在激烈的市场竞争中快速推进公用品牌的形成。

③建立完善的品牌保护机制：自然沉积的公用品牌形成以后，要积极加强对其的保护和保障。公用品牌的保护，要有政府、企业以及相关利益机构联合起来建立一条完善的品牌保障机制，共同形成全方位的保护格局。

（2）策划打造的公用品牌　随着我国农业向现代化转型的快速推进，很多区域性产品也逐渐开始认识到品牌的重要性，尤其是公用品牌在推动区域产品产业升级、市场突围的过程中大放异彩，因此，越来越多的地方对于公用品牌建设表现出了浓厚的兴趣和热情，公用品牌建设的高潮正在到来。

所谓策划打造的公用品牌，是在切实调研的基础上，运用现代科学的营销策划手段，通过一系列品牌策略的制定，以当地一个或多个产业为基础打造出来的公用品牌。

与自然沉积的公用品牌不同，策划打造的公用品牌人为参与比重比较大，要"政府搭台，企业唱戏"——政府、企业以及第三方"外脑"等形成联动，正是因为有了专业的策划、推广，人、财、物的投入往往比较大。

①树立品牌意识：科学正确的品牌意识是一个企业对品牌和品牌创造的基本理念，是一个企业的品牌价值观、品牌资源观、品牌竞争观、品牌发展观、品牌战略观的综合反映。品牌意识为企业创造强势品牌提供坚实的理性基础，成为现代竞争经济中引领企业制胜的战略性意识。

首先要充分认识到如今市场竞争早已转变为以品牌为核心的综合实力的竞争，品牌就是效益，就是竞争力。打造一个好的公用品牌不但能增强产品的竞争力，而且能切实带动地方经济提升。

其次要树立竞争意识。如今市场竞争激烈，要打造公用品牌在思想上就要随时树立竞争意识——想去竞争，敢去竞争，要保持竞争心态。只有这样，策划打造的公用品牌才能真正建立起来。

②要有产业基础：农产品大多属于初级产品或中间产品，农产品产业是为加工业提供原材料、动力和基础的，在经济结构中占有相当比重，对其他产业的发展至关重要，是其他产业发展的基础。公用品牌的打造一定要建立在一定的产业基础之上。我国地大物博，很多地方不只是只有一种特产，而是两种或多种，但是每一种都体量比较小，在打造公用品牌时，往往忽视产业基础。因此，地方公用品牌在策划中要始终围绕优势产业来展开，依托优势产业打造公用品牌。这样公用品牌打造起来不但快，而且更加具有竞争力，同时公用品牌建立起来后还能强势带动其他产业的发展。

（3）品牌策划　打造公用品牌是一项系统而复杂的工程。品牌要被社会和顾客认知，就需要品牌策划。所谓品牌策划是通过一系列精心设计的创意性的活动，将品牌推向社会、市场和顾客。品牌策划的目的，是展现品牌特征、扩展品牌声誉、塑造品牌形象。品牌策划需要借助传播机制。

①产品的命名：一般来说，公用品牌是针对某一区域的一个产品品类而打造的。但是，如今产品的同质化越来越严重，一个品类的产品在这个地区有，在别的地区也可能存在。因此，在命名上不再仅仅是简单的"地名+产品名"，由于一个公用品牌的建设也与当地产品的品类命名有着重要的关系，目前的产品命名更趋向于区隔性的增强，如铁棍山药。如此命名规则对于公用品牌的快速建立、市场突围亦起到了巨大的推动作用。

②标识：标识是一个品牌的门面，是给人的"第一印象"，因此，在公用品牌的打造中，标识就显得格外重要。在公用品牌的建设中，标识设计是公用品牌打造中必需的一环，它不仅要与品牌定位相符合，而且还是品牌文化、品牌联想、品牌基因甚至产品特点的有机融合，一个好的标识要达到新颖独特、内涵丰富。

③包装：对于公用品牌打造来说，包装也是重要的因素之一，包装是产品价值的一

种体现。

过去，由于很多地方公用品牌意识不强，严重影响了公用品牌的建设。要打造公用品牌，就要在包装上实现突破，不断进行文化的深度挖掘，在形象的设计、包装风格、包装的选材上有所创新。统一的形象包装、统一的对外输出，不但能更加高效、准确地传播品牌，而且可有效提升产品品质，提高市场价值及市场美誉度，从而为公用品牌的建设打下坚实基础。

④传播：公用品牌的建设离不开传播，广告是塑造品牌的法宝之一，而广告发挥效用、带动销售，可以说60%以上是靠广告语的带动作用。因此，在公用品牌的打造中，一定要在产品正确定位的前提下，对广告语进行细致研究，要将消费者最需要的说出来，直指消费者心里，有效促进品牌的打造和传播。

人际传播：要善于利用人际传播塑造品牌形象，以期赢得顾客的理解与信任，甚至可以受益于顾客之间良好的"口碑"。企业可以借助现场销售、顾客访谈、提供演示与咨询等措施开展人际传播，在实施过程中将品牌信息传递给顾客，通过与顾客的直接对话与交流，在互动的、双向的接触中满足顾客的消费心理。

大众传播：大众传播是指以电视、广播、报纸和网络等为基本载体的传播，其特点是时效快、易接近、富于情感和具有知识教育作用。利用大众传播可以全方位地塑造品牌形象，提升品牌知名度，当品牌出现危机时，也可起到保护的作用。同时，企业在品牌创造的过程中，应该借助大众传媒将自己的文化内涵传播出去，让社会和顾客更多地、更全面地认识和了解企业和品牌，从而达到相互沟通与互动。

（4）坚决执行既定策略　农业公用品牌的打造离不开执行。通过专业策划公司策划的方案一旦确定下来，各项既定策略就要坚决而迅速地去执行。只有通过坚决快速的执行，各项策略才能得到切实落地，才能真正发挥自己的效用，从而推动公用品牌打造，达到事半功倍的效果。

（四）商标的注册和保护

注册商标是指经政府有关部门核准注册的商标，商标申请人拥有商标专用权。注册商标享有使用某个品牌名称和品牌标志的专用权，这个品牌名称和品牌标志受到法律保护，其他任何企业都不得仿效使用。

1．商标标记

中国商标法实施条例规定，使用注册商标，可以在商品、商品包装、说明书或者其他附着物上标明"注册商标"或者注册标记。注册标记包括"⊕"和"®"。使用注册标记，应当标注在商标的右上角或者右下角（其中，R是REGISTER的缩写）。有的商标右上角加注TM，TM是TRADEMARK的缩写，美国的商标通常加注TM，并不一定是指已注册商标。

2．商标的作用

从广义上讲，商标对商标注册人是一种奖励，使其商品或服务获得承认和经济效益，也鼓励创作和积极的态度。商标保护还可阻止诸如假冒者之类的不正当竞争者用相同或相似的标记来推销低劣或不同的产品或服务。商标制度能使有技能、有进取心的人在尽可能公平的条件下，进行商品和服务的生产与销售，从而促进国内和国际贸易的发展。

3. 注册商标的意义

从国家法律上来说，注册商标可以保护自己的商标不受侵犯，不被他人使用，可以维护商品的信誉和形象。另外，注册了的商标不仅可以增强消费者的认同感，还可以增强企业自身维护品牌价值的信念，提升品牌形象，在国际市场上拓展。

正因为商标可以让如此多的消费者信任和信赖，所以企业拥有一个专属于自己的商标就显得尤其重要。除此之外，注册商标还有一系列的好处，如下。

①表明了商品的独属性，在全国乃至全世界，只有拥有这一商标的企业才可以使用，其他任何企业不能擅自使用。这就在一定程度上保护了企业商标不受侵犯，保护了品牌的价值不受盗取。

②形成一种独特的品牌形象，在任何地方，只要看到这样的商标，就能让消费者联想起这一品牌，从而创造一定的市场认同感。

③以此为契机，进行国际贸易，拥有一定的国际认同，进而形成一定的国际地位。

④注册商标后，如果以后不再使用这一商标，可以转让，可以抵押。

4. 注册商标与未注册商标的区别

注册商标是指使用商标者按照法定手续向国家商标局申请注册，经过审核后准予核准注册的商标而未注册商标是未经过商标注册而在商品或服务上使用的商标。

（1）注册商标受法律保护。《中华人民共和国商标法》（以下简称《商标法》）第三条规定，经商标局核准注册的商标为注册商标，商标注册人享有商标专用权，受法律保护。

（2）《商标法》中有关未注册商标的保护，体现了三个特点：

①受《商标法》保护的未注册商标有两种，包括未注册驰名商标和有一定影响的未注册商标两种。

②两种未注册商标的权利内容不同。予以未注册驰名商标以专有使用权，而对有一定影响的未注册商标仅赋予其优先注册权。

③普通未注册商标不受《商标法》的保护。《商标法》对普通未注册商标的保护没有做出明确的规定，因此，其始终处于一种无权利保障状态，随时可能因他人相同或近似商标的核准注册而被禁止使用。因此，要想有保障地使用普通商标，最好将其注册。

5. 商标注册步骤

（1）注册准备

①注册方式的选择：商标注册方式有两种，一种是自己到国家知识产权局商标局办理商标注册事宜；另一种是为了节省时间与精力，委托依法设立的商标代理机构办理。

②申请商标资料的准备

a. 以企业名称申请注册的，需提供营业执照复印件，并需在营业执照复印件上加盖公章。

b. 以个人名称申请注册的，需提供个人身份证复印件1份和个体工商户营业执照复印件，个体工商户营业执照复印件上需加盖公章。

c. 提供商标文字或图样，需要保护颜色的，还需要提供彩色图样。

d. 提供拟注册的商品/服务项目，可根据申请人自己经营的商品或提供的服务，参照《商标注册用商品和服务国际分类》（尼斯分类）第九版以及商标局根据上述国际分类表制定的《类似商品和服务区分表》来填写。

e. 提供加盖公章或签字的《商标代理委托书》，尤其要注意《商标代理委托书》上的地址应与营业执照上的注册地址完全一致。

（2）填写商标注册申请书的具体要求

①根据《中华人民共和国商标法实施条例》第十五条规定，商标注册申请等有关文件应当打字或印刷。对于手写的商标申请书件，商标局不予受理。

②商标注册申请人的名称、地址应按照《营业执照》填写，如果《营业执照》中的地址未冠有企业所在地的省（自治区）、市、县名称的，申请人必须在其地址前加上省（自治区）、市、县名称。公章应与《营业执照》上的企业名称完全一致。

③商品或服务项目应按照《商标注册用商品和服务国际分类》或《类似商品和服务区分表》填写规范名称，一份申请书只能填写一个类别的商品或服务。商品名称或服务项目未列入分类表的，应当附送商品或服务项目的说明。

④如申请人是自然人，申请人名称除填写姓名外，还需在姓名之后填写身份证号码；申请人地址可以填写自然人的实际地址或通讯地址。

⑤如申请注册的商标不是立体商标和颜色组合商标，申请人应在商标种类一栏"一般"前的方框中打"√"。

（3）申请注册

①只有具有以下条件的个人或团体才可在中国提出商标申请：商标注册申请人必须是依法成立的企业、事业单位、社会团体、个体工商业者、个人合伙或者与中国签订协议、或与中国共同参加国际条约、或按对等原则办理的国家的外国人或者外国企业。符合上述条件，且取得商标专用权时，按照自愿的原则，向商标局提出商标注册申请（2001年11月1日起，中国商标局开始受理自然人注册商标申请）。

②按商品与服务分类提出申请：中国商标法执行的是商品国际分类，其将一万余种商品和服务项目分为45类，其中，商品34类，服务项目11类。申请商标注册时，应按商品与服务分类表的分类确定使用商标的商品或服务类别。同一申请人在不同类别的商品上使用同一商标的，应当按商品分类在不同类别提出注册申请，这样可以避免商标权适用范围的不正当扩大，也有利于审查人员的核准和商标专用权的保护。

③商标申请日的确定：确立申请日十分重要，由于我国的商标注册采用申请在先原

则，一旦发生商标权的争议，申请日的先后即成为确定商标权的法律依据，商标注册的申请日以商标局收到申请书件的日期为准（日期的最小单位为"日"）。

④商标的申请：准备申请书件→在商标注册大厅受理窗口提交申请书件→在打码窗口打收文条形码→在交费窗口缴纳申请规费。

⑤办理途径：申请注册商品商标或服务商标有两条途径，如下。

a. 委托国家认可的商标代理机构办理。

b. 申请人直接到商标局的商标注册大厅来办理。

（4）商标审查　商标审查是商标注册主管机构对商标注册申请是否合乎商标法的规定所进行的检查、资料检索、分析对比、调查研究并决定给予初步审定或驳回申请等的一系列活动（约一个月内能发出通知）。

（5）初审公告　商标的审定是指商标注册申请经审查后，对符合《商标法》有关规定的，允许其注册的决定，并在《商标公告》中予以公告。初步审定的商标自刊登初步审定公告之日起三个月内没有人提出异议的，该商标予以注册，同时刊登注册公告。

（6）注册公告　商标注册是一种商标法律程序。由商标注册申请人提出申请，经商标局审查后予以初步审定公告，三个月内没有人提出异议或提出异议经裁定不成立的，该商标即注册生效，受法律保护，商标注册人享有该商标的专用权。一个商标从申请到核准注册，大约需一年至一年半时间。注册商标的有效期限自核准注册之日起计算，有效期为十年；注册商标有效期满，需要继续使用的，可以申请商标续展注册。

（7）领取商标注册证　通过代理办理商标注册的，由代理人向商标注册人发送《商标注册证》。

直接办理商标注册的，商标注册人应在接到《领取商标注册证通知书》后三个月内到商标局领证，同时还应携带如下材料：

①领取商标注册证的介绍信；

②领证人身份证及复印件；

③营业执照副本原件，复印件应加盖当地工商部门的章戳；

④《领取商标注册证通知书》；

⑤商标注册人名义变更的需附送工作部门出具的变更证明。

6. 注册流程

（1）形式审查　经过形式审查，申请手续齐备并按照规定填写申请书件的，商标局发给受理通知书。申请手续不齐备或者未按照规定填写申请书件的，发不予受理通知书，予以退回，申请日期不予保留。申请手续基本齐备或者申请书件基本符合规定，但是需要补正的，商标局发商标注册申请补正通知书。申请人在限期内补正并交回商标局的，保留申请日期；未作补正或者超过期限补正的，商标局发不予受理通知书，予以退回，申请日期不予保留。

（2）实质审查　商标申请通过形式审查后进入实质审查。经过实质审查，凡符合《商标法》有关规定的商标申请，商标局予以初步审定，并予以公告。驳回申请的，发给申请人驳回通知书。商标局认为商标注册申请内容可以修正的，发给审查意见书。申请人在限期内予以答复的，商标局继续审查。

（3）公告　对经审查后初步审定的商标，由商标局在《商标公告》上公告。

自公告之日起三个月内，任何人均可以对商标局初步审定的商标提出异议。无异议或者经裁定异议不成立的，由商标局核准注册，发给商标注册证，并在《商标公告》上予以公告；经裁定异议成立的，不予核准注册。

（4）复审请求　商标注册流程中若申请人对商标局驳回商标注册申请不服，可向商标评审委员会请求复审。商标评审委员会将做出准予注册或不予注册的终局决定，并书面通知申请人。若当事人对商标局异议裁定不服，可向商标评审委员会请求复审。商标评审委员会将做出终局决定，并书面通知当事人。

（五）农产品地理标志的申请

根据《农产品地理标志管理办法》规定，农业农村部负责全国农产品地理标志的登记工作，农业农村部农产品质量安全中心负责农产品地理标志登记的审查和专家评审工作。省级人民政府农业行政主管部门负责本行政区域内农产品地理标志登记申请的受理和初审工作。农业农村部设立的农产品地理标志登记专家评审委员会负责专家评审。申请农产品地理标志认证一般需要经过如下步骤。

（1）申请人应当向省级农业行政主管部门提出登记申请，并提交下列材料一式三份：登记申请书；申请人资质证明；农产品地理标志产品品质鉴定报告；质量控制技术规范；地域范围确定性文件和生产地域分布图；产品实物样品或者样品图片；其他必要的说明性或者证明性材料。省级农业行政主管部门可以确定工作机构承担农产品地理标志登记管理的具体工作。

（2）省级农业行政主管部门自受理农产品地理标志登记申请之日起，应当在45个工作日内按规定完成登记申请材料的初审和现场核查工作，并提出初审意见。符合规定条件的，省级农业行政主管部门应当将申请材料和初审意见报农业农村部农产品质量安全中心。不符合规定条件的，应当在提出初审意见之日起10个工作日内将相关意见和建议书面通知申请人。

（3）农业农村部农产品质量安全中心收到申请材料和初审意见后，应当在20个工作日内完成申请材料的审查工作，提出审查意见，并组织专家评审。必要时，农业农村部农产品质量安全中心可以组织实施现场核查。专家评审工作由农产品地理标志登记专家评审委员会承担，并对评审结论负责。

（4）经专家评审通过的，由农业农村部农产品质量安全中心代表农业农村部在农民日报、中国农业信息网、中国农产品质量安全网等公共媒体上对登记的产品名称、登记申请人、登记的地域范围和相应的质量控制技术规范等内容进行为期10日的公示。专家评审没有通过的，由农业农村部做出不予登记的决定，书面通知申请人和省级农业行政主管部门，并说明理由。

（5）对公示内容有异议的单位和个人，应当自公示之日起30日内以书面形式向农业农村部农产品质量安全中心提出，并说明异议的具体内容和理由。农业农村部农产品质量安全中心应当将异议情况转所在地省级农业行政主管部门提出处理建议后，组织农产品地理标志登记专家评审委员会复审。公示无异议的，由农业农村部农产品质量安全中心报农业农村部做出决定。准予登记的，颁发《中华人民共和国农产品地理标志登记证书》并公告，同时公布登记产品的质量控制技术规范。

（六）大数据时代下的农产品品牌管理

1. 塑品牌理念，更要塑大数据理念

农产品品牌理念不强是农产品不具备市场竞争力的根本原因，而品牌塑造管理中缺乏大数据理念又是农产品品牌不具备市场竞争力的根本原因。塑品牌理念才能改变农产品从种植到流通、销售环节的经营模式，使农产品走出弱势产业的怪圈；塑大数据理念，才能深入挖掘市场需求变化，精准把握市场变化，使品牌变得更加强大。

2. 利用大数据技术做好品质保证

品牌化成功的关键要素在于提升产品品质，农产品要打造名、优、特品牌，新品种选育的初始阶段就应该利用大数据技术分析进行优化选择，从种植、收获的环节进行土地信息、气候、作物生长态势的综合数据对比，在加工、包装、运输和销售环节进行数据整合与跟踪，利用大数据技术打造优质农产品的闭环监测体系，切实保障农产品品质。

3. 建立农产品全过程安全追溯管理体系

建立健全农产品品牌市场准入的标准体系，充分利用互联网、物联网和大数据等技术，特别是在农产品质量安全方面，要建立农产品市场质量监督信息网络，更要建立农产品产前、产中、产后各环节数据化产品服务体系，做到农产品从种植到消费全过程、全产业链的质量安全都可以通过大数据技术可分析、可追踪和可追溯，全景监测，全程溯源，切实保障农产品质量安全，提高品牌信誉度。

4. 转变农产品品牌营销模式

首先，依据大数据技术对市场结构进行调查分析，在此基础上切入差异化，准确把握消费者的消费倾向、喜好以及消费习惯，以此更好地提高农产品品牌识别度。其次，树立全新品牌形象，既要注重自身产品优势，还要依据大数据分析，找准当前消费者的时尚化追求，并通过产品定位，确立自己的产品风格，使其与消费者时尚化追求相匹配。最后，拓宽品牌营销渠道，在大数据时代，除重视传统的宣传媒介作用，还需要重视网络化营销的作用，特别是自媒体的传播影响，消费者利用网站、微信、微博等新媒体形式，每天都会产生大量的数据。应依靠大数据技术快速收集、获取、储存这些网络中产生的各种用户数据，通过分析挖掘，实现品牌营销与消费行为的直接互动，改善公

共关系，提高品牌认知度。

5. 地方政府要扮演好应有的角色

首先，政府要加强顶层设计，从大数据开放共享角度出发，建立健全体制机制，优化农产品品牌运行环境。通过完善法律法规保障，强化农产品标准体系建设，从质量上提高品牌影响；要加快资源整合力度，为了推动农业信息数据资源开放共享，应建立政府各部门数据流动、交换的联合机制，消除数据壁垒，实现数据互联互通。其次，政府应加大投入力度，搭建网络电商平台，打造基础性信息平台，为农户乃至消费者获取各种市场信息提供便利。

（七）保持农产品品牌的竞争力

当今，国与国之间的竞争主要体现在经济实力的竞争，经济实力的竞争主要体现在品牌之间的竞争。

众所周知，中国制造遍布全球，而中国品牌却相对滞后。不过，让我们感到欣喜的是，这种现象正在逐渐得到改善，中国品牌日益强大的趋势已经十分明显。2017年11月底，世界品牌峰会活动组委会揭晓了全球最新的世界品牌500强。中国上榜公司数量连续第十四年增长，2018年达到了116家。在这种情况下，我们更应该牢固树立品牌意识，不断提高核心竞争力。

1. 挖掘农业品牌的深层表现力

品牌是农业在发展过程中必不可少的一项文化工程，是企业的无形资产，是企业竞争力的重要组成，商标是品牌的标识物。品牌不光传达了质量和服务的保证，还是一个更为复杂的符号，有特定属性、利益感、价值感、品牌文化、品牌个性、自我实现六层含义，是企业的灵魂。

所以，有效地参考企业自身综合实力、市场需求的变化和竞争者采取的竞争战略这三角关系的构成态势，才能正确地挖出自己品牌的深层表现力。

2. 打造特色品牌

近年来，我国积极实施农业品牌战略，强化品牌意识，开展品牌宣传，重视扶持培育，将农业品牌建设作为增强市场竞争力的重要抓手，形成了一批具有一定规模和知名度的农业品牌，并取得了一定的成效。

品牌是农业企业取得竞争优势的有力武器，通过品牌来提升服务的价值，已经成为企业的一个必然选择。随着市场经济的日益成熟，世界经济已经跨入"品牌经济时代"，品牌已经成为这个时代企业间竞争的主要因素，成为企业发展的决定性力量。企业要想在激烈的市场竞争中取得长期持续性发展，就必须重视品牌的力量。目前，中国企业的品牌意识日益增强，品牌的建设和管理已经成为企业经营发展的核心。

越来越多的营销实践证明，只有针对目标消费者开展能突显品牌概念特性的一系列活动，才能使消费者有亲近产品的欲望，亲身感受并体验到品牌特性，从而将品牌铭刻在心中。这是细分市场中让品牌深入人心、提升品牌知名度的有效心理技术。

3. 不断推进品牌建设

在充分论证的基础上，做好远、中、近各期品牌推广的计划，并明确不同时期的工作侧重点，有步骤地将品牌建设不断向更高的文化精神层面推进。从大局与整体的角度着眼，从细致处着手，观念转变与组织工作并重才能做好这项工作，同时还要吸取前人的经验教训。

品牌的完整塑造不能急功近利。品牌不能独立于企业经营之外，而是要作为企业机体的重要组成部分，它们之间任何形式的脱离或独立发展都会形成品牌错位。品牌的塑造要不断依据市场反应进行修正，使之不偏离品牌的深层涵义。

品牌形象管理是创造品牌力的必经之路。企业应在品牌建设之初就制定出与品牌发展各阶段相适应的品牌形象建设方案，循序渐进地塑造品牌。

4. 提升品牌资产增值

品牌资产（Brand Equity）也称品牌权益，是指只有品牌才能产生的市场效益，或者说产品在有品牌与无品牌时的市场效益之差。品牌的名字与资产（或负债）相联系，它能够通过产品或服务使提供给顾客的价值增大（或减少）。

运用维护品牌忠诚心理技术，提升品牌资产增值。一个品牌拥有的忠诚消费者越多，忠诚度越高，该品牌的市场份额就越大，其品牌价值也就越大。因此，品牌忠诚度营销的目标任务就是不断提高消费者的忠诚程度，在维系好已有忠诚消费者的同时，不断地吸引新的消费者，以不断扩大忠诚顾客群体。

5. 不断创新，强化品牌魅力

创新是一个企业不可或缺的资源，创新既是在原有基础上进行改良、改革，又是独立发现新思路、规律，独立完成新内容的过程。任何企业都离不开创新，没有创新的企业会不复存在，不具有永久生存能力。要深刻认识到创新对于一个农业品牌发展的重要作用，不断在我国农业品牌发展的基础上进行创新创造，并通过借鉴、引进外来品牌的经验进行改革，通过国内外品牌的对比发现适应中国市场的新的产品与理念。一个企业能不能做得更好，主要在于对品牌和创新的理解能不能悟得透彻，优秀的企业在创业初期都是一个不断完善和改变自己的过程，顺应规律的发展，顺应社会的发展，企业才能做大做强。

运用各种宣传方式，提升品牌知名度和美誉度。营销实践表明：在同类产品中，知名度最高的品牌往往是市场上的领先品牌，即市场占有率最高的品牌。所以说，强势品牌具有极高的品牌知名度，常常是同类产品的代名词。作为企业，应加强宣传，使品牌深入人心。

中国农业企业应牢固树立品牌意识，使培育自主品牌、爱护已有品牌和争创知名品牌成为自觉行动；扎实做好基础工作，不断提升产品质量和企业管理水平；立足自主创新，增强自主研发能力，不断提高产品附加值和品牌的核心竞争力；实施"走出去"战略，为建立和扩大国际营销渠道，提高我国自主品牌的国际竞争力，着力创建国际知名品牌而努力奋斗。事实证明，有了强大的商业品牌，才有强大的国家品牌。

四、农产品品牌的宣传推广与保护

品牌推广（Brand Promotion）也称品牌宣传，是指企业塑造自身及产品品牌的形象，使广大消费者广泛认同的系列活动过程，通俗地讲就是品牌贩卖，其主要目的是提升品牌知名度。

品牌推广要以品牌核心价值统帅企业的所有营销传播活动，即任何一次营销广告活动都要演绎出品牌的核心价值。这样，消费者每一次接触品牌时都能感受到品牌统一的形象，就意味着每一分的营销广告费都在加深消费者对品牌的记忆。

当前，农产品面临着国内外市场激烈竞争的严峻形势，创建品牌、培育名牌已成为提升农产品市场形象、增加农产品市场竞争力的主要手段之一。农产品品牌的推广有助于开拓农产品市场、提高竞争力、增加农产品附加值、促进农产品生产经营的市场化。

我国是农业大国，但我国的农业品牌在世界范围内却屈指可数，因此，加强农产品品牌的宣传与推广显得十分重要。

（一）农产品品牌宣传推广的重要意义

实施农产品品牌战略、推广农产品品牌是适应社会主义市场经济条件下农业产业化生产需求，实现产品立足本地、面向全国、走向国际市场的战略性举措，有利于积极推进现代农业社会化、市场化、商品化和专业化进程。

（1）推广农产品品牌适应现代社会发展的需要，符合农业产业化生产组织方式的要求，适合农业生产专业化、商品化的特点，为改变传统农业的"弱质性"、形成优势产业创造条件。

（2）推广农产品品牌有助于降低农产品的生产和运营风险。借助品牌的推广提升农产品知名度，确保农产品稳定的销量和畅通的渠道，有利于稳定农业生产，降低市场风险。

（3）农产品品牌推广可以有效地提升农产品企业的市场竞争力，提高农产品生产企业的经济效益。

（二）农产品品牌宣传推广的策略

一个成功、完整的品牌推广应该包括三个阶段：第一阶段，品牌宽度推广阶段，即建立品牌知名度；第二阶段，品牌深度推广阶段，这个阶段主要是提升品牌美誉度，提高品牌忠诚度；第三阶段，品牌维护阶段。

1. 网络策略

随着互联网业务的发展，互联网综合网管系统已经根据需求的不断变化，从不同角度和层面承担起网络数据监控、数据采集统计、流量监测分析与控制等各类功能，并为网络优化、路由组织、资源配置提供决策支持。

网络营销的重要任务之一就是在互联网上建立并推广企业的品牌。知名企业的网下品牌可以在网上得以延伸，一般企业则可以通过互联网快速树立品牌形象，并提升企业整体形象。网络品牌建设是以企业网站建设为基础，通过一系列的推广措施，达到顾客和公众对企业的认知和认可。在一定程度上，网络品牌的价值高于通过网络获得的直接收益。

2. 网页策略

中小企业可以选择比较有优势的网络平台建立自己的网站，建立后应有专人进行维护，并注意宣传。对于中小企业这样做一定程度上比广告效果要好。网站作为企业品牌营销的重要平台，应该是企业获得用户反馈和建议的窗口。

3. 产品策略

产品策略是企业为了在激烈的市场竞争中获得优势，在生产、销售产品时所运用的一系列措施和手段，包括产品定位、产品组合策略、产品差异化策略、新产品开发策略、品牌策略以及产品的生命周期运用策略。

企业在其产品营销战略确定后，在实施中所采取的一系列有关产品本身的具体营销策略主要包括商标、品牌、包装、产品定位、产品组合、产品生命周期等方面的具体实施策略。由此可知，企业的产品策略是其市场营销组合策略中的重要组成部分。

4. 价格策略

价格策略就是根据购买者各自不同的支付能力和效用情况，结合产品进行定价，从而实现最大利润的定价办法。价格策略的观念近代才出现。在历史上，多数情况下，价格是买者做出选择的主要决定因素。在最近的几年里，在买者选择行为中非价格因素已经相对地变得更重要了，但是，价格仍是决定公司市场份额和盈利率的最重要因素之一。

价格策略的确定一定要以科学规律的研究为依据，以实践经验判断为手段，在维护生产者和消费者双方经济利益的前提下，以消费者可以接受的水平为基准，根据市场变化情况，灵活反应。

5. 促销策略

促销策略是指企业通过人员推销、广告、公共关系和营销推广等各种促销手段，向消费者传递产品信息，引起他们的注意和兴趣，激发他们的购买欲望和购买行为，以达到扩大销售的目的的策略。企业将合适的产品在适当地点、以适当的价格出售的信息传递到目标市场，一般是通过两种方式：一是人员推销，即推销员和顾客面对面地进行推销；另一种是非人员推销，即通过大众传播媒介在同一时间向大量消费者传递信息，主要包括广告、公共关系和营销推广等多种方式。此外，目录、通告、赠品、店标、陈列、示范、展销等也都属于促销策略范围。一个好的促销策略，往往能起到多方面作用，如提供信息情况，及时引导采购；激发购买欲望，扩大产品需求；突出产品特点，建立产品形象；维持市场份额，巩固市场地位等。

网上促销没有传统营销模式下的人员促销或者直接接触式的促销，取而代之的是用大量的网络广告这种软营销模式来达到促销效果。通过网络广告的效应可以在更多人员到达不了的地方挖掘潜在消费者，可以通过网络的丰富资源与非竞争对手达成合作联盟，以此拓宽产品的消费渠道。网络促销还可以避免现实中促销的千篇一律，可以通过企业文化与宣传网站相结合来达到较佳的促销效果。

6. 渠道策略

渠道策略，也称营销渠道策略，是整个营销系统的重要组成部分，它对降低企业成本和提高企业竞争力具有重要意义。随着市场发展进入新阶段，企业的营销渠道不断发生新的变革，因此渠道模式也应该弃旧迎新以适应新的营销渠道。

网络营销的渠道应该是本着让消费者方便的原则设置。为了在网络中吸引消费者关注公司的产品，可以将公司的产品与其他中小企业的相关产品联合展现，或以相关产品同时出现的形式，来吸引更多消费者的关注。为了促进消费者购买，应该及时在网站发布促销信息、新产品信息、公司动态等。

7. 服务策略

所谓服务策略，是指一种特殊的无形活动，它向顾客和用户提供所需的满足感。作为一种非价格竞争手段，在增强企业竞争力方面发挥着日益重要的作用。

服务的类型，一类是服务产品，是以服务本身来满足目标顾客需求的活动；另一类是服务功能，是产品的延伸性服务，如出售计算机时附带安装、培训等服务。服务功能可分为售前服务、售中服务和售后服务。

（三）农产品品牌宣传推广的基本方式

农产品品牌推广的方式多种多样，并无固定的模式。根据郑州大学营销研究中心农产品营销部的研究发现，近年来我国农产品营销中最有效的品牌推广方式为口碑传播、电视广告、公共关系、人员推销、网络广告、实地推广、终端促销等。

1. 口碑传播

口碑传播是指一个具有感知信息的非商业传播者和接收者关于一个产品、品牌、组织和服务的非正式的人际传播。大多数研究文献认为，口碑传播是市场中最强大的控制力之一。

农产品消费是一种重在品质的消费，而品质只有经过体验才能被感知，感知的效果因人而异。只有满意的顾客才会积极地去为满意的产品做宣传，才能为品牌的推广做贡献。所以，口碑传播便成为农产品品牌推广最有效的手段之一。

口碑传播是平时人们面对面的沟通方式，它是最直接、最高效的方式。口碑传播的说服力比广告、公关及其他推广方式的说服力相对要强。因而，口碑传播可以作为农产品推广的一个永恒目标。

2. 广告推广

广告即向社会广大公众告知某件事物。广告就其含义来说，有广义和狭义之分。广义广告是指不以营利为目的的广告，如政府公告，政党、宗教、教育、文化、市政、社会团体等方面的启事、声明等；狭义广告是指以营利为目的的广告。它是工商企业为推销商品或提供服务，以付费方式，通过广告媒体向消费者或用户传播商品或服务信息的手段。

广告是借助大众媒体的营销宣传术，是农产品品牌推广的主要工具。在世界多个国家和地区，以精美生动的电视广告、印刷广告等进行广告传播，能够使品牌形象深入人心。广告一般采用符合目标客户品味的表现手法，以务实为主，强调简明、可信，以单刀直入的方式表明项目的利益点和支持点，以媒体品牌塑造和产品性价比两大推广线，构成总体的广告推广策略。

运用广告宣传农产品，需要注意准确地把握消费者的真正需求，卖点要鲜明，表现形式要有创意。

3. 公共关系

公共关系，简称"公关"，是由英文"Public Relations"翻译而来，中文可译为"公共关系"或"公众关系"，是指组织机构与公众之间的沟通与传播关系。关于公共关系的各种定义有很多，一般指一个社会组织用传播手段使自己与相关公众之间形成双向交流，使双方达到相互了解和相互适应的管理活动。这个定义反映了公共关系是一种传播活动。

公共关系是间接地促进产品销售的品牌推广方式。适合农产品品牌推广的公关策略主要有：

（1）相关会议的展示和演讲，如参加农产品博览会、交流会、相关专题的研讨会等，展示产品形象，宣传产品特点，传播品牌概念。

（2）利用与消费者息息相关的活动或节日等进行品牌推广。

（3）公益服务，如向特定公众进行资助等，这是公关常用的方式，通过该方式可树立企业的美誉度和知名度。

公共关系虽然促销见效慢，但却较持久，对品牌形象的塑造和传播极为有效。

4. 人员推销

人员推销是一种古老的、传统的推销方式。人员推销是企业的销售人员用面谈的方式，向具有购买欲望的顾客介绍商品，推销商品，实现企业销售目标。

人员推销是一项专业性很强的工作，是一种互惠互利的推销活动，它必须同时满足买卖双方的不同需求，解决各自不同的问题。一般而言，人员推销的基本要素为推销员、推销产品和推销对象。

品牌农产品的推广需要建立强大的推销队伍，要重视人员队伍的招聘、培训、评估和激励，并注重人员推销技巧的运用，通过演示和演说积极传递品牌农产品的新信息，建立长期的客户关系。如果农产品企业采取高端定位，希望实施高端消费带动战略，就需要利用团购等形式，借助于公信度高的组织或社会形象好的明星进行产品试销。

5. 实地推广

实地推广是商品经济市场中的一个细小分支。在众多的实地推广品牌和实地推广企业中，很多实地推广商家都经历了进入市场的整个环节。

由于农产品的品质重在实际体验的特点，导致人们对农产品的天然、自然、原产地倍感兴趣，似乎只有原产地的东西才最正宗，因而许多人乐意借旅游、出差、路过之机到原产地购物，甚至有些人还专程到原产地购买产品。所以，利用好原产地的优势来进行品牌推广十分重要。

在农产品实地推广过程中，一定要提高品牌保护意识，避免附近的普通同类农产品攀龙附凤，以至于鱼龙混杂，良莠不齐，严重影响品牌。

6. 终端推广

所谓终端，即产品销售渠道的末端，是产品直接到达消费者手中的环节，是产品到达消费者完成交易的最终端口，是商品与消费者面对面展示和交易的场所。

农产品营销无论是采用直营还是中间商网络进行销售，最终都是要通过终端进行产品的展示和销售。终端产品展示的形象直接影响消费者的购买欲望和购买行动。因此，农产品企业必须重视渠道终端现场的品牌推广工作。

终端品牌推广集中体现在品牌宣传、品牌包装、导购员的介绍等方面，所以如何设计海报、吊旗、条幅、展板等宣传品和产品包装至关重要。选择合适的摆放位置，集中、大量摆放统一品牌的产品也会产生较强的视觉冲击力；导购员介绍得体，充分展示产品的卖点，传播品牌的文化内涵，更是品牌推广最有效的环节和手段。

总之，农产品品牌推广基本上离不开推动和拉引两大基本策略，每一种策略都包括一些具体的推广方式，每一种方式都有利有弊。企业在选择农产品品牌推广方式时，应根据产品的特点、目标定位、自身实力、渠道模式、发展战略等，结合各种推广方式的特点来确定。

（四）农产品品牌宣传推广效果的决定因素

随着农产品市场竞争日益激烈，农产品的销售也在不断探索种种可行的途径。当今，我国和其他国家都已经拥有大批品牌农产品，农产品的品牌营销已经走上规范之路。要成功推广一个适应现代社会和市场需求的农产品品牌是一件十分不容易的事。农产品的宣传推广需要注意以下几点。

1. 农产品本身的特点

现代营销学认为，要想让消费者购买你的产品就必须给消费者一个购买你产品的理由。这个理由，从消费者角度讲就是为什么要买，从营销者角度讲就是你的农产品具有哪些优势。例如，富硒大米具有一定的防癌效果；紫色马铃薯富含花青素，而花青素能提高人体免疫力；有机蔬菜是不施用任何化学合成物质的，且产地环境是符合国家标准的；等等。

2. 明确推广目标人群，选择宣传推广场所

提升产品推广效果及品牌的知名度关键问题是找对目标人群。任何一个营销推广的进行，都必须明确目标人群在哪里，从而有针对性地对他们进行宣传推广，直接说服他们购买。针对不同的受众人群，产品的宣传推广场所也应有所不同，例如，定位于大众消费的农产品，其包装不宜过于精美，定价不能太高，宜在大众超市、农贸市场中出现；高端农产品则宜选择宾馆、酒店、俱乐部等高端消费场所宣传和销售。

3. 品牌名称必须易于传播、推广

品牌名称需具有独特的传播功能。合适的品牌名称会在品牌传播时给消费者留下深刻印象，增强品牌的市场竞争力。简洁、上口、易读、易记、易懂、富于启发、寓意吉祥的品牌名称是品牌传播的第一要素，让消费者听见、看见品牌就忘不掉，是品牌推广的最高境界。

品牌名称的核心价值有三重，理性价值、感性价值、象征价值。品牌名称的传播媒介是文字和声音，能够进入人们的话语系统，覆盖日常生活的方方面面，同时，名称可以将广告、包装、造型等传播元素所表达的"意味"浓缩、积淀在其中，突破时空的制约进行传播，使消费者看到或听到品牌名称就会产生一连串的联想。

4. 注重产品包装

农产品包装是农产品商品流通的重要条件，便于消费者识别和选购，美化商品，扩大销售，提高农产品市场营销效率。

农产品包装是整体产品的一个重要组成部分，绝大多数产品都要经过包装后生产过程才算完成。通过包装设计，可以激发顾客的购买欲望，提高农产品市场竞争力。在现代市场营销中，消费者对商品包装的要求越来越高，包装也成为农产品营销者必须高度重视的问题。

5. 适度的宣传推广经费

进行品牌宣传推广，需要一定的资金投入。如果投入过低，不仅宣传的范围会受到限制，而且宣传的效果也会大打折扣；如果投入过高，超出企业的预算或承受能力，虽有可能获得一些促销效果，但也可能增加成本、降低利润。因而，农产品企业的品牌推广费用必须与企业的实力相匹配，量力而行。

6. 随产品的生命周期变化，及时调整农产品品牌推广策略

农产品品牌的宣传推广不可能是固定不变、一劳永逸的，边际效用递减的规律在这里也是存在的。所以，农产品的品牌推广方式也应随着市场发展阶段的变化而变化。

农产品市场导入期是农产品进入市场的最初阶段，其推广措施是疏通销售渠道、千方百计打开销路；农产品市场成长期是农产品市场生命周期的第二个阶段，该阶段市场需求量明显提高，其推广措施是扩展农产品销售市场，扩大推销范围，采用多种包装，推广新用途，增加经销店和销售渠道；农产品市场成熟期是农产品市场生命周期的一个"鼎盛"时期，可采取的策略是对农产品的产品、定价、渠道、促销四个市场营销组合

因素加以改良，延长农产品在市场成熟期的生命力。

（五）农产品品牌宣传推广的阶段及操作方法

1. 品牌宽度推广阶段

宗旨：让品牌在市场上快速普及。
目的：建立品牌知名度。
策略：强势打造，强制灌输式。
方法：广告宣传，活动、事件传播。

这个阶段主要是通过一些传统的推广手法宣传、传播品牌，让广大消费者了解、知晓品牌的基本内涵，如产品、品牌文化等，属于和消费者的初级沟通。

2. 品牌深度推广阶段

宗旨：让品牌深入人（消费者）心。
目的：提升品牌美誉度、品牌忠诚度，提高品牌销售力。
策略：深度互动，创新传播。

创新是策划的生命，尤其是在品牌的深度推广阶段，要和消费者达成深度互动，让消费者从内心深处体验、认可、接受品牌和品牌文化，就必须独辟蹊径，大胆创新，从而提高品牌销售力。

方法一：建立品牌文化，实行顾客互动。
具体操作：企业可在繁华地段自建，也可和餐饮业等相关行业联合，全面推广品牌文化，让消费者深度了解和认识品牌文化，感受品牌文化氛围，并借助消费者口碑进行宣传。

方法二：完善员工管理，实行员工互动。
具体操作：每一个员工都是企业品牌宣传的一个活广告，企业可以通过实行员工持股、员工进行企业文化的学习等，首先从企业内部达成一个"传播源"，借助员工对企业文化的认可在生活、工作中将品牌文化进行传播。

方法三：丰富品牌文化，建立品牌和消费者之间的情感因素。
具体操作：以品牌文化为宗旨，塑造能打动目标消费者、得到消费者认同和让消费者感动的品牌故事等，让品牌文化生动、形象、丰满起来，使之广为流传，以赢得消费者的关注与信赖，赢得市场。

3. 品牌维护阶段

宗旨：维护品牌高度。
策略：宽度推广+深度推广。
方法一：设置专人负责品牌维护工作，跟踪消费者投诉处理、归纳消费者投诉的种类、总结消除客户不满的应对方法。
方法二：对善意提醒和客观反映企业品牌情况的消费者致谢或奖励，并责成问题产生部门责任人制定改进措施，反馈改进情况。

方法三：对恶意中伤者追究法律责任。

据统计，在国外推广一个知名品牌的时间是至少3~5年，品牌达到一定知名度后每年还需要较大的投入进行维护。

总之，品牌推广只有找"对"消费者和品牌的情感切入点，和消费者进行心灵对话，达成共鸣，才能大大提高品牌推广的效果，降低推广费用。从需要与动机、感觉和知觉、消费者的态度来讲，迅速捕捉和寻找、定位、剖析消费者的情感因素，就不难找到一个更好的方法，达到提高品牌销售力和解决问题的目的。

第四节 农产品品牌保护

品牌保护是一个非常宽泛的概念，既包括对受到商标法保护的商标名称、图形及其组合的保护，也包括对没有在商标管理部门登记注册的品牌名称和品牌标志，以及构成这些品牌名称和标志的各种要素的保护。

随着商业环境的不断演化，市场竞争已经进入到品牌制胜时代。强势品牌作为企业最重要的无形资产，是占领市场和赢得顾客的基础，其数量更是决定一个地区甚至一个国家核心竞争力和竞争优势的关键。农业产业化经营作为农业标准化、规模化和专业化生产的组织形式，实践证明是优化"田间到餐桌"供应链、全程监控食品安全的组织保障。作为农业产业化经营主体的龙头企业，其拥有的农产品品牌强弱，不仅关系到企业产品市场前途，而且对农业产业化链条中各利益主体至关重要。强势品牌的成长需要持续的营销投入和战略管理，在农产品品牌成长过程中，需要对品牌实施长期、系统、全面的保护。

一、农产品品牌保护的难点

品牌作为企业最重要的无形资产，包括商标、包装、视觉设计和专利等知识产权要素，是企业寻求未来现金收益的现实保障。由于缺乏系统的品牌保护，一些地方农产品传统品牌长期受到以商标权侵权为标志的品牌侵权行为的冲击，丧失了成长为全国驰名品牌的黄金机会。农产品品牌保护面临的主要问题，可以从企业内部品牌管理和外部营销环境来进行分析。

（一）企业内部品牌管理引发的品牌保护困难

品牌保护是保障品牌健康成长的最重要策略之一。对于区域品牌或不知名品牌来说，关键是如何进行品牌营销，提升品牌知名度、塑造品牌美誉度，从而扩大市场份额、获取利润。

企业管理层面对品牌保护的不利方面主要包括：企业管理层不注重品牌保护，战略品牌思维尚未形成；企业在品牌建设过程中，内部营销不到位；除此以外，农产品生产企业基本没有科学和全面的品牌管理体系，在品牌外部传播过程中，品牌含义存在着消费者认知混乱的现象，品牌保护缺乏消费者认知基础。

（二）营销环境引发的品牌保护困难

受水、土壤、生长环境等自然因素影响，农产品质量显现区域差异性；同时从业人员普遍素质不高，营销专业人员匮乏，使农产品生产企业难以采取有效的品牌保护措施应对宏观、微观环境及其变化的影响。

首先，法律工具对品牌保护难有作为。农产品企业管理层和从业人员普遍缺乏法律和品牌维权意识，在商业竞争中常常遭遇竞争对手商标恶意注册、设计和专利剽窃等侵权行为。另外，国内相关司法体系还有待完善。

其次，地方保护主义对农产品品牌成长有"区域性"限制。土壤、气候等自然因素造就的区域差异性农产品，在品牌营销和全国性市场开拓过程中，尤其在消费者产品质量感知和品牌认知度不断提高的过程中，经常遭遇区域内竞争者以"傍牌、仿牌、冒牌"为特征的品牌侵权行为。由于区域内竞争性农产品难以从外观上进行区分，造成了消费者心智冲突和品牌认知紊乱。地方保护主义的存在，使品牌维权和寻求行政执法变得非常艰难。

品牌建设的长期性需要企业持续的营销投入，通过品牌保护保障企业未来收益权至关重要，同时离不开国家和地方的政策性支持，以及严格的行政执法体系。

二、农产品品牌保护的必要性

品牌隐含着企业对产品质量的承诺，这构成了品牌信任的基础，对消费者决策购买过程和结果有显著影响，只有通过品牌保护才能为品牌健康成长、铸造强势品牌提供保障。

1. 经济发展带来有利机遇

目前，我国经济保持持续增长态势，消费者收入逐年提高，品牌和健康意识不断增强，高消费群体对高质量、高品位的名牌优质农产品需求居高不下。经济的快速发展为农产品品牌需求提供了广阔的空间，有机食品、绿色食品和无公害食品已经成为市场宠儿。同时商业环境不断变化，消费者的消费知识和消费结构不断变化，"凭牌认购"的品牌消费意识和行为逐步形成。这些为农产品企业实施战略品牌管理和品牌保护提供了较好的契机。

农产品地理标志也是保护地域特色资源优势和农业文化遗产不可或缺的重要载体。作为一种重要的农业知识产权，农产品地理标志既是农产品产地标识，也是重要的农产品质量标志;既是农产品质量安全工作的重要抓手,也是推进特色农业产业发展的重要途径。对区域特色农产品实施农产品地理标志登记并加以应用和保护,对于我国现代农业、特色农业和品牌农业发展都具有重要意义。

2. "食品安全"需求催生机遇和挑战

随着人们健康意识逐步增强,食品消费的安全性成为广受瞩目的焦点。农产品加工企业实施品牌化战略面临着前所未有的机遇和挑战。食品安全至关重要,强势品牌引领着农产品质量安全的方向,引导着消费者购买决策过程和购买行为。

3. 农产品品牌成长环境的复杂性是品牌保护的客观需要

农产品品牌规划和建设多发轫于区域性市场,在区域性市场营销传播过程中,伴随着品牌知名度和美誉度的提高,仿冒者甚至竞争者"傍牌、贴牌、伪造"等侵权行为常常如影相随,严重影响和阻碍了农产品品牌由区域性市场向全国性市场开拓的进程。因而,面对品牌成长环境的复杂性和品牌建设的长期性,迫切需要从品牌保护视角对品牌进行战略规划和管理。

三、农产品品牌保护的策略

目前,假冒伪劣产品的制造技术非常成熟、流通渠道结构复杂,为企业实施品牌保护战略带来严峻挑战。农产品生产企业必须采取综合性的保护手段和方式整合品牌保护策略,才能有效应对品牌侵权。

(一)战略品牌管理

战略品牌管理能够塑造代表象征性利益和情感内涵的独特品牌个性,为消费者带来差异化的消费体验,使竞争者乃至伪造者难以复制或模仿,从而有效保护品牌资产。战略品牌管理要求企业管理者尤其是领导层要拥有战略品牌思维,清晰地定义品牌含义;通过企业文化统一思想,使企业内部员工从思想到行动上深刻、一致地理解和传递品牌内涵;通过外部营销传播,清晰地向消费者传递品牌内涵,塑造独特的品牌个性,培育消费者忠诚度,提高消费者对假冒伪劣品牌的"免疫力"。

(二)法律手段

法律手段应用的前提是正确地对品牌进行注册。品牌注册内容包括名称、商标、标识、标记和设计等要素的注册。农产品品牌保护策略的重点是覆盖其所有产品组合的商标注册、原产地标识认证、中英文名称以及企业标识注册。同时可以申请"全国驰名商标"认证,这种商标认证保护适用于市场上大部分相关产品类目。

(三)构建战略联合保护网络

哪怕是拥有强势品牌的企业,同样面临着各式各样的侵权问题。在行业内甚至与竞争对手实施联合战略保护品牌,实践证明是一种行之有效的手段。这种联合战略不仅涉及行业内竞争者之间的联合,还可以延伸到供应商、批发商和零售商等关系网络成员。

通过构建联合保护网络,对从事伪造品牌交易、生产、批发、零售的组织和个人进行管制和监控,能够实现资源、信息、反伪造手段和成功案例的共享,节省了品牌保护的预算和资源消耗。

(四)挖掘内部管理资源

农产品企业应充分利用企业内部资源如营销管理、人力资源管理和研发等管理资源,精心设计品牌保护方案。营销人员应当密切关注零售环节的信息动态,收集相关品牌侵权信息。不仅要对批发商、零售商识别假冒伪劣品牌的能力进行培训,而且要在流通环节设置相关人员,搜集信息、监控侵权行为。对研发部门则要求不断研发防伪技术和方法,为消费者鉴别真伪品牌提供信息、创造条件。作为人力资源部门,其任务是通过合理的薪酬设计和职业规划,不断降低企业技术人员的流失率,防止竞争对手利用"知识员工"跳槽,窃取品牌核心信息和关键技术。

(五)国家对农产品地理标志的保护

众所周知,我国是传统农业大国,自然生态和资源禀赋多样,具有悠久的农耕文明和深厚的饮食文化。在广阔的国土上,由于独特的自然生态环境、种养方式和人文历史,千百年来形成了众多独一无二的农特产品。在我国加快推进现代农业发展的新阶段,这些特色资源的挖掘、保护和发展,对于转变农业发展方式、提升产业化水平、引领农业品牌化发展具有重要价值。

1. 做好农产品地理标志工作,积极培育具有地域特色的农产品品牌

多年来,我国农产品地理标志登记保护政策环境越来越好。《国家知识产权战略纲要》对农产品地理标志保护做出了顶层规划,《农业知识产权战略纲要(2010—2020年)》则进行了具体部署。连续多年的中央一号文件及第十七届三中全会等均对农产品地理标志保护工作提出了明确要求。国务院"打击侵犯知识产权和制售假冒伪劣商品专项行动"在全国开展了农产品地理标志打假宣传,起到很好效果。在国家陆续出台的特色农产品区域布局规划、全国名特优新农产品推荐、农业文化遗产评选等工作中,农产品地理标志均为重要依托或发展重点。农产品地理标志保护日益成为新时期我国"三农"工作,乃至经济民生领域的一项重要任务。

(1)正确处理经济价值与历史文化价值的关系 经济价值就是经济行为体从产品和服务中获得利益的衡量。经济价值分直接经济价值和间接经济价值。据跟踪评估,具有地理标志的农产品在地理标志登记后相对于登记前,其平均产值或价格有20%~30%以上的提高。经济价值无疑是地方获得农产品地理标志保护的重要动力,是区域经济社会发展的重要增长点。地理标志作为一种特殊的知识产权,正日益受到重视。我国有许多具有独特吸引力的地理标志,它们是我国宝贵的自然和历史文化遗产,历史人文因素也

是农产品地理标志产品的品质和相关特征的主要决定因素之一。独特的历史、文化价值为农产品地理标志带来了较高的知名度、较大的附加值。农产品地理标志应进一步挖掘历史文化价值，来进一步提升经济价值的核心要素。随着消费结构的升级，历史文化等软因素往往成为决定市场销售的关键。

（2）正确处理优质化、品牌化与大众化的关系　优质农产品是指质量优良的农产品，即不仅质量符合保障人的健康、安全的要求，而且在外观、营养、口感、风味等方面也能得到消费者青睐的农产品。优质农产品主要包括无公害农产品、绿色农产品、有机农产品和名牌农产品。

大宗农产品是指在商品农业经济结构中占有较大权重，生产量、消费量、贸易量、运输量等较大的农产品。

农产品地理标志是悠久农耕文化和独特地域特色的集中体现，既是优质精品农产品的代表，又是历史地理名片。这些特点及生产区域的严格限定，决定了地理标志产品必然是生产规模有限、供应量有限的产品，是主要满足人们对特定产品品质需求的产品。这种差异性正是品牌塑造的核心，农产品地理标志具有品牌化的优势。因此，必须纠正那些将农产品地理标志当作"大路货"来经营、无限增加产品等级数量的错误做法，切实将发展的重点转移到稳定产品品质、打造精品品牌的轨道上来。

2．进一步加快推进现代农业发展

农产品地理标志的属性决定其具备品牌农业发展的基础性优势。运用知识产权的理念，推动农产品地理标志战略，引领农业品牌化发展是加快推进现代农业发展的重要内容。

（1）积极推动农产品地理标志的保护和发展　中华大地幅员辽阔，资源丰富，历史悠久，农业特产数不胜数，这些具有地理标志特征的特产构成了中华民族农产品精品品牌。因此，积极推动地理标志的保护工作，推广民族精品，提升国际竞争力，具有重要意义。同时，地理标志保护产品大都是农产品，因此保护地理标志对于促进农村经济发展、农业结构调整、农民收入增加具有重要意义。

农产品地理标志具有公共属性，地方政府应该发挥引导作用，充分发挥包括行业协会、龙头企业、专业合作组织等在内的新型农业经营主体的作用，这是实现农产品地理标志保护和发展的基础，也是构建农业品牌化经营的重要手段。

（2）维护和发展农产品地理标志这一公共品牌　为有效维护和使用公共品牌，促进现代农业提质增效，按照国家地理标志产品品牌建设的有关规定，要切实维护品牌形象，不断提升品牌价值，加速构建品牌体系。同时，加强地理标志产品标准化生产基地建设和市场营销，着力把公共品牌转化为推动现代农业发展的生产力。

目前，农业农村部农产品地理标志的权威性已基本建立，品牌公信力和认知度逐步提升。农产品地理标志作为推动特色农业和区域优势经济发展的载体，已成为各级政府保护产地环境、传承农耕文化、彰显区位优势、营销特色产品、壮大产业集群、提升市场竞争力的重要途径，深得广大农产品生产者与消费者的青睐。要建立维护这一公共品牌的良性机制，每年对获证产品的标志使用、证后管理及知识产权保护等情况进行综合检查，增强品牌公信力。

（3）充分发挥农业体系在地理标志保护工作中的作用　在提升农业产业化、推进农产品标准化、品牌战略以及提高贸易竞争力等方面，农产品地理标志保护工作是农业农村部门一个值得把握运用的切入点。农业农村部门熟悉农业标准化和农业技术，拥有检测手段和监测力量，对农产品地理标志的历史形成、资源分布、核心生产技术和产地环境等情况熟悉，在农产品地理标志认定和质量监督等方面具有优势。因此，农业农村部门要与农业行业协会及农企、农户密切联系，充分发挥农业体系在地理标志保护工作中的作用。

随着经济社会的发展，农产品地理标志必将成为农业品牌化发展的中坚力量，在加快推进农业现代化进程中发挥重要的作用。

第三章

国外农产品经典品牌案例

第一节
日本农产品品牌建设

日本农业依靠科技力量，以质量为基础，通过系统、可持续的完善发展体系造就了日本农产品品牌。精心打造下的品牌产品附加值高，售价也相应较高，对农业的长足发展起到了至关重要的作用，诸多方面的经验值得我们借鉴学习。

一、日本农产品品牌建设的特点

（一）品牌化战略的实施

日本通过国家、各级政府及有关机构的创新和建立调动农民智慧的机制，注重发掘各地区独特的资源优势进行"品牌农业"建设。

1. 依靠科技打造农产品品牌

（1）完善的农业科研机构　日本最大的国家级研究队伍是农业食品产业技术研究机构（简称农研机构），它是挂靠在农林水产省的独立行政法人机构。除了在筑波市的本部外，还有遍布全国的15个研究所，在各地进行农业研究开发和农业科技知识普及。该机构研究领域非常广泛，包括食品加工、流通、消费相关技术、畜产技术、动物卫生、农业工学技术、农业经营人才培养等。2011年度国家拨给农研机构可供开支的费用为451.98亿日元（包括设备费、委托研究费）。

（2）强有力的农业人才队伍建设体系　日本对于农业科研人才的培养尤为重视。除国家、地方的农研机构外，还充分发挥农业科技公司以及社团法人和营利组织等非官方机构的优势，多层次、多重点地培养农业科研人才。国家级农研机构通过下辖的农业院校培养农业人才，同时还资助大学或法人机构的特定产业研究、民间企业的实用技术研究等，为农业科研作出贡献。各地农业研究中心也负责当地农业技术的培训，并对中小学生进行农业教育。以大学农学部老师和生物科研人员为主体的农业科研队伍也是日本农业人才建设的亮点。日本大学的农学部注重与社会、与振兴当地经济相结合，注重研究转化为成果，为学校和社会带来实实在在的经济效益。日本重视公司科研人员的产出效应，有三家大型农业科技公司（TAKIY种苗公司，SAKATA种子公司，雪印种苗公司）通过向农民用户提供新开发的农产品品种盈利。除此之外，一些相关社团法人和非营利组织也是日本农业研究队伍中不可忽视的力量。

（3）全方位推动农业科研进步　为保障粮食稳定供应，日本的农业研究以实际应用为基础，以构筑高自给率的粮食生产体系为目标。农林水产省及相关机构会开展多种项目研究，促进本土农产品品种、栽培管理及加工食品供给等技术的提升。这样做的结果是各种研究、发明成果不断在日常食物中反映出来，极大地推动了日本民众日常食品的改善。此外，日本的农业研究还会涉及地球温室效应对农业影响的预测，与地球变暖相适应的农业生产技术，以及如何有效控制温室气体排放和防止地球变暖的技术开发等，致力于资源的循环应用等。不仅如此，研究开发农产品的新需求，充分利用本地区资源也是农业科研的主要方向。

2. 整合营销，提升竞争力

做大品牌，提升竞争力。日本"品牌农业"的发展经历了"一村一品""区域（县）品牌""品牌日本"自下而上的3个发展阶段。"一村一品"创建的品牌具有"能占领消费市场、能创造最好的经济效益、靠质量打响产品知名度"的特征。全日本以1979年大分县开始的"一村一品运动"为契机，通过创新和调动农民智慧，制定了以自身区域特质为基础的"品牌农业"或以农业为主的"区域品牌"发展战略。

经过以县域为基础的品牌战略实施，逐渐形成了由地方向中央集中的态势。从2001年开始，日本加大农产品品牌战略规划的力度，打造"品牌日本"的农产品品牌形象，致力于为本国乃至其他国家提供优质的"品牌日本"的农产品。

3. 健全的品牌认证体系

广泛及完善的认证体系是日本"品牌农业"产品品质的另外一个保障。在以农民协会为基础的严格管理和控制品牌农产品高品质基础上，通过不同认证体系的可视化符号标志，提升农产品品质的外部识别力度，为品牌传播和推广打下了基础。比较有影响力的包括在全日本范围内实施的"本地本物"认证制度、在各县开展的各种形式的认证制度和健全认证标志使用等。

（1）"本地本物"制度 日本农林水产省的普及食育推进部负责农产品品牌建设，明确提出"本地本物"认证的对象是制度明确、正确标记、以地方特色农产物为主要原料、经当地传统工艺生产加工的食品。"本地本物"认证一般的认证申请主体是生产团体、制造企业等，由区域食品品牌标准审查委员会认定，涉及名称由来、历史传统特色、品质卫生管理标准、加工工艺特征、原材料特质、第三方认证、产地范围、本地本物标志的使用和管理等方面。

（2）以县为单位的各种品牌认证制度 除了全国性的"本地本物"认证，日本各地以县为单位，也开展了各种品牌认证制度。例如，山梨县为了推动农产品品牌化，设立了"特选农产品认证制度"打造"山梨品牌"。该认证项目由认证委员会测定品种、味道、鲜度、原创性和安全放心的要求等准确评价、认定品牌的标准。千叶县为塑造"千叶品牌"，对千叶不使用农药和化肥的有机农产品及产地进行认证。通过该认证制度和标志的发布，提高了人们对千叶农产品环保安心的整体形象的认识。

（3）第三方认证 在日本各县纷纷设立地方品牌认证制度的同时，认证制度的形式也出现多元化趋向。其中委托国内代理机构66家，国际代理机构21家。例如，有委托第三方认证的道（北海道）产食品独自认证制度、设置委员会进行认证的长野县原产地管理制度及三重品牌认定、组织任意团体制定品牌认定的长崎品牌认定等。通过积极开展的认证营销，统一的认证标签和包装形成了具有品牌效用的认证品牌形象，强化了日本

"品牌农业"的整体形象。

作为传统制造原料及制法的标记，"本地本物"标志、日本农林标准（Japanese Agricultural Standard，JAS）标识已深入人心，成为日本消费者信赖的符号。生产者也意识到"本地本物"标志、JAS标识有利于在市场竞争中占据优势，许多企业积极申请"本地本物"标志、JAS标识资格。这促进了"品牌农业"在日本的良性发展。

不仅如此，日本各级政府会定期召开品牌有机农产品的供需见面会，在政府网站开辟专栏宣传品牌农产品，利用政府采购体系积极采购品牌农产品——政府发展品牌农产品的努力，极大地促进了品牌农业的良性发展。

4. 规划设计与提升

（1）专业规划设计　日本的"品牌农业"建设之所以能够成为全球农产品中的亮点和特色，广告及品牌相关公司在"品牌农业"的农产品品牌建设中发挥了重要作用。将农产品通过商标形成品牌实体，通过品牌的"设计—导入—开拓"等一系列环节塑造品牌形象，传播品牌的实体和相关信息，提高知名度、认知度和好感度，达到品牌忠诚。

日本广告公司等品牌专业机构从农产品品牌建立初期就参与其中，为其进行专业的品牌规划。不但从单一特产品牌来思考发展，而且从应用、休闲、旅游等多角度来思考品牌的发展模式，同时注重开展相关培训业务。例如，在作为调料的青叶葱中，日本著名蔬菜品牌"博多""万能葱"生产量和销售量占到上市总量的50%左右。该品牌一开始就在日本著名广告公司博报堂九州分社的策划下成立"博多万能葱"生产部，为该品牌主体专门制定了"博多万能葱栽培基准"，从品种选育到生长的不同时期都制定了一套规范，要求每棵葱从长短、粗细、颜色都要符合统一的质量要求，用以指导相关生产部会农家的生产活动。"博多万能葱"是广告公司专门为市场量身定创的产品品牌名："博多"是日本福冈市过去的别称，"博多"料理以玄海的"新鲜"生鱼片为地方味道特色，许多日本人对"博多"有着深厚的感情；"万能"表现了葱既可直接生吃也可煮食，或作调料，各式吃法都是一种享受。将"博多"与"万能"联系在一起就形成了一个极具个性的品牌名称。

（2）品牌提升及品牌效应　日本农产品更重视通过精心策划的品牌传播来创造农产品的品牌效应。通过运用整合营销传播的现代理念，有策略地选择最有效的传播内容及方式，制造品牌效应，将品牌信息传递给本土消费者。

日本的"品牌农业"传播多以县为单位，借助大众媒体的新闻报道、专题，结合多种公关活动及广告来打造、突出区域特色品牌形象。此外，还特别注重促销活动与大众传媒公关、广告互动，促销与大众传媒互动为品牌的成长和传播奠定了良好的基础。

5. 建立信任营销关系

日本农业品牌企业通过与消费者建立深度联系和信任关系提高消费者对农产品的信任度和忠诚度。在体验式农业上，日本生产者经常会邀请消费者到基地体验种植和生产，让消费者真正知道蔬菜、水稻是怎样种出来。经过不断地交流、互动，使生产者与消费者之间建立"面对面的相互信赖"关系。

例如，日本的"品尝肥牛大喊大叫大会"。"丰后牛"曾是日本大分县有名的食用肉牛品种，但随着农业机械化的普及，耕牛越来越少了。为了有效利用原来饲养耕牛留下来的大片草地，针对居住在大都市的居民，当地人以20万日元为一个认养单位，开展了认养肉牛的活动。并用当地的特色产品作为利息，每年寄给认养主人。每到秋天，农家邀请肉牛主人到牧场来，酒足饭饱之后，选出100人依次在噪声测定器跟前大喊大叫，根据声音大小等评选优胜者。不仅如此，凡聚会参与者，皆可通过抽奖获得当地特产。这样的活动既受到了城乡居民的欢迎，也振兴了当地畜牧业，还让闲置的草地得到了再利用。

（二）严格质量管控下的标准化程序

农业标准化是农产品品质保障的关键环节之一，日本尤其注重农业生产中的标准化建设与实施，在农产品生产、加工、销售等相关标准和法规的制定与实施方面尤为如此。

1. 严格制定标准和法规

总的来说，日本的农产品生产、加工、销售等相关标准具有涵盖农产品范围广，对农产品品质、安全性要求高的特点。特别是日本农林标准和日本的肯定列表制度（Positive List System），不仅规范日本国内农产品的品质，对从国外进口的农产品品质也提出了很高的要求。

JAS覆盖面广，具有权威性和普遍性。该标准所规范的农产品既包括食品、饮料和油脂，也包括农业、林业、家畜和水产品以及以此为原料的加工品等。随着生产的发展和消费者需求的变化，日本农林物资标准的内容不断修订，并增添新的农林物资标准。截至2008年8月，日本已经制定了各种农林物资标准216项，涉及66种产品。

肯定列表制度是日本限制农产品、食品中农业化学投入品（包括农药、兽药和饲料添加剂等）残留量的标准。该标准不仅覆盖了国际组织以及世界各国农残限量标准，还对以上参考标准中未规定的农业化学品最大残留量制定"暂定标准"或规定含量不得超过"一律标准"，即0.01mg/kg，其标准十分严格苛刻。正是由于日本农产品、食品能够达到这样的标准，才使其农产品、食品对其本国国民具有极大的吸引力。

2. 全面推进标准化

日本的标准化农业生产主要是通过日本政府的农业技术推广部门和全国协同农业组合联合会（简称"农协"）推动实施。

（1）政府负责农业技术推广 日本在各都、道、府、县政府的农政厅均设有专业从事农业技术推广的行政部门，县以下分区域则设立了农业技术推广中心（日本称"农业改良普及中心"）。农业技术推广中心的农业技术推广员（日本称"改良普及员"）以"现场至上"为理念，定期通过讲习会等活动对农民进行技术培训。

农业改良普及中心通过建立的电子信息服务网络，与农民在网络上针对主要农作物的栽培要点、各地土壤肥沃状况、气象变化、病害预警及防治等问题进行及时交流，解决农业在生产实际中遇到的问题。日本的农业技术推广员均为通过严格的考试且具有4年以上大学本科学历的毕业生，专门技术员还要求有10年以上农业技术推广员的工作经验，才能获得相应的资格。农业技术推广员和专门技术员全部为国家公务员。

（2）农协提供全面服务　日本农民生活的很多方面都离不开农协。据统计，截至2014年10月，日本农协共由694个协会构成，农协纯农民成员已有461万人，兼职相关从业人员有536万人。日本农协为农民提供指导农业经营、生产资料供应、销售农产品、信贷、保险等方面的服务。农协内的营农指导员与农技推广人员一起向农协会员传授标准化农业生产技术，指导安排生产计划和经营管理。通过指导，农民在农业生产中切实贯彻规范的生产管理制度，按照对种子、土壤、肥料、防病虫害等的具体要求进行操作，生产出达到相应标准的农产品。另外，农民生产所需的绝大多数农业生产资料由农协提供，产出的绝大多数农产品通过农协销售。

农协提供的全方位服务有利于农民按照相应的标准开展生产、加工、销售活动，从而保证了日本市场上流通的绝大多数农产品是符合一定标准的农产品。

（三）高品质精确定位

1. 分工管理

（1）专业分工　日本农业生产的专业分工十分明确，每个地区都有自己的产业特色，每个农户都有自己的主导产品，优势互补，相互依存，共同构建了日本农业经济的整体框架。农户一般采取"大而专"的专业化分工、工厂式生产。除了自己生产的几个品种外，其余生活所需的食品和农产品全都从市场上购买。这样既扩大了种养规模，获得了规模效益，又促进了农户之间、农协之间的合作与交流，繁荣了市场。

日本的农民都是专业户，农户全年只生产1~2个品种，最多不超过3个品种。比如，种草莓的都种草莓，种番茄的都种番茄，种鲜花的都种鲜花，生产的产品几乎全部为商品，农产品的商品率极高。农户的生产规模都较大，平均土地面积3.3万~4.6万m^2，其中个别农户达到13万m^2，一个农户就是一个小型农业企业。在日本，90%以上农业作业实现了机械化，一般情况下，只有2~3个劳动力。每个农户都拥有所需的收割机、喷药施肥机以及土地起垅机、产品清洗包装机等，使用起来很方便。同时，日本农家一般还设有一个专门用于清洗、整理、加工农产品的车间。

（2）管理精细化　在日本，任何产品的生产过程都近乎苛刻地追求严格。他们深知农产品在口感、甜度、水分等指标上只要有1项优势凸显，就有机会卖出高价。因此，在日本，无论种植何种作物，都能体现出日本农民"绣花"般的细心与精致。在一些实行了无土栽培的地区，温室大棚内种植的草莓、番茄等，其培育管理比苗圃、花圃还要精细，就像花卉盆景展示园一样。因此，称日本农业是名副其实的"观光农业""旅游农业"并无夸大之嫌。以北海道特产"田助西瓜"为例，这种西瓜种植过程非常严格，播种育苗必须达到标准后，再送往温室栽培，白天和夜晚的室温都必须按照操作规程严格控管，授粉100d后收成，西瓜甜度不足11度，就会被销毁，以此保持其高品质。在日本的梨园，将梨树的枝条固定在水平钢丝网上，引导其水平方向生长，以此达到最大限度利用阳光和空间的目的。科学栽培的结果是梨个大、肉嫩、味美，每只梨的质量都在0.25kg以上。

畜牧产品的生产同样以精细管理为基础。在日本"松阪牛"的生产过程中，为使牛肉达到最佳品质，饲养过程必须严格按照程序进行。如饲料必须是以大麦、豆饼为主的混合饲料；牛长肥后，为了增进其食欲，每天要给牛喝啤酒，为其按摩，并让其听音乐、接受日光浴。此外，通过"松阪牛个体识别管理系统"确保信息的可追踪性。牛犊从买入的那天开始，就要在数据管理系统中录入编号、照片、牛鼻纹等信息。牛肉出售时，需经过严格检疫和肉质评级并颁发"松阪牛"身份证明；肉食公司会留存牛耳朵和牛屁股上的毛，以作DNA查询之用。消费者购买牛肉时，可通过标识上记载的数据查出该牛的出生地、吃过哪些饲料、肉质等级，甚至连饲养员是谁都可查询到。严格的生产过程控制与管理使得"松阪牛肉"成为日本农产品高品质与区域品牌的典型代表。尽管一头优质"松阪牛"的价格在四五千万日元，却仍然深受日本人的欢迎，拥有美国进口牛肉所无法取代的品牌形象。

2. **品质追求**

（1）品种优良　在高品质农产品定位基础上，日本农产品不与进口农产品比价格，以质量、品质、口感为突破口，以提高产品的营养成分、安全、新鲜为目标，通过改善口感等品质，从产品层面达到了"品牌日本"高附加值效应。品种优是质量优的先决条件，精明的日本农民深谙此道，为此，他们积极主动开展品种引进和改良，有些品种虽然产量较低，但是产品不论在外观还是口感上质量都属上乘，为产品的销售和高价位奠定了基础。

不仅如此，一个新品种被开发出来后，会不断进行后续改良，提升产品质量，建立更稳固的品牌。如日本每种水果和蔬菜都有几十个品种，在抗病虫害、高产、抗倒伏、营养价值等方面经由改良而不断进步。

（2）包装精美　多种产品设计迎合不同顾客需求。首先，农产品包装创意特征明显。不管是普通品种，还是新品种，所有待销农产品都经过精心整理，包装色泽亮丽，赏心悦目。其次，包装规格多样，满足了不同消费群体的需要。比如，白菜的包装既有整箱包装，也有一颗、半颗、四分之一颗的密封包装。辣椒则每盒5个或10个，全部整齐地排列在货架上。萝卜、甜瓜、草莓、樱桃、番茄等不仅外观漂亮，而且口味鲜美。不仅如此，农产品的包装箱上都印有产品名称、产地、生产者姓名，让消费者感到踏实放心。

3. **产品深化**

除去农产品本身的优良品质外，通过加工业，深度开发出市场适销对路的多种高品质产品，多维度满足不同层次顾客与市场的需求。以柿子为例，日本柿子产量排名全球第三，年产量约20万t，甜柿占大部分。日本柿子不仅在品种改良上取得了长达半年多的鲜果保鲜销售优势，更重要的是，以柿子为主要原料、辅助材料的深加工产品以及衍生产品达到100多种。柿子类的食品涉及风味柿果糕点、腌渍品、保健饮品、柿子宴席等产品系列；日用品包括纺织品、染发美发产品、美容护肤产品、柿涩面膜、洗面香皂和杀菌、消毒、防虫、除臭产品；文化产品包括图文出版物、卡通动漫造型、工艺品系列、美术品系列等。

在姜的开发方面日本同样也体现了其对农产品的深度开发应用。日本人自古有吃生姜的习惯，日常生活中也都离不开生姜。对女性怕寒的情况，有厂商设计出盛放生姜粉末的袖珍容器，可随身携带，外出喝茶、喝咖啡、就餐喝汤时可以自己做主，随时加入生姜。仅这一个产品年度销售额就高达3000多万元人民币。不仅如此，还开发出了各种口味的生姜饮品。日本餐饮行业则积极开发出一系列生姜食谱；保健品行业开发了生姜保健品及"生姜减肥"服务项目；日用品行业开发了有生姜成分的生发液、洗发水及其他护肤日用品十几种。调查表明，1.4kg鲜姜在日本的售价大约合30多元人民币，加工成100g姜粉后的市场售价约合130多元人民币，增值4倍多。如果再以姜粉加工成其他的饮品、食品，又有5~10倍的增值。

（四）倡导低农药、化肥使用量

通过积极的土壤保护、改良措施，合理使用化学制剂，确保农业的可持续发展，为高品质品牌产品的生产奠定了基础条件。在日本，1999年通过了《可持续农业法》，通过使用落叶枯草和动物粪便等有机肥料，增加土壤有机质含量，满足作物生长对养分的需求，以此减少化学肥料的使用，提高土地肥力和可持续发展能力。

1. 土壤的可持续应用

日本对资源的保护高度重视，在耕地的应用保护方面不仅体现在"量"的维持上，更重要的是体现在"质"的保护上。在日本农村，所有刚翻耕过的耕作层均呈深褐色，土壤团粒结构良好，土质细而均匀。这主要得益于通过各种措施保护、改善了土壤肥力。根据日本各地区的气候特点，筛选适合不同地区的绿肥植物，通过堆肥或种植绿肥改善土壤结构，提高肥力。通过不同植物间的水旱轮作，改善土壤结构、调节土壤微生物数量、降低土壤病原菌数量。应用地面覆盖措施既可以减少杂草和病虫害的发生，还可以避免土壤养分流失、保持土壤水分，覆盖物腐解后还可以改善土壤结构，增加土壤养分含量。

变废为宝，发挥资源优势。日本基本实现了农业废弃物的无害化处理和资源化利用。在日本宫崎县的菱镇，通过将家禽粪便、企业的有机废弃物以及小规模下水道污泥作为原料进行处理后投入到甲烷气体发酵设备，实现了废物的高度资源化和无害化，形成了农业与涉农产业之间的资源循环利用。很多农业企业、农场、养殖场基本实现了污染零排放，例如，由60多户农户组成专业合作社的千叶县循环农业示范基地，通过种植业与养殖业的互补，整个农场实现了污染废弃物零排放。

日本农民除了使用有机肥，也使用专用复合肥。根据作物品种的不同，选用不同配方的复合肥，最大程度地满足了作物需求，且不会有多余的养分过多遗留在土壤中，造成土壤的富营养化。日本土质优良的另一个原因归功于土地的配套设施，无论种花、种菜，绝大多数农田在田垄下都埋有水管，土地干旱时打开水龙头就可灌溉；而叶面灌溉和施药则通过大棚顶端的管道喷雾。先进的生产设施对土壤的保护和土质的优化起到了十分重要的作用。

2. 生物防治

借助不断出现的农业科研成果，通过生物、物理措施的生物防治方法，为农作物的生长提供优良的环境。在日本，生物防治是农业病虫害防治的主要措施，包括：通过不同生物对颜色的反应差异防治害虫，例如，利用黄蓝板防治蚜虫、蓟马等小型害虫，利用银灰色地膜驱避蚜虫，在果树上和稻田里悬挂彩色塑料带避免鸟和蛾类的侵害，覆盖不同颜色防虫、防鸟网来防治其危害与产卵；利用自然界生物间的食物链关系进行有效防治，如释放食蚜蝇、捕食螨等天敌防治蚜虫、螨类；利用植物提取物、加工产业的副产品如苦参碱、（木）竹醋液等防治病虫害；在研究昆虫生活习性基础上通过释放昆虫信息素防治害虫。

3. 发挥栽培技术的优势

在预防病虫害发生、减少化学制剂的使用中，栽培措施的有效实行发挥着不可忽视的作用。根据各地环境特点积极研究适合本地的栽培技术，提供当地农民推广应用，例如，通过砧木嫁接提高蔬菜的抗性、延长生长期，减少连作中病害的发生；利用植物间的相互作用，通过轮作、间作有效防治土传病害，如利用葱属种植物与蔬菜及瓜类的兼作可以防治土传病害，利用美丽猪屎豆兼作可以防治有害线虫，利用薄荷气味的趋避作用可以防治害虫；调整播种或移栽时期，有效规避害虫的危害。在不断深入的研究中，日本的农学家不断发现、总结出实用技术，推广应用到生产实践中。

（五）小结

以品牌建设战略为指导，高品质定位、标准化、源头到产地规划品牌、严格的质量控制体系、不断发展的技术是日本农产品品牌成功的核心。不断努力开拓、与新技术密切融合、保持与市场密切联动、不断创新更是日本农产品品牌发展的关键所在。唯有全方位、各关键环节不断创新，才能确保农产品品牌的可持续发展，从而立于不败之地。

二、日本农产品品牌典型案例

越光（Koshihikari）大米的历史始于1944年的日本新潟县农业试验场，但时值第二次世界大战期间，育种事业被迫中断。1946年杂交实验在福井县继续，并于1953年正式在新潟县和千叶县开始种植。因为福井与新潟同属日本古代律令制的越国地域，所以该大米在1956年被正式命名为"越光"。

1979年至2013年，越光大米的种植面积一直占日本水稻种植总面积的30%左右。越光大米外观透明无垩白，蒸煮品质优，米饭光亮晶莹，气味自然清香，口感柔软富有弹性，在亚洲以及世界各地都享有盛名。从1989年开始，越光大米每年都被日本谷物检定协会评选为特A级大米，被视为日本大米行业的神话。

越光水稻全生育期118~121d，株高81.0cm，单株有效穗数7.1个，成穗率67.0%，穗长16.8cm，每穗总粒数63.2粒，每穗实粒数57.1粒，结实率90.3%，千粒重25.1g，产量260~305kg/667m^2；生长时稻茎线条优美纤细，叶片颜色透明翠绿，米粒均匀饱满，胶质浓厚，色泽晶莹透亮；大米胶稠度为94mm，直链淀粉含量11.6%，蛋白质含量8%，米质优、口感筋道，回味悠长，无须配菜也能品出米饭的香甜。

（一）充分开发应用优势条件

越光大米优良的性状表现与新潟县鱼沼地区所处地理位置密不可分。新潟县位于日本本州岛中北部，濒临日本海，以东南部的越后山脉为中心，连绵分布的都是高度都在2000m以上的陡峭山峦。周边高耸的山脉不仅抵挡了从海洋与北方袭来的冷空气对于水稻的侵害，同时也在水稻生长季节形成较大的昼夜温差，增加了大米的甜度。

更为重要的是新潟地区深厚的雪水。新潟地区是全日本雪量最大的地区之一，冬季深厚的积雪为种植的土壤带来了更深度的养分积累期，而春季融化后的雪水更成为了天然优质的灌溉水源。除雪水外，新潟地区的地下泉水也是非常关键的灌溉用水，在种植区内要求种植区域周围50km无污染，充足的天然雪水与保护得当的优质地下泉水，成为新潟大米的好水之源。

（二）生产的标准化管理

对于越光水稻的栽培，通过大米种植协会对种植农户颁布"鱼沼米宪章"，推行标准化管理。在投入品管控、田地管理、生产记录等方面有着严格规定，并保证严格执行。为确保新潟大米生产的高品质，"鱼沼米宪章"对水稻的收割时间、单位面积产量、稻穗长度及大米的颗粒大小都有着高标准的规定。

（三）管理的机械化与精密化

大米种植不仅实现了机械化，更实现了种植"精密化"的突破。通过新科技的开发，农业经营者、现场种植者、云端服务人员之间以高新农机、电子信息系统等手段实现协同合作促进生产的提升。安装有"食味传感器"的稻谷收割机，在收割大米的同时，即可测量大米的蛋白质含量，并将数据实时传送至系统云端。云端工作人员根据数值来判断土壤状况，并调整来年的土壤改良计划。由此可保证大米品质的标准化，使得每一颗新潟大米都能够实现"米粒均匀饱满，胶质浓厚，色泽晶莹透亮"。

（四）不断追求进步

从2000年开始，抗稻瘟病的系列品种"越光BL"开发成功并投入生产，以品种的改良来减少稻穗的质量，以抵御台风的侵袭，保证其在侵扰下屹立不倒，进一步稳定了"越光"品牌的地位。

越光水稻收货后在恒温条件下保存，只有在接到客户订单后才开始脱壳加工。这样做确保了大米优质的口感、营养不流失，且不受外界污染。

（五）营销促进发展

借助名人效应，促进品牌进一步发展。"越光米"作为日本寿司店的高档食材，被称为"不用配菜的米饭"。通过"米饭仙人"村嶋孟、日本"寿司之神"小野二郎对"越光米"的偏爱，提升了人们对越光大米的认知和认可。

在新潟县，大米是人们生活的中心，他们带着对大米的信仰，通过不断研发品种、钻研技术、改良土壤，才成就了现在"日本第一"，甚至是"世界第一"的新潟大米；他们赋予产品深刻的意义，保持具有仪式感的敬畏之心；他们推行应用环保木盒及可回收纸袋精心包装，以最大限度减少对环境的影响；他们以质量为根本，坚持"少就是多"的原则，从而保护了越光大米的品牌荣誉，使之稳定发展。

第二节
法国农产品品牌建设

法国一直以来就重视品牌的设计与生产，目前涉足领域广泛，且在时代发展的今天，品牌所涉及的领域与门类已经在很大层面上形成了一套较为完整的体系，并在一定程度上引领着包括欧洲在内的诸多国际品牌的发展。随着大众品牌消费诉求的不断提升，对品牌风格与质量也提出了更高的要求。正是借助多元化的品牌发展战略，法国在品牌的发展中一直拥有着比较大的主动权与先进性。

法国作为欧盟第一农业大国，世界第三大农产品出口国，农业用地为国土面积的1/3，并拥有大量的劳动力资源，适宜的气候条件孕育了多样化的农业。法国的种植业生产技术水平高，土地相对集中，向农业机械化、专业化、产业化发展，农业产值、农产品自给率、农业公共品投入以及国内农业地位不断提升。法国将农业标准化建设与农产品品牌战略相结合以提升本国内农产品的形象，主要包括从品牌认证出发，以质量认证为基础，从严格质量管控和政府扶持入手，建立多种品牌建设促进机构进行农产品品牌推广活动。

一、法国农产品品牌建设的特点

（一）"原产地命名控制"认证体系

法国发展区域农产品品牌，以具传统文化、地方特色的优势产业及产品为基础，从农产品认证这一关键环节入手，目前形成了一系列产品认证体系。其中最有特点和代表性的是法国"原产地命名控制"（Appellation d'Origine Contrôlée，AOC）认证体系，将农业标准化建设与农产品名牌战略相结合，塑造了农产品的"民族精品""国家品牌"。法国的农产品认证标识主要有"原产地命名控制"标识（地理保护标识）、红色标签、生态农业标识和产品合格证四种。

"原产地命名控制"标识始于1935年，是法国对出产于本土的农产品标注其产地名称的一个法律保障体系，主要是在地域范围、土质条件、气候条件等基础条件范围内实施控制，针对产品的种植品种在种养技术和经营管理方面等方面加以规范，即产品与某个地域之间有密切的联系，而且这种产品需要在地理环境、气候环境、种养技术和经营管理方面都有自身独特的优势，品质优良，被消费者长期认同。最初，"原产地命名控制"标识只用于葡萄酒或烈性酒，法国政府成立了"葡萄酒和烈酒国家管理委员会"，为"原产地名称使用"立法，并确定了行政、司法和专业手段加以支持，使"AOC"法律体系首先在酒行业得以实施。法国原产地命名的葡萄酒将产地与产品挂钩，对于土地、品种选择及葡萄酒的酿造方式、储存、标识和酒精含量等都有严格的规定，促进了农产品品牌的发展。20世纪60年代扩大到乳制品，90年代以后又扩大到农产品和食品，如干酪、乳制品、水果、蔬菜等。消费者对拥有"原产地命名控制"标识的农产品有更高的信任度，这对农产品企业来说，要求更多的社会责任。如今，大约1000种产品拥有"原产地命名控制"的包装标识，其中有很多是葡萄酒和干酪，同时也有一些其他产品。

红色标签始于1965年，1975年得到广泛普及，是农产品质量优秀的标志，在农产品市场中占有份额很高，一般在家禽、牛和猪等牲畜及塔恩省洛特雷克的大蒜、中部谢西合作社的土豆等上使用较多。在法国家禽及牲畜养殖产业中，饲养、屠宰、饲料、孵化等环节有23个紧密联系的供应组织。农产品要获得红色标签，必须满足严格的标准要求，在生产、加工和销售的各个环节都经得起检查。供应组织申请红色标签时，需要向国家产品质量标签和认定委员会提供详细的质量全程控制计划及产品味觉方面的分析报告，确保产品能符合最低标准，同时指定一个民间质量认定组织负责监督产品的质量。红色标签认证的使用是无期限的，而且欧盟各成员国之间也相互承认，但并不意味着生产者可以高枕无忧，还必须做好随时接受质量认定组织监督和检查的准备。一旦产品达不到标准，将不能使用红色标签出售产品，甚至会被要求销毁。对消费者而言，如果要采购优质食品，带有红色标签认证的产品是可靠的选择。

生态农业（Agriculture Biologique，AB）认证用于证明产品符合欧盟及法国有关法令的规定，以精细的方式进行种植或养殖，注重环境保护和自然界平衡，不使用杀虫剂、化肥、转基因物质、含副作用的添加剂，以确保相关食品和农产品符合天然生产的特性，是当前法国国内最有影响力的认证模式。法国在1981年，正式将生态农业相关标准写入法律，1985年出台生态农业（AB）标识，从此生态农业快速发展并在农业领域占据主导地位。欧盟在1991年才通过关于生物农业生产和检查的严格规定，并于2009年

1月1日实施有机（生态）农业新规则（EU834/2007），对于农产品生产、加工、标识、验证、邮寄产品进口等做出更严格的规范。农户应向公共政府部门申报自己的生态农业生产经营活动，并接受有资格的独立的私营机构的检查，才可以获得相关标识。生态农产品的标签上带有"生态农业"的标识和AB识别符号，消费者可以有针对性地挑选带有"生态农产品标签"的食品，这些贴有标签的食品表明在生产中，只使用有机肥和有关清单中规定的植物保护产品。

产品合格证（Certification Control Product，CCP）始于1990年，从2000年开始使用，要求农产品或食品的生产和加工按照规定的程序进行，并有监控，是法国国家级认证历史中最短的1个。拥有产品合格证证明某种农产品具有某些品质，符合技术要求中的特殊生产规定，经过严格的检查，并在产品包装标签上注明生产的具体规定，这种标识能向消费者保证所购买的产品质量稳定。如今，产品合格证标识已经在法国广泛分布，如普罗旺斯蜂蜜、第五季即食生菜、阿尔卑斯小牛肉等，目前已经颁给约300种农产品。

（二）严格的质量管理

为了适应国际市场竞争和国内消费者健康保护的新要求，在欧盟单一市场的框架下，法国政府不断调整食品质量安全的监管，有关农产品安全的法律、认证、检测等支撑体系都随之提升，农产品质量安全监管效率也不断提高。目前法国的农产品质量安全管理模式是欧盟最具代表性的模式之一。

法律方面，早在1905年法国就颁布了有关食品安全的法律。1993年颁布并于1998年修订的《消费法》，涵盖了产品生产全过程的每一个环节，对产品的组分、标签、生产和分销渠道进行了严格的规定。《农村法》还提出了从农田到餐桌"可追溯"的概念。1998年7月1日颁布的《公共健康监督与产品安全性控制法》则重新构建了食品质量安全体系。农产品供应链相关方（生产者、加工者和销售者）的各种行为均要遵守并符合欧盟制定的一些法规和法律措施。

农产品认证标识让消费者可以放心地根据食品标签买到符合卫生和健康标准的农产品。在法国，根据产品品质和生产方式不同，建立了政府统一管理和各大超市自我管理两种模式的农产品认证和标识制度，其中政府统一管理的农产品认证标识主要是农业部负责，包括原产地命名控制、红色标签、生态农业认证和产品合格证认证4种，其他统一管理的认证标识还有企业认证、特点证明、地理保护标志、营养食品等。

检测检验方面，根据食品风险管理原则，食品总局，消费、竞争和稽查总局，健康总局共同组成了法国食品质量安全监测检验的严密系统，这三个机构及各地区分支机构负责全部风险的管理和检查。

安全监管方面，法国主要从合规性、生产条件、产品等方面开展。法国是欧盟国家中对农产品标签、成分、生产过程等方面规定最为严格的国家。"从农田到餐桌"全程预防控制是法国农产品质量安全监管始终坚持的原则。在监管实践中，将过程预防与结果控制相结合的监管方式法制化，有效地提高了农产品质量安全监管效率。

（三）政府机构的支持管理

作为世界第三大农产品出口国的法国，农产品文化品牌的建设除了农产品自身的品质基础外，政府机构的支持与管理也发挥了巨大的作用，为了推进农产品品牌在国内、国外的发展，提升法国农产品国际品牌的竞争力，法国建立了很多专业化品牌建设促进机构，如法国食品协会（SOPEXA）、法国外贸中心（CFCE）、法国外贸保险公司（COFACE）等，通过农产品品牌建设促进机构举行多种活动，如在许多国家推广"法式生活""法国美食"展览等。

1. 法国食品协会

法国食品协会主要负责促进法国农产品和食品在世界各地的宣传、推广和合作，在法国农业部的倡导下于1961年成立，是一个半官方的品牌出口促进机构，它的股东是法国政府和法国农业和食品组织，该协会针对法国品牌，分行业、分产品进行推广和广告宣传，并为法国农业、食品生产企业及行业协会、跨行业协会及公关机构，甚至各行各业的组织和企业提供服务。法国食品协会20世纪60年代主要活动于欧洲，70年代扩大到美国，80年代扩展到日本，90年代在新加坡设立代表处，1997年入驻中国，在上海建立代理机构，现在我国北京、上海、广州和香港设有4个分支机构，这些海外代表处主要是按照法国食品生产商的要求，协助其产品在海外的销售。截至2006年，法国食品协会在全世界设有41家分支机构，在宣传方面积累了丰富的经验，对农业食品领域有着深刻的了解，在50多个国家组织活动，覆盖90%的出口市场，在法国及其他国家为多家公司及希望推广其产品的法国食品行业充当顾问和护航。

除了进行战略规划外，法国食品协会擅长组织公司内部情报专家进行市场情报搜查，开展行业研究、行为研究以及趋势研究等，发现行业达人和定位当地美食活动，捕捉市场先兆，预判美食、美酒与生活艺术的营销趋势。法国食品协会联合营养健康专家成立营养健康部门，通过分析消费者最为关注的核心问题，针对特定需求，进行战略性思考，提出创意性建议。目前法国食品协会的活动形式包括组织商场促销、媒体公关营销活动、准备促销材料、组织国际展览、国际贸易研讨会等，其促销产品涉及多种农产品，主要包括法国葡萄酒及其他酒、新鲜及加工的果蔬（包括果汁及冷冻食品）、乳制品、禽畜产品、鱼及海产品等。

一些行业专业协会通常提供资金给法国食品协会的进行国际品牌促销，如葡萄酒产业协会（ONIVINS）、水果、蔬菜及园艺行业协会（ONIFLHOR）、牛乳、乳制品产业协会（ONILAIT）、肉类及畜禽行业协会（OFIVAL）、速冻、深冷食品协会（SNCE），以及市场调整和组织基金会（FIOM）等，而行业协会的资金主要来自于成员的捐助和法国政府。

2. 法国外贸中心

法国外贸中心隶属于法国财政、经济和工业部对外关系总司，是一个半官方的代表法国企业并推广和扩大其出口的公共机构，成立于1943年，业务上受总司中小企业局的领导，中心任务是收集、整理、传递有关国外经济贸易信息，为法国企业提供相关国际业务发展信息和信息咨询服务，通过服务在不同市场进行各种促销活动来推动法国商品在国外的销售。在法国外贸中心内有一个农业及食品产品出口部，主要负责品牌农产品的出口促销。

法国外贸中心知名度很高，是法国最大的国际贸易咨询机构，其信息网络主要是分布在全球的驻外财政经济机构，法国财政、经济和工业部对外关系总司在世界130多个国家设有近200个财政经济处。法国驻外财政经济处须及时向法国外贸中心提供驻在国的各种经济商务信息，同时法国外贸中心还充分利用有关国际机构的研究报告和网络信息资源，与各国驻法国的经济商务机构和代表处保持密切联系，搜集信息。法国外贸中心根据出口企业的不同要求，提供不同类型的国际市场信息服务，主要有4种，如对刚刚参与国际贸易的企业提供"启蒙信息"、为中小企业提供国外市场的环境信息、对有出口经验的企业提供"战略信息"和为大型跨国公司提供"经济智能信息"。

法国外贸中心是半官方机构，其经费来源主要由国家从财政经费拨付，其他不足部分由有偿服务来弥补。此外，其信息产品和服务视情况收费，但收费不以盈利为目的，而是筛选能否得到真正有用的信息。

3. 法国外贸保险公司

法国外贸保险公司成立于1946年，是专门从事外贸信用保险的机构，于1994年私有化，但仍继续行使政府资助的信贷保险活动。目前集团在67个国家设有直属机构，每天为全球超过200个国家的4万名客户提供销售保障。

法国外贸保险公司在进行盈利活动的同时，也代表国家开展出口担保业务，内容主要包括市场开拓保险担保、中长期信贷担保等，为法国的品牌出口信贷保险机构，主要为出口者提供信用保证、市场调查和促销，有时在欧盟外国家参加展销，目的是支持法国企业扩大出口。法国外贸保险公司要接受法国经济与出口关系协调部和财政部等有关政府部门的指导和管理。

法国外贸保险公司的资金来源主要是盈利和政府资助。政府为法国外贸保险公司承担的代表国家的担保提供财政支持，并根据情况分得保费或支付补贴。

（四）农产品品牌文化

品牌的百年不衰都因其将自身的品牌与其历史文化相融合，形成独特的品牌文化。法国人将有历史传统的农产品看成是法国文化遗产的一部分，政府为了推进本国农产品成为国际知名品牌，提升法国农产品国际品牌的竞争力，建立了多种农产品品牌建设促进机构，并通过促进机构举行多种活动推广国家精品、弘扬传统文化、推行浪漫生活方式、塑造法国国家形象。随着人们对农业体系功能的深入认识，农业多功能的内涵，包括环境、文化、传统价值越来越多地在农产品品牌中体现。

"打开一瓶葡萄酒就像打开一本书"。从这句法国谚语可以看出葡萄酒对于法国人来说不仅仅是一种含有酒精的饮料，其背后蕴藏着融合宗教、艺术和大自然为一体在一起的文化内涵，代表了法国辉煌的历史和浪漫的文化。葡萄酒产量最大的国家是意大利，葡萄种植面积最广的国家是西班牙，但是法国的葡萄酒却是全世界最著名的，人们一提到葡萄酒就会想到法国，想到其浪漫的文化气息，这与法国将其文化与品牌相融合分不开。法国的葡萄酒文化还体现在其丰富多彩的艺术气息中，最集中的体现就是葡萄酒的酒标。法国的葡萄酒庄园主们视酒标为他们酒庄甚至家族的荣耀。每一款酒标设计，从构思到制图都倾注了庄园主们的心血，如勃艮第维拉家族的酒标上就是家族的族徽。此外，原产地品牌文化使法国农产品也增加了竞争优势。法国的葡萄酒在国际市场上是共用商标，以原产地品牌出现（如波尔多酒），而不是企业的商标品牌。这种方式既降低了对外的宣传和推广费用，又增强了原产地的品牌效应。法国严格的质量管理体系、健全的原产地地域产品保护制度保证了产品的质量，让每个原产地品牌代表了特定的产品特性。

二、法国农产品品牌建设典型案例

法国生产葡萄酒的历史悠久，是世界著名的葡萄酒产地，而波尔多因处于典型的温带海洋性气候区，全年温暖湿润，常年阳光照耀，最适合葡萄生长，形成了大片的葡萄庄园，其葡萄酒更是享誉全世界，也被称为世界葡萄酒中心。拉菲（Lafite）酒庄作为法国波尔多五大名庄之一，其出产的葡萄酒花香、果香突出，芳醇柔顺，十分典雅，被称为葡萄酒王国中的"皇后"。拉菲酒庄自1354年创建，历经几个世纪，其拉菲红酒作为世界顶级葡萄酒的质量和声誉仍维持至今，与其一直持守着虔诚的酿酒精神和严苛的工艺标准及有效的品牌营销策略密不可分。

（一）拉菲庄园的品牌质量管理

拉菲庄园总面积90hm^2，坐落在法国波尔多波亚克区菩依乐村北方的一个碎石山丘上，日照特别充足，底土为第三纪的白垩土，混有风化形成的砂砾质土壤，为葡萄的种植提供了优越的排水性能。庄园的葡萄树平均树龄在40年以上，且种植采用非常传统的方法，针对不同年龄的葡萄运用不同的管理策略，基本不使用化学药物和肥料，利用得天独厚的微型气候和小心的人工呵护法让葡萄完全成熟才采摘，保证最优秀的葡萄产出。在采摘时熟练的工人会对葡萄进行树上采摘筛选，不好不采，同时不会采用新栽培的低于10岁的葡萄树结出的果实进行酿制（大约有20hm^2）。葡萄采摘后在压榨前会被更高级的技术工人进行二次筛选，确保被压榨的每粒葡萄都为高品质要求。

迄今为止，"拉菲"葡萄酒还是采用木制酒糟酿酒。葡萄采收后，每个地块出产的葡萄都立刻进入各个酿酒桶独立发酵以在第一时间保留土地的风味特征。同时，拉菲庄园也使用现代化科技手段对其葡萄酒进行精细化生产加工，通过环形的中央温控系统自动调节发酵温度，精确控制葡萄酒的单宁变化。技术人员依靠自己的品鉴能力寻找葡萄酒口味上的平衡点并进行细微调整，使产品富有更完美的口味。所有的酒都必须在橡木桶中进行发酵。酿造过程中所用酒桶全部来自葡萄园自己的造桶厂，对木桶材质的挑选、桶板的制作与最后的装配都有严格的规定，以保证"拉菲"葡萄酒的特殊味道。在拉菲庄园每2~3棵葡萄树才能生产一瓶750mL的酒，精心的种植管理和严格的酿造工艺使"拉菲"葡萄酒拥有世界顶级的优秀品质,"拉菲"葡萄酒一直保持AOC等级的荣誉。

(二)"拉菲"品牌的树立及推广

品牌名称是品牌最核心的要素,"拉菲"葡萄酒采用发源地作为品牌名称,一方面,突出其悠久的历史文化背景;另一方面,表现出其内敛而沉稳的贵族形象。这种品牌名称的巧妙构思,不仅体现了葡萄酒口感柔顺中带有大气的品质特点,同时也满足了目标市场中消费者追求高雅品位的心理。

植入式营销更多地影响小众群体,受众面窄,针对性强,传播方式隐蔽,可为品牌传播起到推动作用。葡萄酒代表一种高品位和高品质的生活方式,其消费群体主要为商务人士的小众,例如,电影《龙凤斗》《最强喜事》《门徒》《法证先锋》等影视作品中曾多次出现拉菲葡萄酒。拉菲庄园通过这种方式将葡萄酒品牌以独特的品牌形象推广出去,扩大品牌知名度。此外,拉菲还赞助高尔夫赛事、顶级商务楼盘开幕或奢华汽车销售会等一系列活动,通过跨界营销的手段快速提升了"拉菲"的知名度和消费者的关注度,实现品牌推广。此外,通过体验营销,也是"拉菲"品牌推广的一个重要途径,酒庄每年对外开放其葡萄园和部分地下酒窖供游客参观,并定期举行主题采摘葡萄大赛和品酒会,以葡萄酒文化为主题,集合体验、娱乐、休闲为一体的消费理念,以拉近消费者与葡萄酒产品及其生产过程的距离,在无形中为打造品牌形象起到了很好的效果。

(三)"拉菲"品牌的管理

面对竞争日益激烈的葡萄酒市场,"拉菲"葡萄酒建立了一套完整严密的品牌管理体系,在酒瓶、酒塞和封瓶贴片的设计上独具匠心,具有很好的辨伪作用。具体表现在,在酒塞周身印有"拉菲"的标志和年份而非在酒塞顶部印上生产年份;采用标准的波尔多酒瓶,后续在酒瓶上刻上罗斯柴尔德家族五支箭的图案,中央则刻上"Lafite"一词;封瓶贴片设计采用酒红色的背景颜色,上方是酒庄城堡,中间标记"Lafite Rothschild"字样。当然,AOC的分级制度也为"拉菲"的品牌管理提供了有利的法律保护。

第三节 美国农产品品牌建设

一、美国农产品品牌建设的特点

(一)政府支持农业品牌建设

美国政府非常重视农产品品牌建设,从法律法规、政策扶持、财力配套等多方面给予支持，并且在税收、金融、补贴、技术和信息等方面都出台了相应的优惠政策，如对知名度较高的农产品采取减免税收、提供出口补贴等扶持措施，尤其是在税收上为农业投资实施延期纳税、减免税款、遗产税优惠等税收减免政策，并给予农产品出口商出口补贴，2015年美国农业部发放了近40亿美元的农作物补贴。这些措施不仅降低了美国农产品的生产成本，有利于其提升自身品质，而且促进了美国农产品经营向品牌化、专业化发展。

1. 建立健全农业法律法规

美国十分重视对农业的保护，在立法、制度、政策等多个层面扶持农业发展，为农业发展提供全方位支持和指导。

1933年，美国通过的《农业调整法》对确立农业基础地位、实现美国农业政策具有重要意义。20世纪90年代，美国制定了美国农业立法史上内容最全面的法律条例，坚持以市场为导向。2007年，美国出台了新农业法案，形成了以农业法为基础、100多部重要法律为配套的完善的农业法律体系。美国通过不断完善立法对农业进行保护和支持，实现增加农民收入、稳定粮食供应、保障农产品供应安全的政策目标。农业法律制度的完善从根本上保障了土地的占有、使用、收益和处分，提高了农产品质量，推动了农产品出口，保障了粮食安全。

2. 建立完善农业政策体系

在不同发展阶段，美国政府针对农业发展中存在的矛盾和问题，适时出台了一系列农业保护政策，包括价格支持、财政补贴、信贷税收、对外贸易等方面，逐步形成了完善的政策体系。根据社会经济环境和农业发展情况，美国政府对农业法案不断进行补充、修订，根据这些农业法案的主要内容和目标差异，可将美国农业政策发展进程分为四个阶段：第一阶段（1933—1989年），此阶段实行的农业政策以农产品价格支持和补贴为主；第二阶段（1990—2002年），这一阶段的美国农业政策逐渐开始引导农业生产市场化，减少农业补贴；第三阶段（2002—2014年），这一阶段为了应对美元贬值，国际农产品市场价格持续下降，农产品需求疲软，为确保农民收入的稳定，计划10年内增加对农业的投资和补贴1900亿美元；第四阶段（2014年至今），美国对农业的补贴由"黄箱"政策转向自由市场化趋势。

美国针对农业发展情况适时调整农业政策，如每年根据玉米、棉花、大米、小麦等主要农产品的市场需求情况，制订农产品计划，在农民自愿的基础上，与其签订合同，确定一定比例的土地进行停耕、休耕和转耕，并对自愿休耕的土地给予补贴。同时，成立了农产品信贷公司，直接从农业部借来资金执行价格支持计划。

美国的农业保险从1938年开始实施，通过多年的不断调整和完善，保险体系逐步健全，通过实行农业保险制度，从而规避了农业生产的风险，减少了自然灾害对农业生产造成的损失。尤其是2014年2月，经过多方多轮谈判，美国《食物、农场及就业法案》（以下简称"新农业法案"）正式出台。新农业法案政策调整的重要内容是农业保险政策改革，成为备受美国国内外关注的重要话题。美国新农业法案通过采取提高保险额度、扩大保险覆盖面、增加农业保险险种、提高对农业保险的财政支持力度等措施，进一步完善和优化美国农业保险体系，重点解决美国农业当前面临的问题以及潜在危机。

3. 强化对农业的指导和规范

美国农业部作为美国重要的经济管理部门，机构设置完善，负责对农业进行总体宏观调控。美国于1998年设立了总统食品安全顾问委员会，统一领导多头管理、交叉执法的食品质量安全监管体系，食品与药物管理局（FDA）、食品安全检验署（FSIS）、农业市场署（AMS）、动植物卫生检验署（APHIS）、环境保护署（EPA）、海洋渔业署（NMFS）分别在各自负责的环节和执法范围内对食品质量安全实施监管。各级政府职能部门以及各种商会、协会等民间组织，也对农业发展的需求进行引导。2011年通过的《FDA食品安全现代化法案》，除了规定农产品生产商应在信息公开和质量保障方面承担更多的责任，在农产品召回制度基础上首次赋予FDA对食品的强制召回权，即FDA可以直接要求生产和销售缺陷食品的企业立即召回问题食品并承担主要责任。

完善的食品安全监管体系营造了注重品牌建设的环境。一方面，美国有完善的食品安全监管法律法规体系，除了《联邦食品、药品和化妆品法》这一基本法外，另外还有《联邦肉检验法》《禽肉制品检验法》《蛋制品检验法》《食品质量保护法》等法律构成必要的补充，法律法规覆盖了几乎所有食品，为食品安全制定了严格的标准和监管程序；另一方面，美国的食品安全监管体系分为联邦、州和地区三个层次，三级监管部门不会出现职能交叉，三级部门各司其职，从原料采购、生产、流通、销售和售后等各个环节进行全过程监管，形成覆盖全国的立体监管网络。

（二）完善科研体系，增强农业品牌意识

美国政府十分重视农业科研体系的建设，早在1914年美国联邦国会参众两院便通过了《史密斯-利弗法》（Smith Lever Act），形成了与农业生产第一线紧密联系的教育、研究、推广体系，大大增强了美国农产品生产者的农业科技知识、经营管理知识和品牌意识。

《史密斯-利弗法》是美国关于推广农业和家政知识的法令。法案规定，为在美国人民中传播并鼓励应用有关农业和家政的各种有用的实际知识，凡根据国会1862年7月和1890年8月通过的《莫里尔法》，各州接受或以后将接受赠地而建立的学院应与联邦农业部合作，共同开展推广农业知识和技术的工作，但其间不得中断田间管理或农业部植物工业局所主持的农民的示范工作。

农业和家政知识的推广对象包括各社区不能去学院听课或不住在学院的人员，通过田间示范、出版物或其他方式推广有关知识。并规定每年固定拨款48万美元用于此项工作，凡由州议会通过并执行法令的州，每年从中拨给1万美元。该法令为20世纪上半期少有的联邦政府参与的有关教育事业的立法之一。

农业科研需要长期投入且风险较高，而特色农产品的研发风险比一般的农业研发更高，普通企业难以承担这样周期长、风险大的科研投入，因此，政府必须在特色农产

品科研投入方面发挥基础性、引导性作用。1950—2008年，美国农业科研经费从20多亿美元增至96亿美元，约占世界农业研发经费的20%，其中政府公共部门投入的经费约占50%。联邦农业科研机构、农业研究署等部门和各州农业科研机构（各州的赠地学院）负责基础性农业研究和推广工作，大型跨国农业公司则进行应用性农业技术研发，其研发经费通常占到销售收入的5%左右。

美国农业科研体系实行产、学、研结合的机制，并且有着成熟的风险控制机制，使研发成果投入农业产业的过程较短，运作相当高效，形成了具有一定规模的农业科研产业集群。例如，在美国农业研究领域的知名学府加利福尼亚大学戴维斯分校所在地附近，聚集了很多农业科研机构和农业高新技术公司，在该校科研创新的带动下，产业聚集效应显著，该地区被称为美国的"农业硅谷"。在这里，特色农产品随处可见。

（三）科技创新提升农业品牌价值

纵观历史，农业科技始终领衔和贯穿美国农业的整个发展过程，对推动美国成为世界第一农业强国起到了关键的主导作用。

创新是美国农产品品牌价值得以不断提升的不竭动力。2007年美国通过《美国竞争法》，投入336亿美元用于科技发展，农业基础研究的科研预算在近几年内成倍增加。近几年，美国联邦政府每年投入20亿美元左右用于农业科技研发，约占联邦政府研发总投入的2%，农业科技企业用于研究开发的投入一般占销售总额的5%~15%。如孟山都公司（MONSANTO）是世界领先的农业生物技术公司，全球第一大种子公司，研发投入占每年收入的10%（约8亿美元），每天有220万美元左右的经费用于创新技术研究。其品牌价值提升模式是：高投入研发、申请专利、销售并收取专利使用费。公司创造的品牌收入45%来自科技创新。美国农场主家家拥有电脑，美国农民中具备基本科学素质的人口已达17%。

科技和灵活多样的营销手段提升了品牌形象，科技在美国农产品品牌的建立和维护中发挥了重要作用。生物技术、信息技术、管理技术在农业中的广泛应用，促使美国形成了以科技创新为核心，注重基础教育，高投入研发，进而申请专利并收取专利使用费的农产品品牌价值提升模式。

先进的科学技术提升品牌价值。科技实力在提升美国农业品牌价值中的作用不容小觑，一方面通过农业技术的发展与优化，包括生物技术、动植物病虫害防治技术、高水平节水灌溉技术、土壤肥料合理有效利用技术、工厂化种养技术、农业机械化和自动化实施技术等，不断优化结构、增加产量、改进品质；另一方面，信息技术广泛应用于农产品销售系统，方便消费者购物，为品牌发展提供了便利。

1. 高度机械化的农业生产

美国农场现有的机械化设备种类繁多、配套齐全，如各种型号的拖拉机、联合收割机、深松机械、整地机械、播种机械、植保机械、联合作业机械以及各种沟灌、喷灌、滴灌设备等应有尽有，基本实现了从耕地、播种、灌水、施肥、喷药到收割、脱粒、加工、运输、精选、烘干、储存等几乎所有农作物生产领域的机械化。

如此大规模的机械化生产极大地提高了美国农业的生产效率。现在美国农场平均每一个农业劳动力可以耕地1.8km^2，可以照料6万~7万只鸡、5000头牛，可以生产谷物10万kg以上以及生产肉类1万kg左右，养活98个美国人和34个外国人。

2. 领先世界的农业生物技术

美国农业高科技的另一个重要特征就是始终高度重视生物技术在农业生产领域的广泛应用。目前全球前20大农业生物技术公司中，美国就有10家。

随着生物技术在农业生产领域的广泛应用，美国已初步实现了能够按照人类的意志改良动植物的愿望，这意味着未来美国在提升农产品品种、品质、产量，解决人类饥荒等方面，拥有很大的潜力。以美国孟山都公司为例，公司每年花费大量资金用于科技创新，重视农业科技创新与推广体系的作用。

3. 信息化技术

美国是世界上第一个进入信息化社会的国家，其计算机和互联网技术的普及应用、信息高速公路的四通八达为农业信息化创造了必要条件。

目前，信息化技术已经渗透到了美国农业生产的方方面面，大大降低了美国农业的生产成本，提高了美国农业的生产效率和农产品的国际竞争力。

（四）高广告投入加大农业品牌宣传

美国每年在广告上的投入非常多，美国农产品企业将广告看成是提升品牌形象和市场占有率的法宝，广告可谓是美国农产品品牌发展的关键。在美国，知名品牌每年的广告宣传费用都在1亿美元以上，有的甚至高达10亿美元。美国农产品在进入国际市场前，都已制订周密的广告计划。

大部分企业在将产品推向市场前都要投入高额的广告费用作为销售的前期推广，如在20世纪90年代，华盛顿苹果刚刚进入中国市场时，企业就举办了以华盛顿果园美丽风景为主题的少儿绘画大赛，以此来推广苹果。

美国还有丰富有效的品牌营销手段，比如对农产品进行有效的品牌设计，以灵活多样的方式进行农产品促销，利用公共关系和事件进行营销，美国农产品协会和会员公司还经常采用举办或参加农产品展销会的方式进行营销。同时，美国农业科技生产信息的网络支持技术以及网上农资销售系统的实施，极大地方便了消费者自助购物，信息技术在生产和销售中的广泛应用，为农产品品牌发展提供了便利。

（五）多产业整合实现品牌共享

美国现代农业涉及生物学、地理学、气象学、生态学等学科门类，将农业生产、工业制造、商品流通、信息服务、金融支持等产业融为一体，形成了一套产前、产中、产后紧密结合的产业化体系，是多学科、多部门的系统化综合体。

美国现代农业体系以高科技含量、高资本投入、高产出和高商品率为特点，形成了现代集约化、高度社会化和国际化的农业形态，建立了以农工综合企业、工商企业和农业合作社等行业组织为主的产业化经营体系，打造了一条农产品生产、加工、营销各环节紧密相连的产业链。

美国加州是全球最大的巴旦木供应地，销往全球约100个国家。美国巴旦木在国际上取得的成功主要在于其协会的成立。加州巴旦木协会（以下简称协会）是非赢利性不可拥股的合作性组织，这就保证了每个会员的利益，深受巴旦木种植者的欢迎。协会的宗旨：①维护巴旦木的销售渠道，并不断开拓新的市场；②努力让利润价值最大化；③向会员提供良好的产后服务。

协会与其所属会员分工合作，协会主要负责巴旦木产品的加工、技术研发、市场开拓，而其会员则负责巴旦木的种植与生产。两者互相配合，各司其职，协会负责市场，会员负责提供原料，相互依存，共同发展壮大美国巴旦木产业。

协会还要负责制定和完善巴旦木的行业标准，通过严格控制巴旦木的品质，从而增强加州巴旦木的竞争力。不仅如此，协会还会在全球各地通过各种形式推介加州巴旦木的优点，不断拓展新的消费群体。

与此同时，协会为了避免同类产品之间的恶性竞争，从一开始就规定，美国的巴旦木都以"加州巴旦木"的名称进行出口，从而保证了美国巴旦木市场的稳定。

二、美国农产品品牌典型案例

美国农业大都以家庭农场为主，土地资源丰富，土地流转自由，为规模经营提供了充分保障。在大田农产品生产上，如玉米、谷物等，其经营规模都是以上千英亩[①]为单位进行的。规模化经营的特点，也体现了美国在农业生产过程中的高度机械化、现代化管理，使得农产品质量得到了保障。

美国农业又是专业化经营的农业，全国的农产品很大部分是专业化农场提供的。其中，棉花、大田作物、果树、牛肉和奶牛农场专业化的比例分别为76.9%、81.1%、96.3%、87.9%和84.2%，农业专业化经营为美国农产品品牌化打下了良好的根基。

以美国新奇士橘农协会为例，美国新奇士橘农协会是美国10个最大非营利性购销合作社之一，主要经营柑橘，有100多年的发展历史。1893年以前，美国加利福尼亚州的柑橘是由代理商收购和销售的，由于信息不对称，橘农处于被动地位，只能听凭销售代理商的摆布。代理商通过压低柑橘价格获取尽量多的利润空间，有的还以寄售方式将市场风险转嫁到橘农身上，结果是代理商获得了大部分利润，橘农却承担了所有风险，常常面临亏损。为了抵御市场风险，南加利福尼亚州的橘农联合起来建立了几个小的柑橘销售协会，1893年8月29日，由100多名橘农代表发起，在洛杉矶成立南加利福尼亚水果销售协会（South California Fruit Exchange）。该协会负责制定柑橘分级标准，严格控制

---

① 1英亩（acre）=0.4046856hm^2。

产品质量，为本地区60户柑橘生产者提供运销服务，在第一个收获季节，共为橘农卖出600万箱柑橘，每箱价格比橘农通过销售代理商销售高出75美分。后来，随着协会规模的扩大，成员发展到5000户以上，每年运销1400万箱柑橘，占加利福尼亚州柑橘产量的45%。1905年更名为加利福尼亚果农销售协会。1908年，确定商标为Sunkist。每年在水果交易中有600万箱柑橘和100万箱柠檬贴上"Sunkist Orange"商标。1914年，协会进入加工领域，生产橘子酱、橘子汁等产品。

1952年，协会更名为新奇士橘农协会（Sunkist Grower，中文商标"新奇士"），开始扩展海外市场，1966年出口柑橘达1240万箱。目前，新奇士橘农协会拥有成员6500户，涵盖所有加利福尼亚州和亚利桑那州的柑橘生产者。

新奇士橘农协会的运作模式与特点为协会是一个非营利性的合作社组织，财产由成员共同拥有，在市场运作上采取公司管理模式，实行职业化和专业化经营管理，聘用专职总经理。协会组织结构由社员大会、董事会、总经理、员工4个层次组成。协会使用统一的种植标准、统一的商标"Sunkist"，全球统一价格，避免成员之间的价格竞争。协会的运作资金主要来自政府对果农的退税和对农业的预算补贴，以及会员缴纳的会费。

新奇士橘农协会的运作模式之一是"合同制"，果农、橘园管理公司、包装厂等自愿加入成为股东之一，将产前、产中和产后各环节形成合同制的利益分配机制。产品流程是先由协会驻世界各地的代表处将订单传回总部，总部将订单分散到60多个打包厂，打包厂根据情况向果农收购果品，实行完善的信息化、数字化产销管理。协会除建立了区域性乃至全球性的销售网络信息体系及客户管理系统外，还建立了果树信息档案管理系统，对每株果树的品种、品质特性及成熟期都有记录，其中成熟期能够精确到周，大大提高了果品收购速度，从接到订单到装箱运输只需2~3d。为了适应市场的需求，通过新技术的应用与推广、品种改良等手段，调节果实成熟期，使果品分期上市，形成了4—10月成熟的夏橙和10月至翌年4月成熟的脐橙的品种系列，使果实成熟期分布至全年，在不同时期均有果品上市。新奇士橘农协会成功地进行了品牌塑造，实现了"Sunkist"品牌经营与国际化策略。在国际市场上，新奇士橘农协会凭借品牌优势和强大的品牌效应来开拓国际市场，年销售额达11亿美元，品牌市值超过70亿美元。

第四节
新西兰农产品品牌建设

新西兰位于南太平洋，四面环海，是一个岛国，主要包括北岛和南岛这两个大型岛屿及一些小型岛屿，国内遍布河流、山脉、湖泊、牧场和丘陵，丘陵和山地的面积占到国土总面积的3/4以上,且山地普遍海拔不高,仅有1/5的山地海拔高于1000m,以上地理特征决定了新西兰的温带海洋性气候,特点是四季气候差别不大,夏季干燥温暖,冬季湿润温和,其中北岛和南岛的气候不同,南岛年平均气温在10℃左右,年降水量为500~900mm,而北岛的年平均气温略高,15℃左右,年降雨量为1150~1500mm。同时新西兰的土地资源特别好,故新西兰依靠优越的地理环境和自然条件,其种植业（以猕猴桃和葡萄为主）、畜牧业（养殖奶牛为主,鹿、绵羊为辅）和林业（松树为主）高度发达,这些产业在全球市场都具有很强的竞争力,同时猕猴桃、乳制品、葡萄酒和木材成为新西兰出口的标志性品牌产品。

新西兰是一个农业大国,农业机械化程度很高,主要农作物有水果、大麦、燕麦和小麦等。发达的畜牧业是全国的经济基础,畜牧业出口收入占据全国出口总收入的3/5以上。其中,乳制品和羊肉出口量为世界第一,羊毛出口量为世界第二。但新西兰人口只有491万,国内市场很小,所以大部分农产品是面向全世界出口的,以园艺产品和牧场产品表现最为显眼,尤其是猕猴桃产业。

新西兰农产品市场化程度比较高且新西兰人思维超前,注重品牌意识和效应,其农产品品牌国际化取得了巨大的成功,如佳沛（Zespri）猕猴桃、恒天然（Fonterra）乳制品等在世界上享有盛誉。当然这些品牌的成功不是一蹴而就的,需要政府、企业和农户的共同努力。

一、新西兰农产品品牌建设的特点

（一）政府引导,制度改革,不断完善农业管理体系

随着全世界经济一体化尤其是国际贸易自由化,许多国家都想在农产品出口市场上分一杯羹,竞争日渐激烈,像新西兰这样的外向型农业势必受国际市场影响,且随着国际上对进口农产品的质量标准、食品安全及检疫要求越来越严格,再加上欧美等国家对世界农产品出口市场份额的争抢,所以新西兰政府为了有效地应对外部环境变化,根据本国实际情况及时对农业管理体制进行了调整改革。

早在20世界80年代之前,新西兰政府对于本国农业发展就给予了许多优惠政策,如提供农业补贴、试验设施设备及饲料、电源等,甚至在经济大萧条时期保证农产品的价格,政府早期的这种管理模式与自由市场相悖,故新西兰农业经济在过多的政府干预及全球经济结构的转变等因素下跌入谷底。80年代后,新西兰采取农业改革政策,政府不再违背市场规律,而是让农业顺其自然地去承受来自国际和国内市场的冲击,以满足市场需求为导向,创造出更加市场化、现代化和国际化的农业发展模式。同时政府取消了一些管理部门和科研机构,重新组建了6个与农业有关的研究所,实行公司化管理,自负盈亏。政府相关部门仅制定相关政策,并不直接干涉农产品价格,其职能主要偏向于对农产品交易的市场环境进行改善和对农产品交易制度的完善等。经历改革后的新西兰农业,政府作用的比重降低了,但为了满足消费者需要形成一套新的规程和标准,且政

府根据国际市场农产品贸易具体情况对农业管理制度还在不断进行完善。新西兰政府从国家层面不断推进农业产业的发展,通过全面协调和积极的干预,并通过政策的引导使整个农业产业不断规模化、规范化和高效化。

(二)充分利用WTO规则,加大对农业的保护

新西兰在1995年加入WTO,由于其大部分农产品需要出口国外,同时也为了适应新的国际环境,新西兰政府长期以来非常积极地倡导国际贸易自由化,反对各种各样不同形式的不正当竞争,并主张支持公平贸易,同时为了保持本国农业在国际市场的竞争优势,新西兰政府充分利用WTO框架下对农业的保护空间,积极扶持和保护新西兰农业的发展。例如,在农产品进入新西兰市场方面,新西兰采取了特别严格的农产品进口检验检疫制度,政府几乎动用了全球最先进的技术手段和科学仪器去检验检疫进口农产品,从而限制了绝大多数农牧产品及相关产品进入新西兰市场。且新西兰政府在国内支持方面也采取了许多服务措施,包括农产品的开发与研究、控制病虫害、检验产品、营销和促销、推广培训和咨询服务等。

(三)建立农民合作组织,健全农业社会化服务体系

市场经济的一个显著特征是完善健全的社会化服务。新西兰作为发达的市场经济国家,国内的社会化服务组织非常健全,政府对本国农业发展提供了如科研、教育等很多方面强有力的服务,同时成立各种形式的农民协会组织或合作社为农业发展提供了各种社会化服务,包括提供各种生产经营技术,且帮助农民了解农产品产销市场行情、签订购销合同和提供会计核算等服务。比如新西兰在20世纪80年代后对乳制品行业的结构及体制进行了改革,此时有特色的以恒天然合作社为代表的乳制品农业经营管理体制出现了,由新西兰政府出面,采用内部垄断经营方式,即将全国近百家乳品公司合并成一家由全国95%奶农参股支持下成立的合作社,取名"恒天然合作社",后发展成为新西兰乳业巨头"恒天然集团"。恒天然集团作为新西兰最大的乳业公司,分布在新西兰的1.3万户奶农是公司的股东,此举构建了以奶农合作社、农场主和乳业委员会为主的高度纵向一体化体系。这种模式不仅将乳制品加工企业与奶农之间的利益密切联系到一起,保障了农户在产业链中的收益和地位,定期的利润分红促使所有奶农重视产品质量,支持和推动乳品加工企业的发展,也明确规定了体系中各方参与者的权利、义务和责任,明晰权责,同时像这种乳制品出口由单一公司垄断经营,完全整合了国内资源,消除了国内其他组织或个人对出口权的竞争,以统一的品牌推向国际市场,使产业效益达到最大化。

(四)重视农产品质量安全及标准

只有农产品质量是安全的才能保证在市场上的实用性,所以产品质量一直是品牌价值的基础。新西兰农产品主要以出口为主,如果安全出了问题,结果将是致命的,故新

西兰特别重视农产品质量安全。为了加强农产品的品牌建设，新西兰人对农产品从选育、加工等生产过程到进出口运输等环节制定了一系列严格的法律法规，同时将食品安全局、农林部和渔业部等部门合并成第一产业部，统一监管，并加快农产品生产体系建设，严格执行生产技术规程、环境质量标准、产品标准、贮藏和运输标准及其他相关标准所构成的完整的质量控制标准体系，确保农产品从田间到餐桌的品质，生产出安全、健康、优质、营养的高质量农产品，提高其市场竞争力，培育农产品国际品牌。

（五）注重科技在农产品生产中的作用

为什么新西兰能培育出这么多优秀的农产品国际品牌，归根结底依靠的还是强大的科研技术依托。新西兰政府每年投入大量的人力、物力和财力研究种植业，尤其是苹果、猕猴桃等园艺作物，主要包括育种、高产优质、病虫害防治、贮藏保鲜和运输等方面的研究工作。在畜牧业方面，新西兰每年投入大量的力量在培育牧草、种畜繁殖和防疫等方面，同时注重从业人员的专业技能培训和示范推广等。

（六）重视农产品的品牌和包装

新西兰所有的农产品在进入市场和到达消费者手中之前，都要经过清洗、分级和包装。我们市场上常见的农产品，如苹果、猕猴桃、马铃薯、甜椒等均有自己的厂名和品牌，大多数产品包装都非常精美。即便是一根黄瓜、一个萝卜都用保鲜膜进行包装，产值成倍增加。企业将农产品进行包装，使其品牌化，扩大了市场并提高了市场占有率，同时提高了产品附加值。有的企业还通过农产品品牌进行生产扩张和国际间的合作。

（七）监管程序职责明确，标准执行得力

政府制定食品安全相关政策、法规及相关标准后，并不对生产者的产品是否符合标准进行认定，而是由第三方来完成。第三方是独立的检测机构，由第一产业部认证，职责是进行产品抽检以及按照风险管理制度进行独立检测评估，这样既减少了政府的干预，又防止了权力腐败和造假现象，确保了检测的独立性和公正性。

二、新西兰农产品品牌典型案例

新西兰农产品品牌建设取得了巨大的成功，通过政府和农户多方面的努力全方位地建设农产品国际品牌，提升了农产品的国际竞争力，其中最典型的案例莫过于猕猴桃品牌"Zespri"，中文名字"佳沛"。

（一）品牌命名

猕猴桃属于猕猴桃科猕猴桃属野生攀援类藤本果树，是原产于我国的一种野果。新

西兰原本没有猕猴桃这种植物，是新西兰女教师伊莎贝尔在1904年从我国湖北省宜昌市将猕猴桃种子带回新西兰，从此猕猴桃在这个南太平洋岛国生根发芽、茁壮成长，并因酷似新西兰国鸟基维鸟（Kiwi），故称基维果（Kiwifruit），又称奇异果。由于新西兰合适的气候和水土条件，新西兰著名园艺师亚历山大将猕猴桃试种成功，但这仅仅是开始，因为野生的猕猴桃有一些瑕疵，如表皮绒毛过多、果实硬度比较大及未完全成熟时味道酸涩等，以上瑕疵并不能被大多数消费者所接受，故必须通过人工选择培育出美味好看的品种。新西兰人经过约30年的时间培育出适合商业化栽培的品种，直到现在新西兰人仍在不断培育研发猕猴桃新品种。

1940年，新西兰开始对猕猴桃进行商品化大生产，1952年猕猴桃迈出国门，开始外销。1959年，新西兰第一次使用"Kiwifruit"（奇异果）这个称谓代替经过多年品种培育改良后的中国"猕猴桃"。20世纪60年代起新西兰奇异果开始大量出口到加拿大、英国、日本和美国等国家，到70年代已形成新兴产业，直到1980年新西兰奇异果产业在国际市场上一直处于垄断位置。正是由于新西兰奇异果出口取得了巨大成功，意大利、美国、智利和法国等世界其他国家也开始大力发展猕猴桃产业，其中当属意大利和智利发展速度最快，这两个国家将出口国外的猕猴桃产品也称为"Kiwifruit"，新西兰的奇异果产品与这两个国家的产品没有任何区分，且因意大利地处欧洲，有地理位置优势，而智利猕猴桃的价格低具有成本优势，新西兰的奇异果产品失去了优势，同时加上世界猕猴桃产量暴涨，猕猴桃国际市场出现了供大于求的局面，新西兰奇异果出口价格大跌并且失去了国际出口市场的垄断地位，这种状况致使新西兰奇异果产业出现巨大危机。新西兰政府面对这种严重情况，在1988年又一次进行了改革，创建了新西兰奇异果营销局（New Zealand Kiwifruit Marketing Board，NZKMB）。

新西兰奇异果营销局的建立彻底改变了新西兰奇异果产业的命运，为此次改革最大的亮点。营销局完全是由果农出资建立，采用垄断的方式进行经营，即由同一个收购商兼出口商销售奇异果，不仅整合了原来由零售商掌握的市场，并且最大程度地为果农创造最高利益，这一举措使果农们掌握了奇异果市场销售的主导权，不再是被动地位。虽然新西兰政府反应迅速地成立了新西兰奇异果营销局，但是面对奇异果出口贸易市场的复杂行情收效不大。不过接下来的几年营销局推行了一系列举措，包括选育品种、优化生产及广告促销等，这些措施使新西兰奇异果产业成为新西兰的支柱产业，也为新西兰奇异果产业在未来的重新崛起打下了基础。

面对越来越严重的奇异果行业危机，新西兰政府在1997年又进行了一次重大的变革，即重新评估新西兰奇异果营销局经营模式，评估结果发现在营销局内果农代表们的对话渠道并不十分通畅，政府难以真正掌握行业发展的动态，且营销局对零售商和出口商的关注较少，整体运行处于失衡状态。新西兰政府针对上述情况采取了以市场为驱动的发展战略，试图通过公司化的运作模式去经营整个国家的奇异果产业。所以在同一年将原来的新西兰奇异果营销局拆分成两个互相独立的部分，彼此职能清晰，互不僭越。其中独立的一部分是以公司的形式运行营销职能，负责打造新西兰奇异果全球品牌形象和推广，命名为新西兰奇异果国际行销公司；另一部分则保留了协调和决策职能，命名为新西兰奇异果组织（Kiwifruit New Zealand，KNZ），负责保证整个新西兰奇异果产业在选育品种、果园管理、采后冷藏、商品包装、运输和销售等环节的协作。新西兰奇异果国际行销公司的英文缩写为"Zespri"，中文翻译为"佳沛"，语意为"佳境天成，活力充沛"。由于新西兰奇异果国际行销公司的集资是由果农们提供，所以果农们拥有公司完整的股权并且负责经营，同时也是新西兰唯一的一级出口商，集中经营Zespri™品牌，新西兰的奇异果全部采用"Zespri"这个全新的商标销往世界上其他国家。

新西兰奇异果国际行销公司打造了"Zespri"这个全球驰名的猕猴桃品牌，为什么不一直沿用"Kiwifruit"这个名字呢？上文也说过了新西兰的"Kiwifruit"无法与智利、意大利等国的"Kiwifruit"进行区分，结果会导致其他国家生产的猕猴桃对新西兰奇异果有特别好的可替代性，所以此时新西兰势必要建立自己的奇异果品牌，不仅可以引起消费者对产品的兴趣，赢得消费者的信任，而且还可以区分与其他国家的产品。新西兰奇异果经历了自然天成到品牌经营的道路，新西兰人将本国奇异果包装，加以品牌化，摆脱低价竞争。很多人认为"Zespri"是由许多单词的前缀组合起来所产生出的缩略词，但事实上并不是，"Zespri"是根据科学、严格的分析在计算机上推演而来的。美国当代营销大师阿尔·里斯在《打造品牌的22条法则》一书中指出，从长远视角来看，对一个品牌而言，最重要的就是它的名字。

事实上，新西兰奇异果国际行销公司没有使用地域或其他作为奇异果的品牌名字，是希望为新西兰奇异果量身打造出一个全新的品牌名称，所以该公司投入大量资金调查奇异果在广大消费者心中的形象和食用感受。受访民众告诉新西兰奇异果国际行销公司市场调研人员，奇异果代表"活化感官感受，像美女与野兽的组合，同时在肉体与精神层面上皆有吸引力""充满活力、精力充沛、健康、营养、欢腾、兴致高昂、富有生命气息、充满乐趣以及能量饱满""外表虽丑陋，滋味却极为美妙"。有亚洲消费者说："食用奇异果就像是冲凉般的感受，肉体神清气爽，精神因此为之一振"。通过这些调查得到的数据显示消费者们赋予了奇异果独特的个性标签，建立的品牌必须具有深意，不只具有文字上面的意义，还要让人很快地联想到品质优良的奇异果，并在每天的生活中感受到奇异果的生命活力。

对打造新的奇异果品牌而言，以上信息必须通过一个词去挖掘民众传达的内涵意义，所以它必须是一个突出的、充满吸引力的、带有积极向上的内涵意义的，能够描绘出新西兰奇异果本质的词，并且可以成为行销世界的商标。于是，通过分析市场调研情况，新西兰奇异果国际行销公司通过电脑程序模拟奇异果品牌名称所要传达的需求信息形式和内涵，程序自动生成"Zespri"这样一个新词，于是公司将这个词作为新西兰奇异果的唯一品牌。

（二）产品创新

创新是新西兰奇异果成功树立差异化品牌形象、提升品牌溢价能力的一个重要举措。新西兰政府注重产品创新，投入了大量的科研力量围绕奇异果产业开展科学研究，主要包括收集保护、选育培育品种资源、改良种植管理技术、奇异果采后处理及其副产品的加工生产。其中新西兰园艺与食品研究所为全球顶尖的园艺研究所之一，为新西兰水果产业提供强有力的技术支撑。研究所设置了4个研究中心和7个试验站，全部分布于新西兰各主要水果产区，其研究领域覆盖了水果产业的各个环节，包括育种、栽培、采后保鲜、果品加工和生物技术等多个方面。新西兰园艺与食品研究所十分重视引进、收集、研究和利用国外的种质资源，其中就包括引进了我国现存的60多种猕猴桃种质资源中的20多种种质资源。除了新西兰政府给予的技术和品种支持、国家研究院所提供的品种和技术外，新西兰奇异果国际行销公司每年投入大量经费研究奇异果产业技术，同时设立了专业的技术研发部以提高奇异果产业发展中各个环节的科技含量。新西兰研究人员依托自身的技术优势，在引入大量国外品种的基础上培育出至今在国际市场上仍占据主导地位的奇异果绿色果实新品种海沃德（Hayward）。该品种奇异果具有比较鲜明的特征，体积大且拥有外形美观、口感优质和贮藏时间长等优点，至今一直是新西兰大规模进行商业化生产及出口的奇异果品种。同时每年佳沛公司都会花费巨资进行市场调研，详细了解消费者情况，由于新西兰的奇异果基本是出口海外，所以市场调研也是走出新西兰，了解不同国家的消费者对猕猴桃品种、大小、颜色及口感等方面的偏好，不放过每一个细节。调研后针对亚洲市场消费者们的偏好同时为了丰富猕猴桃品种，佳沛公司与新西兰园艺与食品研究所一起合作，于1991年培育出金色（黄肉）奇异果新品种（Hort16A），该品种具有皮薄、甜度高、果肉为黄色且具有热带水果风味等特点，1998年在日本、韩国等亚洲市场、欧洲甚至在新西兰本土都取得了巨大的成功，并于2000年推向中国市场。黄肉奇异果新品种带给新西兰奇异果产业的价值高于普通奇异果。举个例子，2005年海沃德猕猴桃、黄肉猕猴桃和有机奇异果出口量占新西兰奇异果出口总量的比例分别为73%、24%和3%，虽然黄肉奇异果的出口量仅占出口总量的1/4，但是价值最高。据统计，2005年新西兰奇异果种植园平均收入为3.85万美元/hm^2，黄肉奇异果园的收入高达4.49万美元/hm^2，而海沃德奇异果园的收入为3.76万美元/hm^2，有机奇异果园的收入为3.70万美元/hm^2。

由于新西兰政府及新西兰奇异果国际行销公司对于奇异果产业科研投入的重视，强大的科技支撑使新西兰奇异果单产量居于世界前列。2003—2005年意大利猕猴桃单产量为18820kg/hm^2，智利猕猴桃的年均单产量更低，仅16158kg/hm^2，而新西兰奇异果单产量高达26165kg/hm^2，为意大利的1.39倍和智利的1.61倍，远远高于其他主产国。

（三）统一标准

新西兰佳沛奇异果一直在全球市场畅行无阻的重要保障之一是生产过程的标准化管理和形象、品质的高度统一。新西兰奇异果国际行销公司对每个奇异果从选种、育种、种植管理直到成熟采摘的整个流程均进行严格的控制和管理，为果园配置专业的技术监察员对果农提供病虫害防治、土壤管理、种植管理等技术指导。采摘前，公司会委托第三方检测机构对硬度、果籽颜色、甜度和果肉与水分比例进行检测，只有所有的指标均达到采摘标准才会允许果农手工采摘，而且在采摘前3个月严禁使用各种化学产品，采摘前也会再三核准果实的安全性。奇异果采摘后全部会送到包装厂进行统一包装，通过一系列检测流程后品相不好或大小不一致的果实会被筛选出来。包装厂的计算机设备会按照奇异果的颜色、大小、质量和成熟度进行自动筛选分配，并按不同的种类、颜色和大小分装，尽最大可能地保证每一箱奇异果都达到统一的规格、口味及成熟度，以便有针对性地安排不同的出口日期及冷藏温度。每一箱包装盒内均有一张详细的追踪资料卡，消费者可根据资料卡追溯到该箱果实的具体出处及详细的种植信息，此追踪系统能够督促果农更注重品质掌控，切实保障了消费者的权益。"佳沛"奇异果在运输过程中会严格控制0~2℃低温且低氧的环境，目的是为了保证全球各地的消费者都能吃到"仿佛刚刚采摘"的口感新鲜的猕猴桃。同时新西兰奇异果国际行销公司在运送奇异果之前，会把控每一批次的成熟度，使其在运输过程中可以继续成熟，以保证最佳的口感。在包装上同样也下了不少功夫，在"保鲜"的基础上，充分体现了品牌的独有形象和价值品位。

第四章

国内农产品品牌经典案例分析

第一节
北京顺鑫农业品牌建设

北京顺鑫农业股份有限公司位于北京市顺义区，是一家集白酒酿造、种猪繁育及肉食品加工、农产品加工及物流配送等产业于一体的综合型企业。公司于1998年11月4日在深交所挂牌上市，是北京市第一家农业类上市公司，注册资本57059万元。公司先后获得"农业产业化国家重点龙头企业""中国制造业企业500强""中国500强"等荣誉称号。

作为立足中国首都发展和以食品生产加工为主的农业企业，公司始终坚持"食品安全第一责任人"的理念，长期以来承担着保障北京市"菜篮子"供应的重要使命。先后圆满完成北京奥运会、残奥会、花博会、国庆60周年大阅兵、南京青奥会和每年全国两会等重大活动的农产品供应和保障任务。

一、品牌建设情况

公司始终高度重视品牌建设，重视企业文化影响力对企业的作用。顺鑫农业成立至今，旗下品牌实现了从无到有、从少到多、从不知名到全国驰名的跨越，已拥有"顺鑫""牛栏山""鹏程""小店""宁诚"5件中国驰名商标、9件省（市）级著名商标、1件国家级非物质文化遗产，已成为国内拥有驰名、著名商标最多的企业之一。

顺鑫农业现已形成了以白酒、猪肉为主的两大产业，白酒产业的主要产品品牌以"牛栏山"和"宁诚"为代表，"牛栏山"现已形成清香型"二锅头"和浓香型"百年"两大系列白酒。公司在全国市场布局加速推进，已经在河北、内蒙古、江苏等18个省级区域形成亿元级市场。新兴市场蓬勃发展，其中福建、新疆等新兴市场销售收入同比增长50%以上，长江三角洲市场增幅达70%以上，企业全国化布局成效显著。

"鹏程"品牌是中国肉类行业的领导品牌，是集种猪繁育、生猪养殖、屠宰及肉制品加工、仓储物流为一体的农业产业化企业，主要包括"小店"牌种猪及商品猪、"鹏程"牌生鲜及熟食制品。在北京地区拥有规模优势明显、设计科学合理、设备设施领先、技术位居行业前列的猪肉及肉制品生产基地，单厂屠宰量位居全国前列，北京市场产销量始终处于领先地位。顺鑫农业现已形成"以顺鑫品牌为中心，各业务品牌协同发展"的多品牌集群式发展模式。

（一）建立产品质量的制度保障

顺鑫农业把做良心企业、确保食品安全作为最重要的社会责任，不断提高食品安全水平和产品质量品质。建立产品质量常态化监督检查机制，成立食品药品安全管理领导小组，对所属企业食品安全工作开展情况进行监督检查。建立健全厂级、车间、班组三级食品安全管理网络，制定多种管理手册、程序文件、管理制度、标准及操作指导书。

（二）建设全链条食品安全管理体系

顺鑫农业还在围绕"安全农品"打造另一条"大物流、大市场、大流通"农产品物流产业链，即"基地—研发—质检—生产—冷链配送"等一系列完整的生产工艺流程，建立起与世界接轨的硬件环境。与此同时，顺鑫农业正努力构建从"农田"到"餐桌"全程高效对接的农产品全产业链电子商务平台，致力于为消费者提供安全、健康、优质的农产品。

顺鑫农业专门打造了一条完整的营养肉食品加工产业链，集"种猪繁育—生猪养殖—生猪屠宰—肉食品加工—冷链配送"于一体形成闭环，从源头到终端全程把控，做到源头可追溯、信息可储存、流向可追查、产品可召回，有效地保障了产品质量和安全。顺鑫鹏程食品分公司建立可追溯体系，通过"公司+基地"模式实现食品源头安全可控。

（三）加强产学研合作，提升技术创新能力

为了快速有效地引进国内外先进技术，公司采取与科研院所合作的方式开展项目，目前已开展多项产学研项目，如完成了与中国科学院合作的"大二茬酒醪微生物演替规律""白酒水解规律研究""指纹图谱""食品安全风险分析预警""发酵过程中微生物代谢规律""不同工艺基酒储存变化规律"等项目；掌握自制大曲主要优势菌株类别、数量的演替规律，总结出代表性产品主要风格特点的理论依据，为产品的质量和品牌提供了强有力的科研技术支撑。顺鑫控股鹏程公司经过反复试验，几十次的改进，终于做出了符合"月宫一号"空间基地生命保障人工闭合生态系统——基地综合实验装置所要求的四款产品：120g月宫猪肘花，120g月宫梅花肉，120g月宫鸡肉，40g月宫猪肘花。在供应的一年时间里，所供应的产品没有出现任何问题，完全满足了实验的需求。

（四）建立创新激励机制，加快研发和品牌建设

顺鑫农业为鼓励全体员工积极参与创新改善、技术改进活动，2016年制定了《科技创新奖励暂行办法》，对于员工提出的创新改善、技术改进，凡是公司经过实践检验，证明确实具有进步性，在生产或管理中取得明显效益，均可参加评比和获得奖励。公司每年对提出创新改善提案的个人或团队进行表彰和奖励，及时有效地调动了员工参与管理、积极创新的意识，已累计奖励400多人次。

（五）荣誉的取得，为品牌的建设提供了强有力的基础

历年来，牛栏山酒厂和鹏程食品公司获得了一定的荣誉，赢得了重要的市场地位，积极参与科技部、北京市、顺义区科委重大项目，主动承担"神九航天大曲上天""中

温肉制品加工关键技术的科研转化"等项目建设，对开展"中温肉制品靶向抑菌技术""复配型天然广谱抗菌剂开发"进行了技术攻关，取得了一定的成果，关键技术正在生产车间推广实施。

2015年鹏程食品分公司"刘尔卓熟肉制品加工首席技师工作室"被评为2015年北京市市级重点资助工作室，2017年"鹏程猪蹄"获得了中国肉类协会的优秀产品奖，2018年获得了"中式速冻调理肉派的加工装置"专利，2018年获得了"中温烟熏酱肘子加工装置"专利，2018年参与编写了《酱卤肉制品》国家标准，2019年获颁顺义区级创新平台"李海宾创新工作室"，2019年"中温酱卤肉制品加工关键技术"研究获得了区工会的三等奖。

二、品牌建设的主要经验

（一）积累了坚实的发展基础和雄厚的综合实力

顺鑫农业经过上市20余年的发展，已经形成产业化、规模化发展态势，公司所属企业23家，总资产近200亿元，拥有6件中国驰名商标、1件国家级非物质文化遗产、9件省级著名商标。顺鑫农业品牌集群已经形成，综合实力不断增强。

以牛栏山白酒为龙头的白酒产业行业地位日益突出。所属牛栏山酒厂主要生产以清香型和浓香型为代表的两大系列400余种酒类产品，年产白酒24万t，位列全国白酒行业第二。"牛栏山二锅头"首都市场占有率第一，总占地21.2万m^2的牛栏山酒厂研发中心升级改造项目正加快施工，深挖"1+4+5"亿元板块市场的同时，正逐渐向长三角、珠三角乃至海外等更广阔的区域延伸，正全力打造中国二锅头第一品牌。占地超过26万m^2的宁诚老窖公司设计年生产白酒能力5万t，致力于打造中国绵香型白酒代表企业、中国北方地区最具影响力的白酒品牌。

以大肉食产业链为特色的肉食品产业市场占有率稳步提高。所属鹏程食品分公司年生猪屠宰能力达300万头，是全国单厂屠宰量最大的企业和北京地区最大的安全肉食品生产基地，生鲜产品在北京市场占有45%以上的份额，现有销售网点4300个，拥有4万t华北地区最大单体冷库，进一步强化了公司肉食品的市场地位。旗下"小店"畜禽良种场是全国首批"国家级重点种畜禽场"和"国家级生猪核心育种场"，也是全国唯一一家获得中国驰名商标的种猪繁育企业。公司种猪销往除我国西藏、台湾以外的全国各个省、市、自治区，在北京、河北、海南等地自建养殖基地15家，合作建设养殖基地186家。

（二）实施科技创新战略，提升科技信息现代化水平

科技创新是企业发展的不竭动力。顺鑫农业大力实施科技创新战略，推动产业向创新链和价值链的高端环节拓展，提升公司科研能力，增强企业核心竞争力。一是建立健全科技创新体系，整合内外部技术资源，建设"产学研用"相结合的战略联盟和利益共

同体，建立以顺鑫农业为中心、各产业技术中心为支撑，分工明确、高效协同的大研发体系；二是提升企业科技含量，将以"产品细分化、品种多样化、规格系列化、档次差异化"为标准，通过内部培养和外部引进相结合，实现引进技术的消化、吸收和二次创新，加快技术研发和储备，研发具有自主知识产权的主导产品、核心技术和技术标准，提升企业科技含量；三是增强企业科技资本。目前顺鑫控股旗下有两家国家级龙头企业，未来提升科技含量的同时申请更多国家级龙头企业资质，以此搭建企业对外宣传、与上级沟通的平台路径，为进入资本市场做好准备。

（三）通过壮大产业，助力乡村振兴战略落地

顺鑫农业起于农、兴于农，发展至今，"大农业"始终是公司的主导产业，与国家战略同频共振，助力乡村振兴。通过产业化的打造，实现专业化运营、规模化扩张、品牌化经营，助力乡村振兴战略落地。顺鑫农业将在全面落实乡村振兴战略的基础上，充分释放智慧"三农"优势，依托集团智慧产业优势，通过技术载体与产业载体有机融合，全面参与"三农"工作，让"三农"插上智慧的翅膀，助力智慧"三农"落地。

（四）以"立体式"扶贫模式，助力精准脱贫攻坚战

顺鑫农业坚决贯彻落实中央、市、区扶贫工作指示精神，第一时间建组织，定规划，形成了集团抓总体、企业抓落实的同步扶贫工作体系。深入西藏尼木县、内蒙古科尔沁左翼中旗（以下简称科左中旗）、河北沽源县、万全区等对口帮扶地区进行对接，先后签订协议18项，对接项目13个，智力帮扶培训人员610余人次。

2019年推进全面扶贫。一是做强产业扶贫，深入研究产业趋势，发挥贫困地区的成本优势，将产业扶贫做大做强，形成有竞争力、可持续发展的业务单元；二是做优就业扶贫。顺鑫坚持扶贫与扶志、扶智相结合，根据企业实际情况，尽量吸收当地困难群众就业，提高相关待遇；加强职业培训，使其真正掌握一技之长，有效防止再次返贫。

（五）助力"三农"工作取得新成效

顺鑫农业通过发挥院士工作站、国家级实验室等科研平台优势，不断提升农产品品质；通过构建标准化、流程化、精细化安全生产体系，取得了非洲猪瘟阻击战的阶段性胜利；通过采取"公司+基地+农户"的产业模式，建立与农户长期的合作机制，取得了显著的社会、经济效益。接下来，将继续发挥农业产业化龙头企业使命，履行服务"三农"助农增收的承诺，使顺鑫农业成为推动中国"三农"发展的中坚力量。

三、取得的效益

（一）积极转型升级，促进经济效益快速发展

顺鑫农业紧跟时代步伐，寻求农业产业发展之路，"以投资控股型发展模式，实现

顺鑫转型升级"的发展思路，不断壮大规模，提高综合实力。成立二十多年来，一直保持经济的稳定增长，经济效益大幅提升。截至2018年底，公司总资产198.5亿元，实现销售收入120.7亿元，利润总额10.6亿元，净利润7.3亿元，上缴税金超20亿元。

（二）全产业链绿色发展，生态效益日益显著

顺鑫农业经营领域涵盖农业产前、产中、产后的全过程，打造从"田间到餐桌"全产业链体系建设，促进绿色发展，有利于生态环境的发展。公司本着强化产品监管、保障百姓健康、构建长效监管机制的原则，始终将原料产品安全放在食品安全的第一位，采取"自主原料基地为主、合作挂牌基地为辅"等方式，不断加大农产品原料基地建设，先后投入数亿元建设了种猪繁育、生猪养殖及高粱、玉米（酿酒原料）等原料基地，实行严格的原料安全标准化管理，严格标准化生产规范，从而建立起密闭式、一体化的生产管理体系，确保食品安全的完全可控。

（三）带动农民就业增收，发挥国企担当

顺鑫农业积极发挥农业产业化龙头企业的带动作用，在北京市顺义区、河北香河、四川成都等地通过与乡政府、村委会以及农民专业合作组织签订合同等方式带动农户建立了生猪养殖基地和玉米种植基地。2018年，种植玉米面积超过533万m^2，基地养殖生猪200余万头，累计带动农户430余万户，户均年增收3500多元，直接安置劳动力就业13000余人，在促进农民增收、农业结构调整方面起到了良好的推动作用。

（四）带动建档立卡，助力贫困户脱贫

顺鑫农业每年与顺义区南彩镇望渠村、北务镇郭家务村、李桥镇吴庄村、大孙各庄镇大段村、北小营镇北府村签订"一助一帮扶"，每年每村上半年下半年各十万元，用于村内环境整治等。

顺鑫农业全面落实北京市委、市政府深入开展"对口帮扶"协作、助力打赢扶贫攻坚战的各项决定和要求，进一步推进顺义区与河北万全区、沽源县、西藏尼木县、内蒙古科左中旗、巴林左旗和河南西峡县6个地区的对口帮扶协作工作。实施帮扶合作项目49个，组织挂职干部扎根受援地区精准扶贫，与河南南阳、内蒙古科左中旗进行对口帮扶工作。

顺鑫农业砥砺前行二十余载，矢志不渝；逐梦奋进二十余年，初心未改。从优秀到卓越，顺鑫农业超越创新的脚步从未止息。展望未来，顺鑫农业将牢牢把握新时代下的战略机遇，以"十种关系""一盘棋"思想、"八个能力""100+1"精神为引领，以打造具有国际竞争力一流企业和知名品牌为目标，在"服务民生、百年顺鑫"愿景的指引下，不忘初心，继续前进！

第二节
北京绿富隆品牌建设

一、品牌建设情况

北京绿富隆农业科技有限公司的前身——北京绿富隆农业有限责任公司成立于2002年，为延庆区属国有全资农业企业。现有机蔬菜种植基地66.7万m^2，位于延庆区旧县镇政府西1.5km，其中日光温室21栋、塑料大棚271栋、连栋温室6400m^2，种植黄瓜、番茄、芹菜等30多种蔬菜，年产量可达4000t；种苗繁育基地31.7万m^2，有日光温室10栋、塑料大棚47栋、连栋温室6000m^2，蔬菜花卉种苗年产500万株，2009年被评为国家级蔬菜种苗标准化育苗基地；加工配送中心31.7万m^2，位于延庆区大榆树镇，现有冷库3200m^2，储备容量3000t，净菜、脱水蔬菜、速冻蔬菜年产量可达3.5万t，承担北京市政府蔬菜应急储备任务。

2016年以来，企业坚持以"专注有机农业，引领绿色生活"为宗旨，逐步将主营业务从有机蔬菜生产、加工、销售、配送等向生产服务、营销流通、科技创新、金融保障平台转化。目前已通过有机、无公害等各项认证，是"北京2008奥运商品供应先进单位""北京市农业产业化重点龙头企业""全国农产品加工示范企业"等，荣获"中国名牌农产品""国家农业标准化示范区""中关村高新技术企业""北京农业好品牌"等荣誉。

二、品牌建设的主要经验

（一）抓主业，做好现代农业园示范区打造

绿富隆公司将有机蔬菜种植作为公司的主要业务，在实际生产过程中，以"立足农业、服务首都，保障食品安全，服务绿色生活"为己任，积极打造都市型高标准现代农业示范园。在园区内建设智慧农业中控展示中心、设施农业智能生产控制系统、设施农业数字生产管理平台等，确保生产的科技化，产品的可追溯。强化科技在农业成果中的体现，积极打造农业科研单位成果转化示范基地，目前已开展昆虫信息素防控效果试验示范、迁飞性害虫雷达监测和茄果类高产品种筛选实验。

同时，公司也成立了博士后科研工作站，与高校科研院所开展人才联合培养合作。

（二）促发展，提高自身核心竞争力与示范带动能力

为了响应中央对国有企业改革的号召，公司按照区委关于进一步深化区属国资国企改革的工作部署和文件规定，积极开展《北京绿富隆农业股份有限公司实现平台化转型

方案》工作。在改革过程中，逐步将主营业务从第一产业向生产服务、营销流通、科技创新、金融保障平台转化。

1. 生产服务平台

建立生产服务联盟，将延庆区现有的已通过无公害认证、绿色认证、有机认证的农业企业及合作社纳入延庆优质农产品营销流通体系平台，共同遵守绿色公约。建立专家联盟，加大技术培训服务力度。加强质量检测，构建质量安全最后一道防线。

2. 营销流通平台

整合统一品牌，统筹对接市场。紧密结合互联网+，充分利用流量大的电商平台，建立地区电商联盟，促进线上线下融合。完成全区冷库调研，综合考虑冷库分布、产权、运营情况等多方面因素，选取集体产权冷库，根据筛选出的冷库位置进一步调研冷库实际使用面积、运营情况并投入使用。优化配送服务水平，成为延庆农产品集散配送中心，积极推进"农邮通"服务站建设运行，促进农产品高效集散、优化配送和农村快递便捷转投。实现从田间地头到餐桌直通，解决配送最后一公里难题。

3. 科技创新平台

积极主动参与，承担国有企业应有的政治责任和社会责任，主动谋划北京冬季奥林匹克运动会（简称冬奥会）、北京世界园艺博览会（简称世园会）服务保障工作，对接两件大事，集成技术优势，打造地区现代农业示范区。充分发挥绿富隆博士后科研工作站作用，与中国科学院植物研究所合作，联合招收博士后研究人员开展珍稀水生蔬菜的引种栽培、品质优化、园艺共性技术开发等前沿研究工作。该项工作对农业、园艺产业技术创新以及我国种质资源保护都具有重要意义。

4. 金融保障平台

加强产业扶贫力度，解决销售融资难题。主要面向中小合作社及农户，特别是低收入农户群体，以产业扶贫为切入点推进，借助诚信共享平台，为合作社提供小额资金贷款担保，制定政策补助银行利息、担保费用等融资成本，提高资金周转效率。

（三）强担当，做好全区优质农产品统筹工作

1. 营销流通方面

销售按照线上、线下进行统筹。线上充分发挥电商销售优势，挑选20余种优质农产品入驻淘宝、微店、京东、邮乐网等电商销售平台，统筹产品品种、规格、价格，逐步开展促销活动。线下合作直营店4家，对接大客户10家以上，开展单位食堂用餐配送和精准销售。流通方面，与邮局开展全面合作，在大榆树优质农产品配送中心平稳运营的基础上，利用邮局自有的西拨子、康庄四街、张山营、永宁、井庄、沈家营和庆园街7处配送站，并吸引37家农业企业及合作社加入。主要面向首都，打造从田间地头到消费者餐桌5h配送圈。

2. 质量把控方面

进一步完善全区产业联合体体系绿色公约和准入退出管理办法，指导相关企业、合

作社、产业园等严格遵守生产标准和技术规范，打造标准化园区，提升全区优质农产品标准化生产水平。加强质量监管最后1km建设，内检依托区种植中心和绿富隆自检平台，进行快速检测；外检与第三方权威检测机构合作，开展定性检测与定量检测，实现全产业链监管。

（四）主动作为，积极服务保障世园会、冬奥会

2018年绿富隆公司承接了2019年世园会的种苗服务选育工作，在完成世园会要求的同时，积极筛选出47种适合在延庆区本土种植的品种，引进香草类植物，打造"北京最大香草园"。2019年，绿富隆公司基地作为延庆区百蔬园三个配套保障基地中最大的一个，已为百草园提供香草10余种，为百蔬园展示提供种苗16类。同时借力世园会，公司积极探索开发具有多种功能、全年性、反季节、赏食兼用的园艺产品，使消费者以基本相同的价格或者稍高一点的价格购买更优的产品。

为了保障冬奥会物流食品安全供应，建立现代流通体系，确保延庆区食品供应安全，助力延庆农产品流通体系供给侧改革创新模式，加快老旧农产品批发市场转型升级，公司于2019年开始，与北京首农供应链管理有限公司合作建设延庆区生活必需品供应项目，重点以农产品为主，开展仓储、集货配送与展示交易等业务，项目包含展示服务中心、集货中心和仓储中心，占地30000余平方米，建成后将积极服务延庆区、冬奥保障及日常居民的生活供应。

三、取得的效益

1. 助力区域产业发展，解决农民就业

开通"绿色就业通道"，通过劳务用工，实现以产业发展带动就业，产业扶贫、就业扶贫双覆盖，增强贫困人口造血能力，目前已吸纳对口帮扶村及园区驻地周边100余名劳动力就业，人均月增收3000元。

2. 聚焦低收入群体，实现精准帮扶

委派一名党员到内蒙古兴和县挂职锻炼，建立"党支部+合作社+贫困户"模式，带动贫困户发展蔬菜、杂粮等无公害农业种植，线上线下宣传兴和农产品，加大展销力度；委派一名党员到河北宣化县挂职锻炼，借助公司营销流通体系建设，整合内蒙古兴和县、张家口宣化县、怀来县及河南内乡县4个对接帮扶地区37种优质农产品，进行展示销售。

3. 服务延庆创业合作社，降低配送成本

委托邮政公司提供低成本高效率的优质农产品物流配送服务。充分调动邮政物流积极性，落实补贴政策，对照延政办发〔2017〕41号文件标准，商超订单按车载吨位，1吨位车补贴200元，3吨位车补贴300元，宅配订单每单补贴5元，为农业企业合作社减少配送成本100万元。

第三节
乳业品牌——光明乳业

一、品牌建设情况

光明乳业股份有限公司是由国资、社会公众资本组成的产权多元化股份制上市公司,其业务渊源始于1911年,已拥有100多年的历史。目前主要从事乳和乳制品的开发、生产和销售,奶牛的饲养、培育,物流配送,营养保健食品开发、生产和销售等业务,是目前国内规模最大的乳制品生产、销售企业之一。公司拥有世界一流的乳品研究院、乳品加工设备以及先进的乳品加工工艺,主营产品包括新鲜牛奶、新鲜酸奶、乳酸菌饮品、常温牛奶、常温酸奶、奶粉、婴儿奶粉、奶酪、黄油、冰淇淋、烘焙等多个品类。

身为百年乳企,光明乳业一直是"上海制造"的标志。为了让消费者喝到更高品质的牛奶,光明乳业近年来引入多个世界级质量管理体系,并始终围绕"新鲜",在奶源、技术、工艺、冷链和服务的全产业链管理上保障乳品的卓越品质。光明乳业旗下5家工厂通过日本工厂设备维护协会(Japan institute of plant maintenance,JIPM)审核,其中北京、广州、富裕、中心工厂获得"全面生产力管理"(Total productive maintenance,TPM)优秀奖。公司无论是在食品安全、科技创新还是在管理等方面均获得社会和国家认可,也因此获得众多奖项。如"中国食品安全年会十强企业""最具社会责任上市公司奖""2018年国家技术发明奖二等奖"等。2019年光明乳业股份有限公司凭借全产业链、全过程、全方位、全员卓越质量管理,获得"全球卓越绩效奖",成为当时中国乳制品行业中第一家也是唯一一家获此殊荣的企业。在2021年5月28日举行的2021年度上海市质量工作会议上,光明乳业股份有限公司荣获"2020年度上海市市长质量奖(组织)",成为了该奖项自2008年设立以来首家荣获奖的食品企业。

光明乳业的可持续发展之道是质量战略,即以质量为核心,以创新为动力,以品质促品牌的发展道路。光明乳业表示,质量安全是企业的生命,是企业发展的信仰。公司将秉承质量追求无止境的匠心精神,让世界看到中国乳企对质量管理的执着努力。

二、品牌建设的主要经验

(一)建设现代化标准牧场

光明乳业养殖的奶牛甄选优良荷斯坦牛与澳大利亚娟姗牛,养殖所用的饲料均为公司统一采购。公司坚持自主育种,并拥有专业的育种队伍,建立了完整的育种体系。

2017年光明乳业共有牧场28个，存栏奶牛8.6万头。在牧场建设方面，采用光明创立的"千分牧场"评价标准体系管理，每一个牧场都配套相应规模的土地，以用于饲料种植与粪水还田。光明乳业旗下共拥有21家工厂，遍布全国，年产奶量超115万t。其中，上海地区的华东中心工厂占地15.5万m^2，总建筑面积12.6万m^2，总投资14亿元，拥有61条灌装线，日产2600t、年产60万t优质乳制品，是目前世界上最大的液态奶单体乳品加工工厂。

2018年公司各牧场在环保、安全上进行了较大的投资建设。光明乳业精心打造牧场机械化，在全混合日粮（Total Mixed Ration，TMR）加工、挤奶、牧场清粪、青贮种植与收割等方面实现机械化作业。在标准化饲养管理方面，光明牧场于2017年推出标准化操作流程（Standard Operation Procedure，SOP），并不断完善，同时定期对牧场进行"千分制"评估，涵盖饲养管理、热应激、犊牛饲养、育种繁殖、防疫保健、牛奶质量和奶厅设计等方面。正是有了牧场的良好基础，光明乳业实现了从牧场到终端的全产业链打造，为消费者全程把关，并确保高品质的产品与服务始终如一。

值得一提的是，2020年光明乳业首创了国内生牛乳空运模式，将中国奶源黄金带宁夏中卫牧场的原奶用3h空运至上海，并制作高品质中卫奶源版的"优倍鲜奶"，完成从奶源建设到空运生牛乳到生产的进阶之旅，更在消费升级与国内国际双循环背景下，嫁接起中国东部与西部的空中经济之路，助推行业更高标准的可持续发展。

在提高规模化牧场关键指数方面，光明乳业主要从制定流程、检查执行两方面着手。这是一套相辅相成的工作体系，通过提高饲料转化效率、控制经营成本、控制制造费用等多方面的实践运用，将牧场养殖的规模化逐步提高，控制养殖成本，提高收益，并形成一套精准有效的养殖体系。

（二）引进先进质量管理体系

作为历史悠久的乳企，光明乳业伴随一代又一代消费者成长，对质量的追求从未改变。自2006年起，光明乳业逐步推行全产业链各环节可操作、可量化的千分质量安全审核系统。

2010年，光明乳业成为国内首家导入制造持续改善生产管理（World Class Manufacturing，WCM）的乳制品企业。自光明乳业推行WCM项目以来，已经覆盖全国14家工厂，共计组建质量改善小组558个，员工组织研究改善方案8000余件。

（三）坚持质量优先，实施"18165"品牌光明战略

对光明乳业而言，质量是根，品牌为魂。在"以质量为核心，以创新为动力，以品质促品牌"的战略下，实现光明品牌不断创新发展。

2015年，光明乳业成为行业内首家发布"食品安全白皮书"的企业，并连续三年向社会公众彰显质量管理的信心和决心。2018年，光明乳业在新时代背景下，坚持"质量优先"，将"食品安全白皮书"升级为"质量白皮书"，并持续提升质量管理水

平,升级光明质量战略及战略举措,确定了"18165"品质光明战略,包括1个质量战略、8项战略举措、1个光明质量体系、光明PAI(预防Prevention/评估Assessment/改善Improvement)体系的6大支柱,以及5支质量人才队伍建设,为广大人民群众提供更加优质的产品和服务,努力为满足人民日益增长的美好生活需要提供全方位保障。光明乳业凭借其高质量的管理水平,生产出高质量的产品,在2018年成功上榜"中国品牌100强"。

(四)深耕"新鲜"领域,创新研发驱动品牌发展

作为一家拥有百年历史的乳制品企业,光明乳业数十年如一日深耕"新鲜"领域。为了让消费者喝到更高品质的牛奶,光明乳业近年来引入了多个世界级质量管理体系,并始终围绕"新鲜",在奶源、技术、工艺、冷链和服务的全产业链管理上保障乳品的卓越品质,同时,光明乳业更是将创新视为企业的发展动力。

1. 企业管理、产品质量保障

光明乳业在企业管理、质量保证上面,创立"千分牧场"标准管理审核体系,引进世界级质量管理体系,发布"食品安全白皮书""质量安全白皮书",确定"18165"品质光明战略,2019年升级卓越质量管理体系。一杯光明牛奶从牧场到达消费者手中,需经过808~1581个质控点的全方位把关,采用追溯与管理相结合模式,达到产业链全程可追溯、消费者可体验式追溯,从奶牛养殖到原奶品质、生产全过程可追踪溯源。保障了产品的高质量,让消费者做到安心、放心。

2. 全产业链打造新鲜品质

2018年10月12日,光明乳业旗下全资子公司"领鲜物流"通过英国零售商协会–储存和配送(The British Retail Consortium–Storage and Distribution,BRC-S&D)全球食品安全标准最高级别认证,是当时国内唯一通过该认证的冷链物流企业,也是国内乳品行业中首批五星级冷链物流企业之一,曾成功服务于首届中国国际进口博览会。光明乳业与阿里云达成双方在新零售、泛电商等领域的深化合作,将大数据等数字化管理引入其管理体系,迎来全产业链管理再次升级。光明乳业创新终端配送模式随心订,全国销售网点布局覆盖20多个城市,每天为超过120万个家庭送奶到家。此外,光明乳业旗下产品在2019年天猫"双十一"期间取得了单日销售额1841万元的历史新高。优质的冷链物流,让光明乳业在产品新鲜品质上做到了全方位360°保障。

3. 科技服务生活,创新研发驱动品牌发展

让科技服务生活是光明乳业一贯坚持的追求。光明乳业研究院作为公司研发基地,目前拥有八大科研平台,其中四个科研平台属于国家级,科研水平在行业内居前。研究院拥有一支实力雄厚、专业广泛的技术团队。近年来,光明乳业研究院积极培养优秀人才,在人才的结构上以年轻化为方向,打破了以往的单一模式,建立了跨学科、跨专业、复合型多纬度的专业人才队伍,在业界屡获殊荣。在品质传承过程中,创新始终是光明乳业的发展动力。

光明乳业有60多年的养牛历史。生牛乳质量逐年提升，菌落总数、体细胞数量均值低于欧盟及美国标准要求。早在2008年，光明乳业旗下首款常温酸奶"莫斯利安"上市，开创了中国常温酸奶这一新品类。2012年，光明乳业还针对糖尿病患者等对糖敏感者，开发了含糖量减少68%的"如实"发酵乳。2017年继续加大创新研发投入，依托光明乳业研究院的八大科研平台，开拓乳品营养新方法，建设了包括4500余株不同类型乳酸菌的乳酸菌资源库，申请了142项国家专利。同年，光明乳业在国家乳业科技创新联盟的指导下，完成了巴氏杀菌奶从85℃到75℃的杀菌工艺升级，通过了"国家优质乳工程"项目验收，实现了全产业链质量管理的全面升级。升级版的"畅优益菌多"，添加了光明独有的植物乳杆菌ST-Ⅲ，使产品更适合中国人的肠胃。明星产品"优倍"系列鲜奶，也在现有的0脂肪及全脂鲜牛奶基础上，推出了"减脂肪50%"鲜牛奶和浓醇鲜牛奶两款新品。2019年1月，光明乳业凭借与江南大学联合开发的"耐胁迫植物乳杆菌定向选育及发酵关键技术"荣获国家技术发明奖二等奖，成为乳制品行业中唯一获得2018国家技术发明奖的企业。

质量促品牌，高品质追求让光明品牌历久弥新。为保障全产业链的打造与升级，光明乳业坚持优质奶源，从源头实现品质把控，助力中国奶业发展。

4. 提振新鲜消费力

业绩的增长，离不开营销的投入。2019年7月，光明乳业发布董事会决议公告显示，同意增加不超过1.5亿元营销费用，用于公司2019年光明大品牌营销项目，其中包括广告费用的投放、提升光明整体品牌形象。

光明乳业进行了多种形式的营销，包括召开"领时代，鲜未来"领鲜成果发布会、"鲜活新升"新鲜品类发布会，邀请当红明星成为"莫斯利安"品牌全新代言人，旗下高端新品"致优娟姗鲜牛奶"荣耀赞助上海劳力士大师赛等。另外，光明乳业成为中国探月工程质量保障对标合作企业，为产品深度研发奠定了坚实的基础。光明乳业战略合作伙伴中国女排以十一连胜的优异成绩卫冕世界杯冠军，让光明乳业品牌在世界舞台再放异彩。不仅如此，自2018年底，光明乳业就开启了"跨界"的新玩法，在继续推出新品的同时，光明乳业展开跨界合作。与潮牌INXX联手推出INXX STREET×光明牛奶服饰系列，打造全新"国潮"风，上市当日即告售罄；与豫园合作的"豫园限定老酸奶"一经推出便取得了巨大反响；而于2019年7月推出的光明乳业大白兔奶糖风味牛奶获选"2019年上海特色伴手礼"。

在高品质、强研发的"双保险"下，插上营销创新双翼的光明乳业在"品质引领品牌"的道路上走得越发稳健。光明乳业在大品牌建设的"新鲜"之路上亮点频出，硕果累累，品牌价值被不断放大。

（五）全球化布局

除了纵向深耕"新鲜"，光明乳业也在寻求产业布局的横向发展。在海外布局上，新西兰新莱特于2010年被光明乳业收购后主营业务稳步发展。2019年上半年，位于新西兰南岛生产基地的液态乳制品生产线已建成并正式投入生产，新莱特与新西兰南岛食品公司的长期供应协议按计划执行顺利。9月新莱特子公司入驻上海落实长期战略，光明乳业也将进一步成为产业链完善、技术领先、管理一流、具有核心竞争力、有影响力的国际性乳业集团，力争进入世界乳业领先行列，让更多人感受美味和健康的快乐。

第二届中国国际进口博览会前夕，光明乳业与乌拉圭国家奶农合作社集团Conaprole签订了框架合作协议，促进双方在原料、研发、市场信息方面的合作与信息共享。在光明食品集团"全球食品集成分销平台"展区举行的集体签约仪式上，光明乳业与西班牙CLUN公司签约，以共同首发高品质牛奶Unicla（优尼格）为契机，共同开展战略合作。这一系列签约，推动了光明乳业全球化战略升级，实现光明乳业国际化布局。

三、取得的效益

光明乳业的莫斯利安品牌极具知名度，产品品质始终如一，品牌创新持续升级。据凯度消费者指数2019年1月发布的调研数据显示，在全国新鲜牛奶市场中，光明乳业份额稳居第一。

从牧场到终端，光明乳业明确一切质量行动都要坚持以提升产品品质为基础贯彻落实，不断以科技创新驱动技术发展，以品质赢得消费者的信任。

第四节
粮食品牌——赤峰小米

赤峰小米，内蒙古自治区赤峰市特产，全国农产品地理标志产品。

2016年3月31日，农业部批准对"赤峰小米"实施国家农产品地理标志登记保护（中华人民共和国农业部公告第2384号）。

2017年6月，国家工商总局商标局受理了"赤峰小米"地理标志证明商标的申请。

2017年12月3—4日，世界瞩目的2017中国农业（博鳌）论坛在海南博鳌亚洲论坛国际会议中心举行。由赤峰农牧业产业化龙头企业协会推荐的"赤峰小米"，以卓越的产品品质和厚重的历史文化，荣获2017年中国农业（博鳌）论坛"神农杯"最具影响力农产品区域公用品牌奖。

2018年2月27日，商标局以第1589期公告，对"赤峰小米"进行了初审公告。

2019年11月15日，"赤峰小米"入选中国农业品牌目录。

2019年12月17日,"赤峰小米"入选2019年第四批全国名特优新农产品名录。

一、产品特点及产地环境

(一)产品特点

1. 外观特点

赤峰的气候条件决定了根植于赤峰旱坡地的谷子耐干旱、抗倒伏、适应性强、品质优良等特点,致使当地谷子(粟)加工后的小米颗粒大,粒径为1.0~1.5mm。

2. 内在品质特性

赤峰小米,粒呈圆形,晶莹透明,适口性好,营养丰富,金黄馨香,富含人体所需的蛋白质、维生素和钙、磷、铁等微量元素,是平衡膳食、调节口味的理想食品,是强身健体、滋补养生的天然良品,更适合孕妇及产后进补食用。

赤峰小米蛋白质含量8.65~11.4g/100g,维生素B_1含量0.31~0.48mg/100g,维生素B_6含量0.04~0.05mg/100g,维生素E含量0.79~1.32mg/100g,叶酸含量23.8~34.1μg/100g,磷含量176~290mg/100g,钾含量183~255mg/100g。

3. 资源丰富

赤峰小米资源丰富,种植有黄金苗、毛毛谷、大红谷、赤谷系列等多个原始及改良品种,培育打造了"八千粟""契丹""蒙田""禾为贵""增嘉园"等诸多产品品牌。

(二)产地环境

赤峰市是全国三大杂粮杂豆主产区之一,悠久的种植历史和自然资源禀赋,造就了赤峰成为"中国杂粮杂豆之乡""中国小米之乡"。赤峰市发展杂粮种植产业,在现有耕地面积100万hm²的基础上,杂粮播种面积常年稳定在50万hm²左右。

1. 土壤地貌

赤峰地处大兴安岭南段和燕山北麓山地,分布在西拉木伦河南北与老哈河流域广大地区,呈三面环山、西高东低、多山多丘陵的地貌特征。山地约占赤峰市总面积的42%,丘陵约占24%,高平原约占9%,平原约占25%。大体分为四个地形区:北部山地丘陵区,南部山地丘陵区,西部高平原区,东部平原区。

2. 气候情况

赤峰市属中温带半干旱大陆性季风气候区。冬季漫长而寒冷,春季干旱多大风,夏季短促炎热、雨水集中,秋季短促、气温下降快、霜冻降临早。大部地区年平均气温为0~7℃,最冷月(1月)平均气温为–10℃左右,极端最低气温–27℃;最热月(7月)平均气温在20~24℃。年降水量的地理分布受地形影响十分明显,不同地区差别很大,在300~500mm。大部分地区年日照时数为2700~3100h。每当5—9月天空无云时,日照时数可长达12~14h,适宜种植谷子。

二、生产情况

赤峰小米资源丰富。优质谷子种植基地常年保持在2000km^2，年产小米近70万t。

赤峰小米地域保护范围为所辖阿鲁科尔沁旗、巴林左旗、巴林右旗、林西县、克什克腾旗、翁牛特旗、喀喇沁旗、松山区、红山区、元宝山区、宁城县、敖汉旗12旗县（区）132苏木（乡镇）。地理坐标为东经116°21′07″～120°58′52″，北纬41°17′10″～45°24′15″。

1. 品种范围

选黄金苗、毛毛谷、大红谷、赤谷系列品种，多为国家优质谷子品种和丰产稳产谷子品种。

2. 生产过程管理

赤峰小米病虫害防治以农业防治、生物防治、物理防治为主；施肥以有机肥为主，化肥为辅，化肥与有机肥配合使用。

3. 产品收获及产后处理

当谷穗完全变黄、谷粒硬化时及时收割、打捆或在土麦场晾晒。人工方式将谷穗与植株刈离，谷草重新打捆，谷穗平铺土麦场人工脱粒或用机械脱粒，严禁在沥青路或水泥场地用车辆碾压脱粒造成谷胚霉菌感染，或发生生理变化。

4. 生产记录要求

谷子生产全过程都有完备的记录档案：谷子品种、种子处理、施肥时间、数量方法和用药时间、剂型、剂量、稀释倍数、使用量、使用方法及收获情况等相关内容措施作详细记录。所有记录的档案内容真实、准确，并具有可追溯性，记录档案资料由专人保管3年。

三、历史渊源

赤峰境内被国家考古界命名的原始人类文化类型有兴隆洼文化、赵宝沟文化、红山文化、富河文化、小河沿文化、夏家店下层文化。考古发掘出来的石器、骨器、陶器、青铜器等生产、生活器物证明，早在8000余年前其境内的原始先民已经过着原始农耕、渔猎和畜牧的定居生活。

赤峰市种植谷子历史悠久，2003年在兴隆沟遗址出土了距今8000年的粟和黍的碳化颗粒标本，经加拿大、英国和我国的研究机构用碳14等手段鉴定论证后，认为是人工栽培形态最早的谷物，由此推断赤峰敖汉地区是中国古代旱作农业起源地，也是横跨欧亚大陆旱作农业的发源地。

四、品牌建设的主要措施

赤峰市委、市政府认真贯彻落实中共中央"坚持抓产业必须抓质量，抓质量必须树品牌，坚定不移推进质量兴农、品牌强农，提高农业绿色化、优质化、特色化、品牌化水平"，"健全特色农产品质量标准体系，强化农产品地理标志和商标保护，创响一批'土字号''乡字号'特色产品品牌"指示精神，认真贯彻落实农业农村部关于加快推进品牌强农的意见，并于2015下发了《赤峰市加快推进品牌农牧业发展的意见》（赤政发79号文件）。文件指出："市和旗县区都要重视农畜产品品牌建设工作，做好'三品一标'农畜产品品牌建设工作中的领导协调、监督和考评工作，全市上下通力合作、齐心协力，把我市农畜产品品牌建设工作提高到一个新水平。"

2018年3月13日，时任自治区副主席、赤峰市市委书记段志强在全市农村牧区工作会议暨脱贫攻坚工作会议上的讲话中指出："赤峰的农畜产品品质不错，用过的人都说好，但知道的人并不多，关键是宣传没跟上、品牌效应没形成。今年开始，市、旗两级要安排专门的农畜产品品牌建设和宣传资金，宣传部门制定方案，高密度、多层次对外宣传推介，让赤峰产品走出赤峰，走向全国"。

为了更好地利用"赤峰小米"的农产品区域公用品牌，维护和提高"赤峰小米"在国内外市场上的良好信誉，促进赤峰小米产业健康发展，市政府授权由赤峰农牧业产业化龙头企业协会注册"赤峰小米"地理标志证明商标，并对其进行日常监督管理。

（一）做好宣传

做好"赤峰小米"区域公用品牌，讲好"赤峰小米"的品牌故事，大力宣传"吃赤峰小米，品红山文化"。以赤峰区域地理特色为标志，以八千年农耕文明为内涵，以应用优良品种通过绿色种植为基础，以标准化管控为核心，以中高端产品为市场定位，打造"赤峰小米"区域品牌。与厚重的史前文明交相辉映的是灿烂的农耕文明，距今8000年的兴隆沟遗址被学术界誉为"华夏第一村"。在兴隆沟遗址第二地点出土的红山文化整身陶塑人像，被有关专家誉为"中华祖神"。在兴隆沟遗址浮选出土的碳化粟和黍颗粒比欧洲早2700余年。2012年，赤峰市敖汉旱作农业系统被联合国粮农组织列为全球重要农业文化遗产。2014年至2021年，赤峰市已经连续承办了七届"世界小米起源与发展大会"，这对于宣传赤峰是"世界小米发源地"起到了积极作用。

（二）由农牧业主管部门和行业协会牵头，组建产业化联合体

由农牧业主管部门和行业协会牵头，协助小米生产、加工企业组建多个小米产业化联合体。根据农业部、财政部等六部委联合下发的《关于促进农业产业化联合体发展的指导意见》（农经发〔2017〕9号），内蒙古自治区被列为试点省区。赤峰市抓住这个政策机遇，在赤峰小米主产区抓好小米产业化联合体的组建工作，解决了"低小散优"的问题，已经在全市培育出了几个能够在全自治区、全国叫响的小米产业集团。

（三）通力协作

农牧业、工商、质检、食药监、市场监督、文化旅游、新闻媒体等部门密切配合、

通力协作,在商标注册、品牌晋升、质量安全、产品销售、品牌宣传、品牌保护等方面,给予农产品生产经营主体指导和帮助,为共同打造赤峰地区农产品公用品牌献计出力。

(四)落实各级政府的激励政策

近年来,内蒙古自治区、赤峰市政府制定出台了一系列农产品品牌建设方面的奖励政策。自治区人民政府以内政发〔2017〕142号文件下发了《内蒙古自治区人民政府关于进一步实施商标品牌战略的意见》,提出加大财税支持力度,对取得商标国际注册、普通商标注册的,根据实际情况由商标注册人所在地财政预算安排予以奖励。赤峰市人民政府办公厅以赤政办字〔2016〕188号文件印发了《赤峰市农畜产品"三品一标"认证(登记)奖励办法的通知》,全市农产品生产经营主体抓住这些奖励政策的有利时机,加强企业的品牌建设,为做大做强"赤峰小米"这一具影响力的农产品区域公用品牌贡献自己的力量。

(五)农产品加工业提升

赤峰市农牧业产业化龙头企业正在积极落实党的十九大精神,开展农产品加工业提升活动,在赤峰小米深加工方面开了一个好头。内蒙古佟明阡禾食品有限责任公司不断加大科技创新和新产品研发投入,引进国内外先进技术,采用物理压榨工艺,研制出"小米饮料",该饮料谷香浓郁,顺滑爽口,使小米中丰富的植物蛋白和膳食纤维充分地被人体吸收和利用。该饮料一上市,受到了各个年龄段消费者的欢迎。内蒙古增嘉园有机农业有限公司在贵州茅台镇投资办起了酒厂,利用增嘉园的优质小米和赤水河优质的水源,辅以古法酿造工艺,生产出"中国第一家酱香型小米酒",既打造出一款高端白酒,又充分利用了一年以上的陈米,创造了较好的经济效益和品牌效益。

全市小米生产经营主体正以佟明阡禾公司和增嘉园公司为榜样,加大科技创新力度,搞好赤峰小米的深加工,研发出各种小米高端产品,不断满足城乡居民对美好健康生活的需求。

五、效益分析

农产品区域公用品牌创建先进地区的经验告诉我们,要将生态优势转化为商品优势,政府要构建品牌推进制度,打造全产业链服务体系,必须打造一个全域化、全品类、全产业链的公用品牌,通过整合品牌,由政府组织,以统一的形象面对消费者,并不断进行强化,才能在日趋激烈的市场竞争中占有独特的地位。

(一)社会效益

(1)解决了农村牧区山坡地、低产田改造的关键问题。土地集中流转种植,改变了山坡地靠天吃饭的局面，低产田变高产田，使分散土地集中改造利用，增加了效益。

（2）提高了土地资源优化配置，建立了完善的生产服务体系，科学施肥，提高了作物产量和农产品质量。

（3）降低了劳动成本，保证了粮食产量。按照标准化、规模化生产的要求，统一使用种子、有机肥料、无残留的生物农药，采用机械化作业、集约化、现代化经营，农牧业科学技术得到了广泛应用。通过农业技术、机械化作业、高效节水灌溉和微生物有机肥等先进适用技术的实施，达到了粮食增产、农牧民增收的目的。

（4）形成了专业农牧业平台运作技术团队，创新农牧业发展新模式。

（5）更加有利于扩大政府对农业的投入，帮助农村牧区产业提升，促进产业融合，加大农业规模化种植，形成市场化运营的新型农业发展模式。

（二）生态效益

1. 提升了土地产出率，增加了粮食产量

利用微生物有机肥，针对多年使用化学肥料导致土壤板结、土地生产能力下降等问题，使改造后的土地变成高产稳产田，提高了粮食产量和品质，逐步达到国家绿色食品、有机食品的标准。

2. 推进了绿色农业发展

积极开发农业生产多种功能，生产出绿色有机农产品，并建立大型绿色有机杂粮超市，向市内外提供绿色有机杂粮。

（三）经济效益——以内蒙古敖汉旗为例

小米做"名片"，农民年收入至少七万元！

内蒙古自治区敖汉旗旗长于宝君告诉我们，敖汉旗小米的种植面积接近666.7km²，在小米产业的整体布局和发展中，重点抓种源，让消费者能够吃上放心的敖汉小米，同时也会提升品牌影响力，让小米产业真正成为助力乡村振兴、助力脱贫攻坚的主导产业。

最近几年，敖汉小米的市场收购价一直是稳中有升，农民种植的积极性越来越高，敖汉旗新惠镇新地村的村民崔涛，家里6.7万m²谷子2018年的产量大约有30000kg，如果按照2.8元/kg的价格卖出去的话，纯收入至少能到七万元。

村民杨国才2018年家里种了5000余平方米谷子，每亩[①]产量大约为350kg，谷子刚刚开始收割，他就听说收购价又涨了。

越来越多的村民看到种谷子、卖小米有利可图，于是纷纷扩大种植面积。与此同时，敖汉小米产业的发展，也让一些外来资金看到了机会。跟敖汉小米已经打了20年交道的王伟，最早是一名粮食经纪人，走乡串户从村民手里收购小米，再运到外地批发贩卖，渐渐地他发现，敖汉小米市场需求量很大，可要想提高效益，必须进一步提高小米

---

① 1亩 = 666.67m²。

的品质，于是，他萌生了流转土地自己种植的想法。王伟流转了33.3万 m² 耕地，首先进行了科学化的农田改造，摒弃了传统种植方式，坚持搞生态种植。渐渐地周边的村民发现，王伟的33.3万 m² 谷子在不施用化肥和农药的情况下，会出现一些病虫害和杂草，可是产量并没有下降，而且收下来的小米颗粒饱满，口感也更好，于是，不少村民找到王伟，希望以后跟着他一起种，就这样，王伟带着这些村民成立了一家专业合作社。

最近几年，随着敖汉小米种植面积逐年增加，名气越来越大，当地一些深加工企业和销售商也开始转变经营思路，着力打造自己的品牌，并且通过电商平台，把敖汉小米卖到了全国各地。

刘僧，从事敖汉小米的加工、销售已经有十多年的时间。2017年，敖汉旗与国内一家电商平台开展合作，推动电商扶贫，一些特色农产品生产和销售企业成为电商平台的签约供应商，刘僧就是其中之一。通过电商，刘僧的公司得到了快速发展，他们销售的小米也有了自己的品牌，与之前搞批发销售不同的是，小米的价格也提高了一些，这就使刘僧在收购村民小米的时候，愿意给出更高的收购价，周边的村民也都愿意把自家产的小米卖给他。

第五节 水果品牌——阿克苏苹果

一、产品特点及产地环境

（一）产品特点

阿克苏苹果又称"加丽果"，苹果果核透明（俗称"糖心"）是其区别于其他产地红富士苹果的显著标志。

阿克苏苹果皮薄，果面光滑细腻、色泽光亮、着色度高、蜡质层厚；果肉细腻、甘甜味厚、汁多无渣、口感脆甜；果核透明、果香浓郁、多有糖心；富含维生素C、纤维素、果胶，营养丰富、耐贮藏，是世界上独一无二的"糖心"红富士苹果。

首先，这种苹果含糖量高达18%；其次，因阿克苏在天山脚下，海拔较高，用天山冰川雪水灌溉，昼夜温差大，减少了病虫害、霉菌和农药对果面的侵蚀机会；此外，阿克苏苹果采摘时间严格控制在每年的10月25日之后，使阿克苏苹果的生长期得到充分延长，并在低温状态下采摘，从而促使果糖在果实内聚集，产生糖分自然凝聚在一起，糖分堆积成透明状，犹如蜂蜜的结晶体一般，即糖分凝结形成了"冰糖心"。

阿克苏苹果是新疆维吾尔自治区阿克苏地区特产，是中国国家地理标志产品。阿克苏苹果先后获国家第二届农业博览会铜奖，"新疆农业名牌产品""中华名果"称号及国际林业博览会金奖、银奖以及北京奥运会指定果品。

1992年，阿克苏苹果获亚太经济合作组织第四届部长级会议荣誉证书。1993年，阿克苏苹果获国家颁发的绿色食品证书，阿克苏被列入国家绿色食品生产基地。2001年，阿克苏苹果被评为"新疆农业名牌产品"。2007年，在北京举办的"2008北京奥运推荐果品评选"活动上，阿克苏苹果在11个国家和地区的480多个产地推荐的果品中获苹果类唯一的一等奖，被北京奥组委等6个单位联合确定为"2008北京奥运会指定果品"。2011年5月12日，国家质检总局批准对"阿克苏苹果"实施地理标志产品保护。2017年，"阿克苏冰糖心苹果"获中国"金苹果奖"。

（二）产地环境

阿克苏地处北半球中纬度地带的塔里木盆地西北部，是新疆重要的绿洲带，属暖温带大陆性气候，光热资源丰富，年平均太阳总辐射量130～141kcal/cm^2，年日照时数2855～2967h，无霜期长达205～219h，年均气温7～8℃。阿克苏位于世界最大内流河——塔里木河腹地，自然降雨稀少，气候干燥，但水资源却很充沛。密布的水系，丰富的水流量，滋养着肥美的阿克苏绿洲，并被誉为大漠腹地的"塞外江南"。

阿克苏地区北高南低，受西风带气候影响和西、北两面分别有海拔在4000m以上的帕米尔高原和天山阻隔，东面距塔里木盆地向东的缺口500km以上，冷空气不易直接入侵；盆地边缘绿洲区为斜坡地形，有效增强了光能利用率，满足了苹果对热量条件的需求；浅山区以及绿洲都是灌溉农业，光、热、水等气候条件更适合种植晚熟和中晚熟苹果品种。

阿克苏苹果栽培历史悠久，生长环境优于日本原产地和中国东部和西北东部苹果产区。主产区位于最适宜苹果种植的塔里木盆地北缘、天山南麓的渭干河流域、阿克苏河流域。产区地形平坦，地貌简单，日照时间长，热量充足，多晴少雨，空气干燥，水源充沛，10℃左右的昼夜温差利于果实的着色和糖分的积累。果园通过灌溉调节水分与气候，为阿克苏苹果品质的形成提供了最佳条件。得天独厚的光照资源又为阿克苏苹果品质的提高起到了极佳的辅助作用。苹果采摘时间严格控制在每年的10月25日之后，较长的生长期让阿克苏苹果更多地汲取了大自然的天地精华。该地区从10月上旬开始，日最低温度多在-6℃以上，可持续40余天，为果实较长的采收期给足了有效时空，充分保障了果实可耐-6～-4℃的低温需求。高海拔的生长环境，低温偏凉的中晚期生长气候，有效地降低了果品生长期病虫害的发生。沙性土壤栽培、无污染冰川雪融河流水的浇灌，让阿克苏苹果的果核部分糖分堆积成透明状，形成优秀的独特品质。

二、生产情况

2008年，阿克苏地区苹果种植面积已达到0.16万hm^2，其中红旗坡农场733hm^2、温宿县450hm^2、阿克苏市400hm^2，形成了阿克苏苹果的最佳核心种植区。

2011年，阿克苏地区苹果种植面积达到1.22万hm^2，总产量22.77万t，占全疆栽培总面积的20%，加上兵团栽培面积，阿克苏苹果栽培面积占全疆的40%，阿克苏地区已经成为新疆苹果种植的新优势区。

2014年，阿克苏地区苹果种植面积1.4万hm^2，总产量达42万t。

2017年，阿克苏地区苹果种植面积2.9万hm^2，总产量54万t，产值16.5亿元。

2019年，阿克苏地区苹果种植面积33.39万亩，总产量68.88万t。

三、历史渊源

中国是果品大国，也是果树资源大国，是果树起源最早、种类最多的国家之一。西南农业大学园艺系李育农先生在《苹果起源演化的考察研究》一文中认为："中国苹果和西洋苹果皆起源于塞威士苹果（天山的野生苹果种）。西洋苹果起源于中亚的塞威士苹果，但杂有高加索东方苹果和欧洲森林苹果的基因，而中国苹果则是从新疆塞威士苹果的纯系驯化而来的栽培种。"天山支脉的塞威士苹果是经过第四纪冰川多次袭击后的幸存者。

苹果来源于野苹果，而地球上野苹果的集中地是在天山一带。天山横亘欧亚大陆内陆，东至哈密星星峡，西至中亚哈萨克斯坦、吉尔吉斯斯坦境内，东西长约2500km，南北宽约400km。其中，在新疆境内最长，横穿了整个新疆中部，将新疆隔开成南疆、北疆两大部分。巨龙一样横卧的天山是野果林的故乡，更是野苹果的故乡。野苹果，作为地质史上第三纪冰期的幸存物种，是经历了动植物大灭绝之后的孑遗生物。天山的野苹果林仍然保留着2000万年前的基因密码，是天山上的"植物活化石"。

苹果的故乡在中国新疆、欧洲、中亚西亚一带。新疆苹果品种很丰富，据调查，本地品种约200余个，从外地引入栽培的品种前后约300余种，包括了早、中、晚熟品种。有专家认为，在新疆，苹果的种植史约有2000年。

根据历史文献记载，阿克苏苹果的栽培历史至少已有千年以上，而从日本引进的是红富士，经过农艺驯化形成了阿克苏苹果独特的品质。特别是冰糖心红富士苹果，更是融入了现代科技的新品种。

四、品牌建设的主要措施

（一）高度重视品牌创建工作

为推进"阿克苏苹果"品牌建设，近年来，阿克苏地区地委、行署将推进林果产业化和农民增收致富作为重头戏来抓。一是树立品牌发展一盘棋，成立以农办、工商、质监、林业、产业协会等部门为主体的农产品品牌创建领导小组，展开专项研究，推进地区林果品牌发展。二是政策引路，宣传推进，开展各类展会，扩大"阿克苏苹果"品牌社会知名度，成功举办了"阿克苏的苹果红了"网络文化节、新疆农产品交易会等活动；通过政府与企业、农户、产业协会、产业基地+地理商标+销售终端的互联推进，使阿克苏苹果成为地区的一张"城市名片"。三是强化保护，加大阿克苏苹果产业基地建设，规范阿克苏苹果品牌包装，实施阿克苏苹果品牌统一运作，保障阿克苏苹果品质最优。目前，阿克苏被列为"全国苹果产业知名品牌创建示范区"。

（二）坚持标准化生产

阿克苏苹果标准化果园创建已经全面展开。目前地区有苹果标准化示范园30个，地区先后制定发布"阿克苏苹果"无公害、绿色标准化管理生产技术规程、"阿克苏苹果"质量标准等10余项，制定实施了"阿克苏苹果"地理标志商标标识使用管理规则。2011年按照自治区党委的要求，率先在阿克苏开展了苹果生态健康果园试验、示范推广工作，目前生态健康果园标准化生产管理技术已在苹果主产区全面推广应用。富士苹果全果实套袋、果园生草与覆盖、高光效树形改造、营养诊断配方施肥、滴灌、昆虫性迷向、性诱剂等生物、物理措施防治病虫等实用技术广泛应用。部分种植大户在建园时借鉴内地高纺锤形、矮砧、密植栽培技术，建立高产、高效现代化苹果示范园，为今后配套早果、高产、优质、高效、省工、省力、省水、省肥、机械化耕作打下坚实基础。

（三）品牌保护意识不断增强

近年来，随着阿克苏苹果品牌效益的凸显，阿克苏苹果被假冒现象日益严重，特别是北京、浙江、江苏等主体市场均有泛滥之势，对阿克苏苹果产业和品牌信誉度等造成了极大的影响。为此，地区各级部门高度重视，积极开展阿克苏苹果品牌保护和专项打假行动。统一规范了阿克苏苹果品牌的包装、标识和二维码，利用二维码的不可仿制性和极高的保密性，让"阿克苏苹果"有自己合法的"身份证"，并以此在各大媒体、展会上加大对阿克苏苹果品牌的宣传力度。同时，组织工商、质检等部门联合企业在销售过程中对假冒伪劣产品进行深度、大面积的打假，以保护阿克苏苹果品牌不受损失，借此提升品牌价值和经济效益。

（四）充分发挥协会组织作用

2013年9月，阿克苏苹果协会成功地进行了协会换届选举工作，制定、修订和进一步完善了协会、果农、经销商的利益分配机制。协会始终遵循产品安全及其他质量技术要求必须符合国家相关规定的宗旨。

（五）加强技术服务

以红旗坡农场为例，红旗坡农场设有园艺生产科，从春季剪枝到冬季灌溉都有技术员指导服务。这几年，"阿克苏苹果"尤其是红旗坡的苹果名气越来越大，农场对苹果的技术管理模式更新越来越快。现在施肥要测土壤配方，土壤缺什么补什么，增加了改良土壤的有机菌肥。修剪果树时有自动伸缩的液压剪，病虫害生物防治有黄板和灭蝇灯，种植大户还购入了德国生产的苹果采摘机。现在全地区种植苹果的乡镇和团场，都有一批管理苹果树的"土专家"，这个群体约有2万人。

（六）拓宽销售渠道，坚持产品高标准

阿克苏苹果声名远播，成为"网红"产品。2018年，阿克苏地区活跃电商卖家超过2400家，年销售额超过8亿元，直接从事电商（含微商）产业人员已超过1.8万人，直接或间接带动3万余人就业，网商创业活跃度居南疆第一位。

品牌效应愈加明显，品牌更显得弥足珍贵。2019年，阿克苏红旗坡好果源农产品股份有限公司为了打响阿克苏好果源区域大品牌，让消费者吃上正宗的"阿克苏苹果"，与较有影响力的客商建立诚信联系，在浙江湖州、河南郑州、江苏南京等地建立区域品牌推广示范区。

阿克苏苹果不仅在国内市场受宠，国外市场也在扩大。近几年，阿克苏地区每年除了有数千吨苹果出口，苹果汁的出口量也在逐年递增。2019年阿克苏恒通果汁有限公司收购了7万t苹果，有两批共3600t果汁通过中欧班列出口到俄罗斯。

五、效益分析

从获批国家地理标志保护产品、国家地理标志证明商标到中国驰名商标，从被确定为"2008北京奥运会指定果品"到进入"2019年度中国最受欢迎的苹果区域公用品牌10强"，从商贩提前上门预订到网上12h热卖850t……阿克苏地区2.26万hm^2苹果成了消费者眼里的"网红果""明星果"，成了阿克苏地区果农眼里的"致富果""幸福果"。

2016年阿克苏地区苹果挂果面积达到1.82万hm^2，果品产量达到54.2万t，平均亩产值达到7760元，总产值达到16.5亿元。据调查，2016年阿克苏地区红旗坡农场三分场梁寿龙管理的1.93$hm^2$14年生苹果园，平均每亩产果3.5t，亩产值超过了2万元；红旗坡杜明超的26.7$hm^2$7年生苹果园，平均每亩产1.7t，亩产值超过了6000元。苹果已成为阿克苏地区农民增收的主渠道。沙吾提·艾尼瓦尔的0.4hm^2果园，2019年产了18t苹果，纯收入近6万元，收入是10年前的4倍，靠苹果实现脱贫致富。

"阿克苏苹果"的品牌效应，不仅在于带动果农脱贫致富、促进区域经济发展、丰富文化旅游内涵，其影响力还让苹果种植与荒漠绿化工程相结合，果农观念更新，果树管理与农业科技推广及改革创新，果品销售与精深加工及外贸出口联系得更为密切。

阿克苏苹果品牌与阿克苏荒漠绿化工程、果农脱贫增收互相促进。如今，柯柯牙工程、阿克苏河流域、渭干河流域三个百万亩生态治理工程中的苹果树正给果农带来实惠，第四个百万亩生态治理工程——空台里克百万亩荒漠绿化工程已于2018年启动。春秋两季植树活动中，空台里克区域内阿克苏市喀拉塔勒镇的一些村民种上了生态和经济效益双显的苹果树。

第六节
药食两用物品品牌——长白山人参

长白山人参，指吉林长白山人参。吉林长白山人参为吉林省特产，中国国家地理标志产品；以其形美、质坚硬、形成层明显、气微香、味微苦且甘，被誉为人参中珍品；以其"补五脏、安精神、定魂魄、除邪气、止惊悸，明目开心益志，久服轻身延年"的神奇功效，被誉为百草之王、稀世珍宝，民间称人参为长白山三宝之首。

2002年12月25日，国家质检总局批准对"吉林长白山人参"实施原产地域产品保护（国家质检总局公告2002年第130号）。

一、产品特点及产地环境

（一）产品特点

吉林长白山人参分类较为详细，一般来说，有按栽培方式命名的，如野山参、移山参、栽培人参等；有按产地不同而命名的，如吉林人参、石柱人参；有按炮制方法命名的，如红参、白糖参、生晒参等；也有两种情况兼顾的，如高丽红参、吉林野山参、集安新开河人参等。

集安市新开河有限公司生产的新开河人参曾获第三届全国发明展览会金牌奖、国家科学技术进步奖、第十六届日内瓦国际新技术与成果金奖等13个奖项。

吉林省抚松参茸公司出品的长白山红参，1987年在比利时获第36届布鲁塞尔尤里卡世界发明金奖。

吉林省靖宇一参场出品的皇封参，于1987年获农业部科技进步一等奖，1988年获国家发明奖，1989年获第39届布鲁塞尔尤里卡世界发明奖和曼谷国际新技术成果金奖。

（二）产地环境

吉林省长白山区自然条件优越，属北温带大陆季节气候，四季分明，且开发历史短，人为破坏轻，大部分野生资源仍保持着很好的生态平衡。长白山区由于土壤肥沃，气候条件适宜，所生产的野山参质地饱满、坚实、皮色褐黄、有效成分含量高，为野山参中的极品。

人工种植的人参主要分布在吉林省内长白山区白山、通化、延边、吉林四个地区的14个主产县（市），平均单产$3.1kg/m^2$，最高单产达$6kg/m^2$。

1. 地理特征

吉林省的长白山是欧亚大陆北半部最具有代表性的典型自然综合体，是世界上少有的"物种基因库"和"天然博物馆"。据统计，这里生存着1800多种高等植物，栖息着

50种兽类、280多种鸟类、50种鱼类以及1000多种昆虫。长白山是松花江、图们江和鸭绿江的发源地。1980年，长白山保护区加入国际生物圈保护区网，被列为世界自然保留地。长白山最高处海拔2691m，最低点在图们江口处，海拔在5m以下；山区溪流众多，河谷狭窄，山坡陡峭，山脉常与河谷盆地相间分布；山脉走向多呈东北西南向，山岭大部分由花岗岩组成；山脉海拔在400~800m，地理环境独特。

2. 气候特点

吉林长白山区四季分明，年极端最高气温曾达到40.6℃，一般积温在2700℃左右。长白山区的大部分地区无霜期短，年平均日照时数在1200h左右，平均降水量为400~950mm，非常适宜人参的生长。

3. 植被特点

吉林省长白山林地有着显著的地形地貌特征，它是由长白山熔岩高原山地、敦化熔岩山地等东部山地、低山丘陵、河谷平原等中部丘陵地、松嫩平原、双辽平原三大区系构成。主要森林土壤有山地苔原土、山地生草森林土、暗棕色森林土、黑土、黑钙土、白浆土、沼泽土等15类22个亚类。

吉林省是人参的故乡，长白山森林中阴凉、湿润、肥沃的腐殖质土层和散射的阳光给人参生长提供了得天独厚的条件。长白山区的温度、水分、植被、坡度、土壤等自然条件非常适合人参的生长。

二、生产情况

吉林省人参主要分布于东部地区。吉林省种植人参主要有伐林栽参、林下栽参以及非林栽参三种方式。据统计，吉林省鲜园每年每公顷产量总体在7818~9224.8kg范围内波动，2009年人参产值达到50亿元左右。园参留存面积约7200hm²，收获面积约3000hm²，产量约2.27万t。林下参（移山参）面积5万hm²，产量10t左右。2010年，人参总产值实现102亿元，比上年增长155%，2020年吉林省人参产业产值更是突破600亿元。

三、历史渊源

人参从远古即被发现，距今已有4000多年的历史。人参起源于古生物第三纪。由于第四纪冰川的到来，使它们分布的区域大大缩小。因此，人参是古老的孑遗植物，稀有名贵，是被世界科学界公认为具有特殊功效的名贵药材。

中国人参最早起源的产地，保存下来的只有长白山脉。民间有许多关于吉林长白山人参的传说，古时候民间称人参为"棒槌"。

吉林长白山区人参文化源远流长。古时候文人墨客将人参写进诗里，得以流传。如北宋时期大文学家苏东坡在《次韵正辅同游白水山》诗中称："首参虞舜款韶石，次谒六祖登南华。""但令凡心一洗濯，神人仙药不我遐。"——苏东坡称人参为仙药。苏东坡在《赞参》中又写道："上党天下脊，辽东真井底，元泉倾海腴，白露洒天醴。"他赞美长白山人参像甜美的露水，像甘醇的美酒，让人神气清爽。此外，民间还有许多关于"棒槌""参女下凡"的传说故事，这些传说已成为吉林省长白山区民间文化的重要组成部分。

人参的药用历史悠久，据考证，在汉元帝时史游的《急就章》中就有记载。人参的栽培历史可追溯到西晋末年，距今有1600多年。

人参分为野生人参和家种人参。野生人参又称野山参，主要分布在亚洲东部的特定地域，中国、俄罗斯有少量，日本和朝鲜已经绝迹。家种人参又称人工栽培人参，中国主要分布在吉林省、辽宁省和黑龙江省，以吉林省最多，其种植面积和产量均占全国的85%以上，占全世界的70%以上。

四、品牌建设的主要措施

吉林长白山人参原产地域范围以吉林省人民政府《关于成立吉林长白山人参原产地域产品保护申报小组的复函》（吉政办函〔2002〕25号）提出的地域范围为准，为抚松县、靖宇县、长白朝鲜族自治县、江源县、通化县、集安市、辉南县、敦化市、安图县、汪清县、珲春市、蛟河市、桦甸市、临江市等14个县（市）现辖行政区域。

（一）领导重视，政策指引

早在1989年，吉林省委、省政府相继出台了《关于调整人参生产、经营的通知》（吉政发〔1989〕53号）、《吉林省人民政府关于人参专营的通知》（吉政发〔1991〕41号）等一系列政策性文件，并于1989年成立了以主管副省长为组长，省直有关部门和人参主产区主管领导为成员的吉林省人参发展领导小组，以及日常办事机构——吉林省参茸办公室，为吉林人参产业的健康发展提供了政策保障和组织保障。

近年来，吉林省委、省政府高度重视人参产业发展，相继出台了《吉林省人民政府关于振兴人参产业的意见》及《吉林省特色资源产业提升计划（2011—2015年）》等多项政策和法规。在《吉林省国民经济和社会发展第十二个五年规划纲要》中，将人参列为大力发展的特色资源产业之一，提出加快实施人参产业振兴工程，打造千亿元产业。

2019年年初，《吉林省人民政府办公厅关于推进人参产业高质量发展的意见》提出，将人参产业打造成吉林振兴发展的战略支柱产业，统筹利用采伐林地种参、林下参、非林地种参三种模式实现可持续发展。

（二）实施人参产业振兴工程

人参产业是吉林省农业的支柱产业。吉林省自2010年开始实施人参产业振兴工程，相继出台了《吉林省人参管理办法》《人参产业条例》，人参产业管理步入法制化管理轨道。2010年发布了《吉林省人民政府关于振兴人参产业的意见》（吉政发〔2010〕19号），计划通过实施人参产业振兴，在全省形成千亿元产值规模，全面提升中国吉林长白山人参国际地位。2010年，人参专项资金落实2000万元，用于支持项目44个；2011年，省财政列支专项资金3500万元，重点扶持46个项目。一些投资近亿元的人参精深加工项目也在陆续签约，全省人参产业呈现出持续向好、强劲发展的势头。

（三）推进区域公用品牌建设

1. 强化品牌管理

吉林省成立了"长白山人参"品牌管理委员会，制定了品牌及产品管理实施细则和品牌准入原则，明确了品牌建设实施步骤。截至目前，共有44户企业的152种产品加入"长白山人参"品牌，品牌产品年转化原料5000多吨。建立了一批品牌原料生产基地，有25户企业的33块基地通过长白山人参品牌原料生产基地认证，认证面积190万m^2。2019年，集安市人参种植户6200户，园参留存面积2.6万亩，其中林地人参1.1万亩，非林地人参1.5万亩，林下参15万亩，鲜参年产量约4000t，种植规模及产量约占全省的六分之一，全国的八分之一。

2. 强化品牌运营保护

吉林省申请注册了"长白山人参"证明商标，以及马德里联盟82个缔约国及港澳台等10个特定国家和地区的国际商标保护；完成了"长白山人参"品牌由"知名商标""著名商标"到"驰名商标"的认定。

3. 加强宣传推介和文化培育

通过品牌的宣传推介和深入实施品牌战略，目前"长白山人参"品牌价值估价达到190.48亿元。"长白山人参"品牌先后被认定为长春市"知名商标"、吉林省"著名商标"和中国"驰名商标"。在中国地理标志产品展上，品牌获"中国商标金奖"提名。

（四）提高人参生产的科技含量

在推动产业技术进步方面，提出大力推广人参安全优质生产、良种使用、测土栽参和生物产业等先进适用技术，尽快提高人参产品科技含量。近年来，吉林省开发了吉参1号、宝泉1号等5个人参新品种。目前集安、理春、抚松、敦化等地先后开展了测土栽参土壤检测工作。2010年底，全省测土栽参面积已经达到200万m^2。2011年又在14个地理标志产品保护县（市）全面推广，计划面积达到2000万m^2。

（五）实施标准化生产

吉林省政府启动人参产业振兴工程以来，将大力推进标准化生产作为从源头上提升人参产业竞争力的措施，确定了5种模式、20个人参生产基地，严格按照绿色和有机食品标准组织生产，从源头上确保人参质量安全。目前已经有靖宇同仁堂92hm^2、长白参隆集团148hm^2、集安康美新开河200hm^2、抚松宏久参业有限公司150hm^2，4个基地合计面积590hm^2人参通过中药材生产质量管理规范（GAP）认证，占全省种植面积的8.2%。吉林省农业委员会还组织抚松人参协会和抚松县传奇生态参业有限公司两家单位通过了有机人参基地认证，认证面积达600hm²。

五、效益分析

人参是吉林省出口创汇的拳头产品，在全省农产品出口中，人参仅次于玉米，居第二位。

人参产业是吉林省的特色资源产业和战略性新兴产业。吉林省人参产业的发展对我国医药、保健、食品等行业的发展具有重要影响。

我国人参出口国家和地区较多，达到44个。出口市场主要集中在日本、东南亚和欧美等国家和地区。亚洲是我国人参出口最大的传统市场，占人参出口总量的80%左右。2019年，出口日本的人参共计1091.97t，占2019年总出口量的30.51%，位列第一。

2019年，吉林省人参出口量539.50t，占2019年总出口量的15.07%。人参产业是吉林省一张最靓丽的名片。目前"长白山人参"品牌产品生产企业已达到44户，品牌产品152种，年转化原料人参5000多吨，品牌价值估价达到190.48亿元。

2019年吉林省政府出台《关于推进人参产业高质量发展的意见》，到2020年，参业产值力争突破800亿元，统筹利用采伐林地种参、林下参、非林地种参三种模式，实现可持续发展；到2025年，参业产值力争实现1200亿元，人参标准化种植面积占比80%以上，"长白山人参"品牌产品产值达到600亿元以上。

第七节
肉类品牌——苏尼特羊肉

苏尼特羊肉专指内蒙古自治区苏尼特左旗和苏尼特右旗特定环境下饲养的特定品种"苏尼特羊"，使用特定工艺加工而成的羊肉。2007年12月28日，"苏尼特羊肉"经国家质检总局审核认定为地理标志产品；2014年，"苏尼特羊"被农业部列入修订后的《国家级畜禽遗传资源保护名录》；2019年12月17日，"苏尼特羊肉"入选2019年第四批全国名特优新农产品名录。

一、产品特点及产地环境

（一）产品特点

1. 品质特点

苏尼特羊是在内蒙古自治区锡林郭勒盟北部苏尼特草原上，经过长期选育逐渐形成的蒙古绵羊系统的一个优良类型，抗寒能力强，宜粗放，肉质优，味道嫩鲜。苏尼特左旗饲养的苏尼特绵羊头轻，耳下垂，鼻梁隆起，颈部短粗，胸背宽涤，肋骨开阔良好，胸深接近体高的二分之一，背腰平宽，十字部略高于耆甲，尻部稍倾，脂尾肥大，尾长略大于尾宽，脂尾小，呈纵椭圆形，中部无纵沟。头颈多呈黑色、黄色或褐色，体腿白色。其特点是适应性强，繁殖性能好，生长发育快，产毛量低，产肉量高，瘦肉多，板皮厚实。

苏尼特羊肉号称"肉中人参"，具有"鲜嫩多汁，无膻味，肉层厚实紧凑，高蛋白、低脂肪，瘦肉率高，肌间脂肪分布均匀，富含人体所需多种氨基酸和脂肪酸，容易消化"等很多优点，曾是元、明、清朝皇宫供品，深受国内外广大消费者的好评和热烈欢迎。

据专家测定，苏尼特羊肉粗蛋白含量平均为19.15%，高于一般杂种羊（细毛杂种一代羊，粗蛋白含量17.39%），显著高于小尾寒羊（粗蛋白含量17.06%）和乌珠穆沁羊（粗蛋白含量18.06%）；粗脂肪含量低，平均3.14%，脂肪碘含量低，平均27.96%；脂肪酸的不饱和程度低，脂肪品质好。肌肉的6种主要脂肪酸，即豆蔻酸、软脂酸、硬脂酸、油酸、亚油酸和亚麻酸的累计组成占肌肉总脂肪酸含量的93.2%～96.93%，其中油酸和硬脂酸含量最高，分别为48.07%和17.04%。苏尼特羊肉的营养成分非常丰富，氨基酸含量丰富，种类齐全，人体所需要的主要几种氨基酸含量均高于其他品种的羊肉。苏尼特羊肉中还含有多种矿物质和维生素，尤其器官组织中的矿物质和维生素含量较高。

2. 品种分布

苏尼特羊属蒙古绵羊系统中的一个类群，在苏尼特草原特定生态环境中，经过长期的自然选择和人工选择而形成，分布在内蒙古中部草原。内蒙古自治区苏尼特左旗、苏尼特右旗、四子王旗、包头市达茂联合旗和巴彦淖尔市乌拉特中旗等地均有分布。

苏尼特羊肉地理标志产品保护范围以内蒙古自治区锡林郭勒盟行政公署《关于确认"苏尼特羊肉"地理标志产品保护范围的函》（锡署字〔2007〕34号）提出的范围为准，为内蒙古自治区苏尼特左旗和苏尼特右旗现辖行政区域。

（二）产地环境

苏尼特草原地处蒙古高原中北部，位于中国四大天然牧场之一的锡林郭勒大草原西北。北与蒙古国接壤，西与举世瞩目的"神舟"载人飞船着陆地——四子王旗草原毗邻，辖苏尼特左旗和苏尼特右旗两个县区，为古代少数民族游牧地。元朝开始施行行省制度，始建行政区划，启用蒙古地名，为皇室直属部，是闻名遐迩的纯天然牧场。

苏尼特草原草原总面积5.9万km²，地理位置为东经111°08′～114°16′，北纬41°55′～43°39′，属干旱性大陆性气候，年平均气温4.3℃，最高气温38.7℃，最低气温-38.8℃，无霜期130d；年降水量平均为170~190mm，蒸发量平均为2384mm。苏尼特左旗通常称东苏旗，96.7%的面积为草原，其余为丘陵、沙地和湖盆低地，湖泊数十个，大小清泉举目皆是。广袤富饶的苏尼特草原是闻名遐迩的纯天然牧场，草原上分布的野生植物达200余种，野韭菜等都是羊群最好的食物，而沙葱中富含多种微量元素，能够最大程度地分解羊身上的腥味和膻味,所以产自苏尼特草原上的羊肉色泽鲜艳、肉层厚实,品质极好,闻名国内外的苏尼特羊是该旗的主要畜种。

二、生产情况

(一)羊源

(1)在苏尼特草原独特的气候、自然条件下,在纯天然、无污染的环境中自然放牧、自然选育的耐寒、耐粗饲、宜牧、小脂尾型、肉质优良的苏尼特绵羊品种。

(2)经过初生、断乳、周岁3个年龄段的鉴定,选留的特级和一级的6月以上羔羊(体重40kg以上)、成年羯羊(体重65~80kg)和母羊(体重50kg以上)。

(3)苏尼特羊体格大,体质结实,结构匀称,公、母羊均无角,鼻梁隆起,耳大下垂,眼大明亮,颈部粗短,大腿肌肉丰满,四肢强壮有力,脂尾小呈纵椭圆形,中部无纵沟,尾端细而尖且一侧弯曲。被毛为异质毛,毛色洁白,头颈部、腕关节和飞节以下、脐带周围有有色毛。

(二)饲养管理

1. 饲养条件和环境

饲养环境的防治与控制必须执行国家相关规定。以天然放牧为主,草场植被无污染、纯天然;气候特点是冬季寒冷漫长、春季干旱多风、夏季短促炎热、秋季气温剧降霜冻早;草场类型主要为荒漠草原和干草原;主要植物有沙葱、多根葱、小型针茅草等。

2. 防疫措施

疫情疫病的防治与控制必须执行国家相关规定。适时进行常规疫苗注射,除实行早春驱虫和夏秋2次药浴以外,不使用其他任何抗菌剂及其它药剂。

(三)质量特色

1. 感官特征

苏尼特羊肉具有香味浓郁、鲜嫩多汁、无膻味、肥而不腻、色泽鲜美、肉层厚实紧凑的特点。

2. 理化指标

苏尼特羊肉主要理化指标为pH≥6.46,蛋白质含量≥19.59%,脂肪含量≥3.14%。

3. 产品质量控制

苏尼特羊的生产、销售必须遵循《中华人民共和国农产品质量安全法》《中华人民共和国动物防疫法》等相关法律法规。

4. 包装标识

包装标识应符合国家相关规定。

三、历史渊源

苏尼特羊始于明代，距今至少有600年的历史。在明代就有苏尼特封建领主沿"张库商道"向朝廷进贡苏尼特羊的记载——开苏尼特羊肉专供宫廷御用的先例也就是在这个时候。

苏尼特羊作为国家和地方优良品种，有其悠久的发展历程。1986年该羊被锡林郭勒盟技术监督局批准为地方良种，1997年被内蒙古自治区人民政府命名为"苏尼特羊"。2007年，苏尼特羊肉被国家质量监督检验检疫总局列为国家地理标志保护产品，成为内蒙古自治区也是我国同类产品中首个地理标志保护产品。2010年，苏尼特羊被列入国家优良畜种名录和国家畜禽遗传资源志。2011年，在北京召开的地理标志产品保护与发展经验交流会上，苏尼特羊肉被评为全国300个最具综合价值地理标志产品之一。2014年，苏尼特羊又再次被农业部列入修订后的《国家级畜禽遗传资源保护名录》。

为充分挖掘该区域得天独厚的资源优势，打造"苏尼特羊"这一知名品牌，不断提升品牌化效益，加快苏尼特羊产业化进程，促进牧民增收，苏尼特左旗开展了一系列苏尼特羊品牌建设工作。苏尼特右旗旗委、政府也高度重视品牌建设，积极提供和创造发展平台，先后投入大量资金用于良种补贴，扩大苏尼特羊养殖规模；连续四年举办以苏尼特羊为重点的"良种畜评比活动"，进一步提升了苏尼特羊在市场上的知名度，并广泛带动了牧民开展苏尼特羊选育提高工作的积极性。2010年，苏尼特右旗进一步完善了《苏尼特右旗种公羊管理办法》，实行"合作社所有、专业户饲养、牧户有偿使用、独立核算"的管理模式，全旗36个重点养殖苏尼特羊嘎查种公羊全部实现了集中管理。整合各类项目资金投入150万元，重点加强了苏尼特羊良种场的基础设施建设，有效增强了种羊场生产种畜能力。同时，对还没有解决牲畜饮水问题的管理点，安排一部分水源井建设项目。建立"企业+合作社+牧户"的发展模式，为苏尼特羊选育工作提供可借鉴的经验。为了实现区域化布局、规模化养殖、集约化经营、专业化分工、标准化生产、社会化服务、产业化发展的建设目标，发展高效生态避灾型畜牧业。

2014年年底，苏尼特左旗牧区养羊牧户共有5672户，合作社共117个。加入合作社的牧户有1674户，占总户数的29.51%。苏尼特右旗从事养羊牧户共10464户，其中牧区8829户共21032人，农区16%户共4854人，合作社221家，注册资金22607.25万元，从业人数3326人（工商局登记没有按户登记）。参与到合作社的人员占养殖户总人数的12.72%。

四、品牌建设的主要措施

苏尼特羊是在半荒漠草原特定的生态环境下，经过长期的自然选择和人工选择精心培育形成的地方良种。改革开放以后，党和政府高度重视苏尼特羊的原品种认定和提纯复壮工作，苏尼特左旗、苏尼特右旗与内蒙古农业大学等科研院校联合，从20世纪80年代开始，苏尼特羊品种认定和选育提升工作进一步推进。经过对其进行详细的调查考证，到1985年，苏尼特羊以新品种类群先后被编入《锡林郭勒盟家畜品种志》和《内蒙古家畜家禽品种志》中。1995年，内蒙古自治区技术监督局颁发了苏尼特羊地方标准。1997年，苏尼特左旗地方政府开始筹建苏尼特羊原种场，为苏尼特羊的进一步提纯复壮奠定了扎实基础。从2003年开始，锡林郭勒盟政府部门着手开展苏尼特羊肉地理标志产品保护申报工作，2007年苏尼特羊肉被列为国家地理标志保护产品，成为中国同类产品中首个地理标志保护产品，从而使苏尼特羊的知名度进一步得到提高。2010年苏尼特羊又顺利通过了农业部专家组实地验收和国家畜禽遗传资源委员会的审定，被正式列入全国优良畜种名录，其价值和影响力得到了全面的传播和延伸，并以其品质放心、绿色无污染的美名享誉国内外。2011年，内蒙古的苏尼特羊肉上榜"最具综合价值地理标志产品名单。"

以下以苏尼特左旗为例介绍苏尼特羊肉品牌建设的主要措施。

（一）品牌建设的具体工作方法

1. 从源头抓起选好种公羊

抓好苏尼特羊选育提高工作，关键在抓好种公羊，而选留后备种公羊工作是保持种公羊质量水平和梯队建设的最基础性工作。为了进一步提高种公羊生产性能，保证种公羊的质量，苏尼特左旗地方政府制定种公羊年检制度和种公羊布鲁氏菌病检测制度，组织技术人员在种公羊非配种季节，集中种公羊后统一开展种公羊鉴定和疫病检测工作，将不合格的种公羊坚决限期淘汰出栏。此外，集中管理实现效益，坚持将苏尼特种公羊集中管理作为苏尼特羊选育提高的重点来抓，统一采取嘎查集体所有、牧户所有、合作社所有、原种场所有四种所有制集中管理模式，实现种公羊集中管理。

2. 建设养殖与加工标准化示范区

2016年苏尼特左旗以国家开展第九批农业综合标准化示范项目为契机，申报了"国家苏尼特羊养殖与加工标准化示范区"项目，2017年上半年获得国家标准化管理委员会正式批准。该项目建设时间为2017—2019年，共3年。项目以牧户、专业合作社以及生产加工、畜牧服务、溯源技术等企业作为标准制定和实施主体，通过构建苏尼特羊育种、养殖、加工、仓储、销售、追溯全产业链标准体系并推广实施，逐步改变当地企业和牧民群众传统牧业生产观念和思想意识，提高示范区畜牧业的质量、管理水平和经济、社会、生态效益。

3. 充分发挥典型带动作用

在每年召开的牧区工作会议上，及时表彰奖励种公羊集中管理典型示范嘎查，充分发挥典型引导作用。积极组织全旗嘎查领导和牧民到盟内其他旗、县参观学习集中管理先进经验，进一步提高对种公羊集中管理的认识程度和管理水平。从2014年开始，要求每个专业化嘎查在原有基础上确定专门的种公畜草场，确定种畜管理牧户并实施专业化集中管理，嘎查牧民群众每年对种公羊经营集中管理和管理牧户情况进行民主评议，确保与种畜管理户签订合同，明确管护责任以及出现丢失、死亡赔偿的要求，最大程度地限制种公羊群因经营管理不善而造成损失。

4. 强抓专业户建设

进一步加强生产专业户的规范化管理,全旗已建立种公羊生产专业户170户,对基础母羊全面进行整群,并对整群后的母羊进行登记。建立完善、规范的专业户档案,并颁发《种公羊专业户》证书。每年由畜牧工作站与苏木镇农牧业服务中心技术员组成小组逐户选留后备种公羊两次,并加大对专业户的技术指导和技术服务工作,切实提高种公羊生产专业户生产的种公羊质量。

5. 通过肉羊良种补贴,鼓励养殖户

为加快肉羊良种化进程,提高肉羊养殖效益,促进牧民增收,鼓励养殖户充分利用优秀种公羊,不断提高羊的生产性能和养殖效益。

(二)专业化养殖,走产业化道路

近年来,为提高苏尼特羊的群体质量和效益,利用现代肉羊项目等各类项目资金,严格按照苏尼特羊专业化养殖嘎查的标准,切实加大苏尼特羊专业化嘎查建设力度。苏尼特左旗已全部达到专业化养殖标准,走产业化道路。从2010年开始,对专业化嘎查的母羊开展鉴定工作,对不合格的母羊进行有计划的淘汰更新。

1. 畜群建设标准化

为提高苏尼特羊的群体质量和效益,切实加大标准化畜群建设力度,进一步加强标准化畜群档案管理,逐户建档立卡,颁发了《苏尼特羊标准化畜群》牌匾,至2016年已全部实现畜群标准化。

2. 饲养管理科学化

为确保苏尼特羊饲养管理的科学性,将广大牧民的生产经验同现代饲养管理技术有效结合,在搜集整理冬、春两季饲养管理技术的基础上,制定完善苏尼特羊四季饲养管理方式。在确保饲料质量的前提下,对苏尼特羊的生产性能及肉质营养等进行分析,按照"缺什么营养就补什么营养物质"的原则,研究制定合理的饲草料营养搭配方案,扩大饲料使用范围,为苏尼特羊的繁育和确保肉品质量提供基本条件。加大饲料监管力度,实行定期或不定期市场检查,杜绝假冒、变质变味、疫区饲草流入市场。

3. 牧民生产组织化

大力发展专业大户、生态家庭牧场、牧民专业合作社等规模经营主体,提高集约化、组织化水平,增强抵御市场风险的能力。按照《内蒙古生态家庭牧场建设标准(试行)》和《苏尼特左旗现代草原畜牧业示范生态家庭牧场建设活动实施方案》,以草原生态保护为前提,以家庭经营为基础,组织开展现代草原畜牧业示范生态家庭牧场创建活动,推进规模化养殖、标准化生产、集约化经营,实现畜牧业生产与草原生态建设"双赢"目标。至2013年,苏尼特左旗建设现代草原畜牧业示范生态家庭牧场107个,其中,规模户自建型生态家庭牧场52个,涉及52户;联户型生态家庭牧场47个,涉及148户;合作社型生态家庭牧场8个,涉及85户;共组建各类牧民合作社57个,其中合作

社48家、协会9家。通过草场向合作社流转、牲畜给合作社入股等方式，实现了资源整合、规模生产、统一经营的畜牧业生产新机制，解决了分散经营下小牧户与大市场无法对接、资源利用效率不高的问题。

4. 实现销售品牌化

依托苏尼特羊天然、绿色、无污染的优势，努力做强"苏尼特"品牌，保护利用好"苏尼特羊肉"原产地优势。加大品牌建设和外宣力度，抓紧建立苏尼特羊肉质量标准和原产地管理办法，完成苏尼特羊肉质量标准的修订工作，保护地方畜产品品牌，推动优质畜产品实现优价。

5. 饲养技术现代化

积极转变传统畜牧业观念，引导牧民通过接冬羔、早春羔和短期育肥增加收入，大力推行早期断奶、母仔分群、放牧加补饲、短期育肥饲养技术，实现牧户"小规模补饲育肥，大群体统一出栏"模式。

（三）政府引导，市场培育

1. 改善基础设施，提高生产能力

依托财政"一事一议"、农业综合开发等项目，整合各类涉牧项目资金，切实加强棚圈、围栏、水利、饲草料种植等基础设施建设，并建设棚圈、饲草料基地。在苏尼特左旗旗内人畜饮水困难区域设立送水服务队，全部配备车辆和相应设备，解决饮水困难问题。

2. 注重培育市场，提升畜产品精深加工水平

引进和培育龙头企业，巩固壮大畜产品生产加工产业，扶持引进企业做大做强，支持本土企业提档升级，推进苏尼特羊肉精深加工产业园区建设，提高发展牛羊肉高端产品和熟制品的研发能力，提升畜产品精深加工水平和市场占有份额，有效增加肉产业附加值，推动畜产品进入高端市场。食品加工实现由初加工向精深加工转变。

3. 健全疫病防控体系，确保食品安全

按照《全旗全面建设畜群疫病防治体系的指导性意见》要求，根据全旗畜间布病疫情、流行趋势、专业化嘎查区域划分等情况，把全旗苏木镇、嘎查由北向南分为北部保护区、中部防治区、南部强控区3个区，并分别制定防控措施。为每个嘎查配备2名防疫员，严格执行畜产品、兽药、饲料的抽检制度，切实加大经营、运输、屠宰加工、流通等环节的监管力度，加强动物疫情测报网络和动物疫情物资储备库建设，全面提高重大动物疫病综合防控能力，确保牲畜免疫覆盖率达到100%。

4. 在畜牧业推动保险项目开展，对保费进行补贴

为提高畜牧业抵御风险的能力，保障肉羊产业健康发展，锡林郭勒盟出台了《锡林郭勒盟肉羊政策性保险保费补贴试点工作实施方案》。这是锡林郭勒盟坚持"政府引导、政策支持、市场运作、自主自愿、协同推进"的基本原则，启动肉羊保险保费补贴试点，实现肉羊政策性保险全覆盖，切实保障锡林郭勒盟畜牧业稳定发展和农牧民持续

增收，有效降低肉羊养殖业风险，着力提高畜牧业保险保障能力的重要举措。

五、效益分析

从2003年锡林郭勒盟政府部门着手开展苏尼特羊肉地理标志产品保护申报工作开始至今，苏尼特羊的出栏数量近乎翻了一倍，羊肉产量翻了一倍多。随着经济水平的提高，人们对羊肉的需求量及品质的追求日益增大，苏尼特羊肉的价格也由2011年的46元/kg，增长至2019年的100元/kg。2018年，苏尼特左旗政府旗长那仁满达接受记者专访时表示，与以往进行的苏尼特羊肉品牌建设所不同的是，此番启用的品牌建设（区域公用品牌建设），政府将会把牧民、产业集群、市场前端紧紧连接在一起。"苏尼特羊肉每千克售价200元是可能的，未来牧民的收入将会大幅度提高。"

第八节
茶叶品牌——西湖龙井

西湖龙井是绿茶，为我国十大名茶之一，产于浙江省杭州市西湖龙井村周围群山，并因此得名，具有1200多年历史。清氏乾隆游览杭州西湖时，盛赞西湖龙井茶，将狮峰山下胡公庙前的十八棵茶树封为"御茶"。西湖龙井茶与西湖一样，是人、自然、文化三者的完美结合，是西湖地域文化的重要载体。

一、产品特点及产地环境

（一）产品特点

1. 品质特征

西湖龙井茶，外形扁平挺秀，色泽绿翠，内质清香味醇，泡在杯中，芽叶色绿，素以"色绿、香郁、味甘、形美"四绝著称。

春茶中的特级西湖龙井外形扁平光滑，苗锋尖削，芽长于叶，色泽嫩绿，体表无茸毛；汤色嫩绿（黄）明亮，清香或嫩栗香，但有部分茶带高火香，滋味清爽或浓醇；叶底嫩绿，尚完整。其余各级龙井茶随着级别的下降，外形色泽由嫩绿至青绿再至墨绿，茶身由小到大，茶条由光滑至粗糙；香味由嫩爽转向浓粗，四级茶开始有粗味；叶底由嫩芽转向对夹叶，色泽由嫩黄至青绿再至黄褐。夏秋龙井茶色泽暗绿或深绿，茶身较大，体表无茸毛，汤色黄亮，有清香但较粗糙，滋味浓略涩，叶底黄亮，总体品质比同级春茶差。

2. 主要品类

西湖龙井中有几个有名的品类"狮峰龙井""梅坞龙井""云栖龙井""虎跑龙井"等。"狮峰龙井"产于龙井村狮子峰、翁家山一带，色泽略黄，素称"糙米色"。"梅坞龙井"产于云栖、梅家坞一带，外形挺秀、扁平光滑，色泽翠绿。西湖龙井茶的品牌有30多个。

3. 产区分级

西湖龙井分一级产区和二级产区，一级产区包括传统的"狮（峰）、龙（井）、云（栖）、虎（跑）、梅（家坞）"五大核心产区，二级产区是除了一级产区外西湖区所产的龙井。"狮"字号为龙井狮峰一带所产，"龙"字号为龙井、翁家山一带所产，"云"字号为云栖、五云山一带所产，"虎"字号为虎跑一带所产，"梅"字号为梅家坞一带所产。

4. 产品荣誉

自2010年以来，"西湖龙井"已经连续四年在全国茶叶类区域公用品牌价值评估中排名第一。

2011年6月28日，"西湖龙井"国家地理标志证明商标注册成功。

2012年，"西湖龙井"获得"2011消费者最喜爱的中国农产品区域公用品牌"。同年6月，"西湖龙井"在北京举行的"2012中国农业品牌发展推进会"上，又被评为"2011最具影响力中国农产品区域公用品牌"。

2012年，"西湖龙井"获得了中国驰名商标，同时被评为浙江区域名牌。

（二）产地环境

西湖龙井产于浙江杭州西湖的狮峰、翁家山、虎跑、梅家坞、云栖、灵隐一带的群山之中。这里气候温和，雨量充沛，光照漫射；土壤微酸，土层深厚，排水性好；林木茂盛，溪涧常流；年平均气温16℃，年降水量在1500mm左右。优越的自然条件，有利于茶树的生长发育，茶芽不停萌发，采摘时间长，全年可采30批左右，几乎是茶叶中采摘次数最多的。

二、生产情况

杭州市城西一带，划定东起茅家埠、虎跑，西到龙门坎、杨府庙和何家村，南起浮山、社井，北至老东岳、金鱼井，这个区域为"西湖龙井"茶基地。并且，规定对产"西湖龙井"茶的基地分级开展保护。"西湖龙井"茶基地的一级保护区区域为：杭州城西南到梵村村，北到新玉泉，东到南山村，西到灵隐、梅家坞一带。其余的"西湖龙井"茶基地为二级保护区。共计168km^{2}的区域，涉及茶地总面积约13.92km^2，其中一级保护区4.59km^2，二级保护区9.33km^2，通过无公害基地认证面积7.84km^2，绿色食品认证面积73.37万m^2，有机认证6.67万m^2，《良好农业规范》（GAP）认证6.67万m^2，茶叶总产量保持在800t左右。

三、历史渊源

西湖龙井茶历史悠久，最早可追溯到中国唐代。当时著名的茶圣陆羽在所撰写的世界上第一部茶叶专著《茶经》中，就有杭州天竺、灵隐二寺产茶的记载。西湖龙井茶之名始于宋，闻于元，扬于明，盛于清。在这一千多年的历史演变过程中，西湖龙井茶从无名到有名，从老百姓饭后的家常饮品到帝王将相的贡品，从中华民族的名茶到走向世界的名品，开启了它的辉煌时期。

早在北宋时期，龙井茶区已初步形成规模，当时灵隐山下天竺香林洞的"香林茶"、上天竺白云峰产的"白云茶"和葛岭宝云山产的"宝云茶"已被列为贡品。北宋高僧辩才法师归隐此地，也是当年与苏东坡等文豪在龙井狮峰山脚下寿圣寺品茗吟诗之处，苏东坡有"白云峰下两旗新，腻绿长鲜谷雨春"之句赞美龙井茶，并手书"老龙井"等匾额，至今尚存十八棵御茶园中狮峰山脚的悬岩上。

元代，龙井茶的品质得到进一步提升。龙井村附近所产之茶崭露头角，有茶人虞伯生始作《游龙井》饮茶诗，诗中曰："徘徊龙井上，云气起晴画。澄公爱客至，取水挹幽窦。坐我詹卜中，余香不闻嗅。但见瓢中清，翠影落碧岫。烹煎黄金芽，不取谷雨后，同来二三子，三咽不忍漱。"可见当时僧人居士看中龙井一带风光幽静，又有好泉好茶，故结伴前来饮茶赏景。

明代，西湖龙井茶崭露头角，名声逐渐远播，开始走出寺院，为平常百姓所饮用。明嘉靖年间的《浙江匾志》记载："杭郡诸茶，总不及龙井之产，而雨前细芽，取其一旗一枪，尤为珍品，所产不多，宜其矜贵也。"明万历年间的《杭州府志》有"老龙井，其地产茶，为两山绝品"之说，《钱塘县志》又记载"茶出龙井者，作豆花香，色清味甘，与他山异。"明代黄一正收录的《名茶录》及江南才子徐文长辑录的《全国名茶》中，都有西湖龙井茶。

民国期间，著名的西湖龙井茶成为中国名茶之首。

新中国成立后，国家积极扶持龙井茶的发展，龙井茶被列为国家外交礼品茶。茶区人民在政府的关怀下，改旧式柴锅为电锅，选育新的龙井茶优良品种，推广先进栽培采制技术，建立龙井茶分级质量标准，使龙井茶生产走上了科学规范的发展道路。

四、品牌建设的主要措施

1. 出台法律，"西湖龙井"成为我国第一个有立法保障的农产品

为了让茶山常翠，让茶香长醇，让延绵的茶文化永葆青春，2001年7月，杭州市第九届人民代表大会常务委员会颁布了《杭州市西湖龙井茶基地保护条例》（以下简称《条例》）。《条例》分别就"西湖龙井"茶生产基地、后备生产基地、基地保护、管理作了明确的规定，对规范龙井茶生产经营秩序、保证龙井茶质量和特色，对稳定"西湖龙井"茶基地面积、加强"西湖龙井"茶基地的保护和管理，均提供了法律依据。

2001年，国家质检总局批准了《浙江省人民政府办公厅关于龙井茶原产地实行产区管理的复函》。国家在2001年出台的《西湖龙井茶原产地域保护管理办法》对龙井茶的定义、原产地域的范围、龙井茶的命名、原产地域产品标志、茶园证书、生产销售管理作了详细的规定，将浙江省内的龙井茶地域划分为西湖产区、钱塘产区、越州产区三大产区，明确区分"西湖龙井"与"浙江龙井"。三大产区除西湖产区以外，钱塘产区的范围是萧山和余杭。

2. 出台配套管理办法，全程可追溯

西湖区政府出台《统一西湖龙井标识包装试行办法》《西湖龙井证明商标使用申请试行办法》等配套管理办法，指导规范西湖龙井证明商标的包装装潢使用，已确定并对外公布了西湖龙井茶的专用包装，并对包装印制企业进行备案登记。试点企业必须先签订承诺书，接受茶叶验收后，再进行统一包装并加贴防伪标识。通过标识中的唯一序列号，可在防伪系统中追溯掌握西湖龙井茶叶从生产到销售的全程信息。

3. 利用信息化手段实现溯源到户

从2013年开始实行"西湖龙井"茶产地IC卡管理，每户茶农拥有一张产地IC卡，IC卡的信息包括茶园面积及茶叶产量。如茶农自行销售茶叶，就用卡内的茶叶数量到所在合作社或者茶叶包装中心去换购茶叶的包装和标识，这样茶叶的包装和标识可以溯源到产茶的每户茶农；假设企业收购了茶叶，那就把IC卡内的茶叶数量划入企业的数量内，保证了企业茶叶包装数量与茶叶收购量的一致性，同时茶叶的包装和标识就能溯源到每个企业。

4. 开发相应的电子管理系统及软件，形成协作体系

建立"西湖龙井"地理标志证明商标的电子管理系统，开发系统的专用软件，需要申请证明商标使用权的茶农需以社员身份到当地合作社定量换购茶叶的包装和标识，每个合作社里都配备专用的管理电脑，实行网络联网管理。该电子管理系统已建成使用，2013年10月建成了管理网络并选点试行，2014年年底前全面完成了此项工作。同时，据此开展对企业、茶农的信誉评定，形成政府、茶村、茶企业、茶农共建共管的协作体系。

五、效益分析

"西湖龙井"品牌价值连续四年位居全国茶叶类区域公用品牌榜首，为浙江省农产品品牌价值最高者。品牌知名度和价值的不断提升，促进了西湖龙井茶基地种植面积和产量的增长。

西湖区大力发展茶产业，积极保护茶品牌，有效地促进了茶农增收。据相关研究部门评估，西湖龙井茶以67.40亿元位列2019年中国茶叶区域公用品牌价值评估榜第一名。截至2019年，西湖区有茶农上万户、茶叶企业（专业合作社）119家（含名胜区）、茶叶专业批发市场1家、杭州市政府授权的西湖龙井茶专卖店35家。2019年，茶叶总产量

436.65t，第一产业产值1.8亿元。总产值约占全区农业总产值的20%，茶叶在农业经济和农民收入中占有重要地位。2020年，受倒春寒以及疫情等影响，尽管春茶产量同比减少了4.3%，但平均售价同比增长55.1%，产值同比增长48.6%。

"西湖龙井"区域公用品牌的知名度带动了杭州市西湖区转塘、双浦一带茶产业链的整体发展，茶叶种植稳定，机器炒制和手工炒制技艺分庭抗礼，茶叶包装日益精进，茶叶销售收入连年上升，以茶园、茶叶为基础的农家乐休闲点收入不断增加，进而带动了西湖区休闲观光产业发展。

西湖龙井的区域公用品牌发展还带动了西湖区另一区域公用品牌红茶"九曲红梅"的发展。浙江省十大名茶中唯一的红茶"九曲红梅"虽然悠久历史，但是不被人知，杭州市西湖区在做强做精"西湖龙井"茶产业的基础上，同时建设九曲红梅茶品牌，推进了茶产业的可持续化发展。

参考文献

[1] 中共中央国务院．关于深入推进农业供给侧结构性改革加快培育农业农村发展新动能的若干意见[Z]．2016-12-31．

[2] 中共中央国务院．关于实施乡村振兴战略的意见[Z]．2018-01-02．

[3] 中共中央国务院．关于坚持农业农村优先发展做好"三农"工作的若干意见[Z]．2019-01-03．

[4] 农业农村部．关于推进农业供给侧结构性改革的实施意见[Z]．2017-02-06．

[5] 农业农村部．关于加快推进品牌强农的意见[Z]．2018-06-29．

[6] 山东省人民政府关于印发山东省农产品品牌建设实施方案的通知[Z]．鲁政字〔2016〕197号.2016-09-02．

[7] 万宝瑞．培育农产品品牌，加快推进我国农业发展方式转变[Z]．人民网．2017-05-09．

[8] 陈文胜．农业供给侧结构性改革的一个重要突破口：推进农产品区域品牌建设[N]．人民日报，2017-06-12．

[9] 三农资讯探讨．大力推进农业品牌建设，促使现代农业转型升级[DB/OL]．百家号2018-07-09．

[10] 东方财富网．农业品牌建设势在必行[DB/OL]．百家号．2018-09-11．

[11] 许传波，陆远强，汤森龙．农产品质量安全与农业品牌化建设[M]．北京：中国农业科学技术出版社．2016．

[12] 马国宇，王继平．农产品市场营销及品牌建设[M]．北京：中国农业科学技术出版社．2015．

[13] 乔娟．中国农产品国际竞争力研究[M]．北京：中国人民大学出版社．2006．

[14] 何忠伟，刘芳．北京农业品牌建设研究[M]．北京：中国农业出社．2014．

[15] 刘红岩．农产品品牌建设和质量安全提升的理论与政策[J]．农民科技培训，2017（6）：41-44．

[16] 穆俊峰，穆俊秋．中国农产品品牌发展现状及其存在问题分析[J]．吉林农业，2010（8）：15-16．

[17] 陈瑶．对我国农产品品牌建设的思考[J]．农村经济与科技，2017，28（11）：60-61．

[18] 孙瑜．我国农产品品牌发展浅析[J]．中外企业家，2011（12X）：35-36．

[19] 张晨露，杨琳．浅议农产品品牌战略与我国农产品出口[J]．华商，2008（11）：12-13．

[20] 张明月．浅议我国农产品品牌发展[J]．农村经济与科技，2017，28（9）：130-131．

[21] 张合成．从品牌建设看现代农业[J]．农产品市场周刊，2015（35）：1．

[22] 张可成，王孝莹．我国农产品品牌建设分析[J]．农业经济问题，2009（2）：22-24．

[23] 菊香秋．实施人才与品牌战略，提升企业核心竞争力[DB/OL]．百度文库．2018-12-22．

[24] 杨旭，曹垣．农业文化与农产品品牌建设[J]．合作经济与科技，2016，534（7）：98-99．

[25] 李锦华．走进品牌强农新时代——党的十八大以来我国农业品牌建设综述[J]．农村工作通讯，2017（19）：22-25．

[26] 王应民．农产品品牌建设存在的问题及对策[J]．乡村科技，2017（29）：43．

[27] 章军．农产品品牌建设中的问题与对策[J]．合作经济与科技，2009（12）：98-100．

[28] 韩运生. 农产品品牌建设中存在的常见问题及思路[J]. 中外企业家, 2017（14）：26, 31.
[29] 何忠伟. 北京农业品牌建设研究[M]. 北京：中国农业出版社, 2014.
[30] 杨柳, 苏娟, 侯岩, 等. "互联网+"背景下农产品品牌建设的问题和对策分析[J]. 中小企业管理与科技（中旬刊）, 2017, 509（7）：42-43, 105.
[31] 冯丽云, 等. 品牌营销[M]. 北京：经济管理出版社, 2006.
[32] 瞿艳平, 陈海波. 加强地域品牌建设提高农产品竞争力[J]. 湖南商学院学报, 2008（1）：22-25.
[33] 周应堂, 欧阳瑞凡, 等. 品牌理论及农产品品牌化战略理论综述[J]. 农林经济管理学报, 2007, 6（1）：37-42.
[34] 任强. 我国农产品品牌建设的现实问题与对策[J]. 改革与战略, 2010（5）：117-119.
[35] 高振芹. 提高农产品竞争力推进农业经济国际化[J]. 中小企业管理与科技, 2009（12）：276.
[36] 祁永寿, 段辉民, 周舒迥, 等. 国内外企业品牌及品牌文化研究现状[J]. 青海大学学报：自然科学版, 2005（1）：94-97.
[37] 李国祥. 我国农业发展迫切需要推进供给侧结构性改革[N]. 中国青年报, 2017-12-16.
[38] 谢笔浩. 打造企业特色品牌[J]. 企业文明, 2014（10）：80-82.
[39] 小池志. 品牌的魅力——如何提高品牌竞争力[Z]. 2018.12.16.
[40] 宋洪远. 延长产业链、打造品牌以获得持续发展的生命力[Z]. 南方网, 2018-08-24.
[41] 周适, 刘泉红, 付文飙. 实现优质优价的问题、根源和对策研究[J]. 价格理论与实践, 2018（9）：14-19, 73.
[42] 薛峰. 健全农产品市场营销体系促进农业增效[N]. 中华合作时报, 2018-08-21.
[43] 湖南省人民政府办公厅. 关于进一步加快推进农产品品牌建设的指导意见[Z]. 湘政办发〔2017〕2号
[44] 地理标志服务. 农产品地理标志产品十大特征[Z]. 2018-06-13.
[45] 沭阳县人民政府. 地理标志产品的十大特征[Z]. 2018-12-10.
[46] 瞿玉强. 地理标志产品的六元价值研究[J]. 洛阳理工学院学报（社会科学版）, 2015, 30（6）：41-46.
[47] 尚旭东, 李秉龙. 我国农产品地理标志发展运行特征、趋势与问题——基于农业部、质检总局、工商总局的分析[J]. 生态经济, 2013（4）：92-97.
[48] 刘福刚. 保护与发展农产品地理标志[J]. 农产品市场周刊,（32）：26-27.
[49] 何昆. 论农产品地理标志的法律保护[D]. 重庆：西南大学, 2008.
[50] 李茂德. 农产品地理标志的作用和法律保护途径[EB/OL]. 新浪博客, 2010-12-26.
[51] 孙亚楠, 胡浩. 我国地理标志农产品市场发展对策[J]. 经济地理, 2014, 34（4）：119-124, 138.
[52] 修文彦, 杨敬华, 陈思, 等. 农产品地理标志产业发展对策探讨[J]. 农业系统科学与综合研究, 2010, 26（3）：335-338.
[53] 刘洁宇. 我国地理标志农产品市场发展对策[J]. 农技服务, 2017, 34（11）：196.
[54] 顾建玲. 对提高农产品质量安全的几点建议[J]. 农民致富之友, 2015,（18）：87.
[55] 徐峰. 敖汉小米品牌培育的对策研究[J]. 松州学刊, 2016（2）：20-26.
[56] 魏晓文. 敖汉小米传承的产业方向[J]. 科技创新与品牌, 2017, 10（124）：30-31.
[57] 王素萍. 阿克苏苹果的品牌路[N]. 新疆日报. 2019-12-13.
[58] 李正英. 突出特色 维护阿克苏苹果的品牌形象[J]. 新疆林业, 2017, 256（6）：20-21.
[59] 刘淑玉, 祁东文. 浅析阿克苏苹果产业发展[J]. 山西果树, 2018（1）：17-19.

[60] 程天赐. 吉林推进"长白山人参"品牌建设[N]. 农民日报, 2019-07-24（5）.
[61] 郭锦辉. "长白山人参"区域公用品牌效应渐显[N]. 中国经济时报, 2019-06-21（A06）.
[62] 孙昌辉. 未来6年：吉林省人参产值将突破1200亿元[N]. 中国产经新闻, 2019-06-18（7）.
[63] 冯莫涵. 吉林省"长白山人参"区域品牌创建的问题与对策[J]. 企业研究, 2013（5）：54-56.
[64] 光明乳业2018年度社会责任报告——因为光明，所以温暖[EB/OL]. 2019-03-25.
[65] 凌薇. 光明乳业：唯有创新源头来[J]. 农经, 2018（8）：62-65.
[66] 李魏晏子. 光明乳业缔造"酸奶神话"[J]. 上海国资, 2014（5）：50-51.
[67] 欧阳蕾昵. 从85度到75度——领"鲜"市场诠释的是"上海品牌"的独特魅力[N]. 东方城乡报, 2019-01-08（3）.
[68] 唐新仁. 外化于形内化于心——光明乳业品牌发展历史[J]. 中国乳业, 2017（2）：41-43.
[69] 李魏晏子. 光明乳业研究院：打造品牌神话[J]. 上海国资, 2014（3）：60-61.
[70] 郭铁. 光明乳业：深耕新鲜战略保障卓越品质[N]. 新京报, 2019-11-05.
[71] 为拼搏喝彩，为品质代言[EB/OL]. （2019-08-04）[2020-04-13]. https://www.sohu.com/a/331465103_267633
[72] 光明乳业打响2019中国液奶创新"第一枪"[EB/OL]. （2019-04-04）[2020-04-13]. https://www.sohu.com/a/306069304_419768
[73] 光明乳业扩大"新鲜"版图 三管齐下引领鲜奶市场高端化进程[EB/OL]. 每日经济新闻，（2019-12-17）[2020-04-13]. https://www.sohu.com/a/361051771_115362
[74] 品质促品牌品牌新动能 光明乳业三季度业绩双增[EB/OL]. （2019-12-17）[2020-04-13]. https://finance.sina.com.cn/stock/relnews/cn/2019-10-29/doc-iicezzrr5730322.shtml
[75] 胡美兰. 光明乳业荣获2019年度全球卓越绩效奖[N]. 中国食品安全报, 2019-10-19（A02）.
[76] 王敏杰. 推行品质战略 光明闯关世界级制造[N]. 国际金融报, 2019-10-28（8）.
[77] 徐晶卉. 拿了"国际质量创新"的光明乳业，经验分享从牛的饲料说起[EB/OL]. （2019-10-28）[2020-04-13]. https://www.360kuai.com/pc/90ed924364117f0f3?cota=3&kuai_so=1&sign=360_57c3bbd1&refer_scene=so_1
[78] 青华. 苏尼特羊也品牌化研究[D]. 呼和浩特：内蒙古师范大学, 2016.
[79] 锡林郭勒盟统计局编. 锡林郭勒盟统计年鉴2012[A]. 2012.
[80] 锡林郭勒盟统计局编. 锡林郭勒盟统计年鉴2019[A]. 2018.
[81] 高凤明, 白乙尔图, 刘金, 等. 苏尼特羊及羊肉的品质与应用[J]. 中国畜牧兽医文摘, 2014, 30（12）：43, 44.
[82] 王伟, 姚树霞, 孙占荣. 苏尼特羊肉[J]. 中国质量与标准导报, 2014（10）：77—80.
[83] "苏尼特羊肉"启品牌建设 昔日皇家贡品觅"钱"途[DB/OL]. 中国新闻网, [2019-03-06][2020-04-05], http://www.nmg.chinanews.com/news/20190306/13560.html
[84] 吉尔嘎拉, 满达, 姚明, 等. 苏尼特羊肉的营养和保健价值的研究[J]. 畜产品, 2005, 25（3）：55-56.
[85] 青华. 锡林郭勒盟肉羊产业发展的问题及对策分析[J]. 内蒙古科技与经济, 2015（23）：11-14.
[86] 李昊, 马晓刚. 让"草原味道"香飘四方[J]. 农村·农业·农民, 2018（5）：26-27.
[87] 西湖区龙井茶产业协会. 杭州市西湖区龙井茶产业协会2013年度工作报告[R]. 西湖区：西湖区龙化茶产化协会, 2014.
[88] 西湖区农业局. 杭州市西湖区农业局2013年度工作报告[R]. 西湖区：西湖区农化局, 2014.

[89] 西湖区区政府. 关于国家工商总局领导考察, "西湖龙井"地理标志证明商标工作的调研报告[R]. 西湖区区政府七楼报告厅: 西湖区区政府, 2012.

[90] 楼亚强, 唐祥金, 沈彦. 日本冷链物流对苏州农业发展的启示[J]. 价值工程, 2015, 34(3): 23-24.

[91] 杨秀玉, 刘平方. 经济发展与日本农业的适应[J]. 世界农业, 2015(9): 191-195.

[92] 刘松涛, 张彦旸, 王林萍. 日本农业六次产业化及对推动中国农业转型升级的启示[J]. 世界农业, 2017(12): 70-78.

[93] 边红彪. 日本农产品质量安全保障体系[J]. 标准科学, 2017(10): 33-37.

[94] 平力群. 日本农业政策的转向: 从社会政策到产业政策[J]. 现代日本经济, 2018, 37(2): 1-12.

[95] 邱楠, 曾福生. 日本农业支持保护制度改革及其对中国的启示[J]. 世界农业, 2018(9): 190-196.

[96] 马娅. 日本农产品营销管理机制及对中国的启示[J]. 改革与战略, 2016, 32(1): 151-154.

[97] 方琳娜, 陈印军, 易小燕, 等. 日本路边站式"地产地消"农产品流通方式及其启示[J]. 中国农业资源与区划, 2016, 37(7): 61-65.

[98] 蔡鑫, 陈永福, 韩昕儒, 等. 日本农业支持政策的最新趋势及启示[J]. 中国农业资源与区划, 2016, 37(7): 45-53.

[99] 叶兴庆, 伍振军, 周群力. 日本提高农业竞争力的做法及启示[J]. 世界农业, 2017(9): 4-10.

[100] 杨琮儿. 日本依靠科技力量打造农产品品牌[J]. 农村工作通讯, 2013(5): 62-63.

[101] 张姮. 日本"品牌农业"的农产品品牌建设研究[J]. 现代商业, 2012(7): 98-99.

[102] 王鹄生. 日本水稻优质米品种"越光"的栽培技术[J]. 农业现代化研究, 1986(2): 49-51.

[103] 內久满. 食味と耐倒伏性との組合せ育種の可能性[J]. 北陸作物学報, 1991(26): 142-148.

[104] 刘果承. 浅论发达国家农业机械化的发展模式及对我国农机发展的启示[J]. 农业开发与装备, 2013(1): 20.

[105] 刘千里, 钱芳勋, 李荣, 等. 我们该向日本农业学什么?——2015年日本现代农业参访启示[J]. 营销界(农资与市场), 2015(17): 14-31.

[106] 曹长省. 国外农产品区域品牌的发展启示与中国创新[J]. 世界农业, 2013(5): 18-22.

[107] 王苇航. 美国、法国如何进行农产品品牌建设[N]. 中国财经报. 2017-09-02(6).

[108] 林剑波. 欧洲主要发达国家的畜产品质量安全认证体系[J]. 中国牧业通讯. 2008(13) 29-31.

[109] 曲东杰, 马军. 法国食品协会扫描——访法国食品协会驻华总监梅立博先生[J]. 中国食品工业, 1999(4) 54-55.

[110] 刘颖. 法国外贸保险公司概况[EB/OL]. (2016-10-24)[2020-12-23]. http://www.ccpit.org/Contents/Channel_4114/2016/1024/708105/content_708105.htm

[111] 何依然. 法国葡萄酒"拉菲"品牌营销策略分析及其对中国的启示[J]. 中外企业家, 2017(3): 28-29.

[112] 张晶. 从法国品牌文化看宁夏葡萄酒品牌崛起[J]. 品牌建设, 2017(12): 28-29.

[113] 陈松, 叶志华, 王敏. 法国食品质量安全监督模式及实践[J]. 农产品质量与安全, 2007(6): 50-52.

[114] 李敏. 发达国家农产品品牌战略经验[J]. 当代广西, 2015(20): 39.

[115] 王苇航. 美国、法国如何进行农产品品牌建设[N]. 中国财经报. 2017-09-02(6).

[116] 陈汉能. 新奇士橘农协会运作模式[J]. 中国果树, 2007(1): 69-70.

[117] 熊晶晶, 曲波, 何林. 国内外农产品品牌建设经验浅谈[J]. 四川农业科技, 2016(12): 56-58.

[118] 王丽丽，严春晓，赵帮宏. 国外农产品品牌培育经验借鉴. [J]世界农业，2017（9）：21-27.
[119] [美]朱丽安·西沃卡. 美国广告200年经典范例[M]. 北京：光明日报出版社，2001.
[120] 谢凤杰，吴东立，陈杰. 美国2014年新农业法案中农业保险政策改革及其启示[J]. 农业经济问题，2016，37（5）：102-109.
[121] 果文帅，王静怡，陈珏颖，等. 美国农业政策演变阶段、趋势和启示[J]. 中国农业科技导报，2016，18（6）：9-15.
[122] 农业部新闻办公室. 中国农产品品牌发展研究报告[R]. 2014：16-18.